Übersichtskarte Toskana und Abkürzungen der Provinzen:

SI	Siena
FI	Firenze (Florenz)
MA	Massa
LU	Lucca
PI	Pisa
GR	Grosset
PR	Prato
PT	Pistoia
LI	Livorno

Kunstdenkmäler in der Toskana

Wolfgang Meier
April 2003

Sabine Poeschel

Kunstdenkmäler in der Toskana

Wissenschaftliche Buchgesellschaft

Umschlaggestaltung: schreiberVIS, Seeheim
Umschlagabbildung: Pisa, Baptisterium und Dom Santa Maria Assunta.
Foto: Robert Janke, Boslar.

Die Deutsche Bibliothek verzeichnet diese Publikation
in der Deutschen Nationalbibliografie;
detaillierte bibliografische Daten sind im Internet über
http://dnb.ddb.de abrufbar.

Gedruckt auf säurefreiem und alterungsbeständigem Papier
Layout & Prepress: schreiberVIS, Seeheim
Printed in Germany

Besuchen Sie uns im Internet: **www.wbg-darmstadt.de**

ISBN 3-534-14906-8

Inhalt

Die Toskana – Kunst und Geschichte

Die Toskana steht für die Kunstlandschaft schlechthin, geprägt von einem jahrhundertelangen Wettstreit der Stadtstaaten in der Baukunst, dem Mäzenatentum der Großbürger, den Klosteranlagen der bedeutenden Orden und der Villenkultur der Adeligen. Den Namen gaben der Region die Etrusker, lat. *tusci*. Im frühen und hohen Mittelalter hieß das Gebiet daher Tuscia (Tuszien), ab dem 13. Jh. Toscana. Die etruskische Kultur setzt sich in der römischen Kultur stärker fort als in der spezifisch toskanischen, insbesondere was den Bronzeguss und den Straßenbau betrifft. Für die Toskana sind nur die Stadtgründungen ein maßgebliches Erbe der Etrusker: Nördlich der römischen Kolonie Florenz lag das etruskische Fiesole, auch Arezzo, Cortona und Volterra waren etruskische Stadtstaaten. Die Toskana war somit seit Beginn ihrer Geschichte eine der dichtbesiedeltsten Regionen Europas mit einer hohen Konzentration von unabhängigen Städten. Die Etrusker in ihrer heterogenen Kultur suchten für Stadtgründungen nicht allein die Nähe von Flussläufen, auch wenn dies in der Toskana an Arno und Serchio öfter der Fall war, sondern zogen genauso auf die strategisch günstigen Höhen des Apennin. Doch obwohl es in der Toskana diese bedeutenden etruskischen Städte gab, lebte die künstlerische Tradition des Volkes in der Region nicht fort. Die unabhängigen Zentren, selbst Volterra mit seinen 50 000 Einwohnern im 5. Jh. v. Chr., konnten sich der vordringenden römischen Vorherrschaft nicht widersetzen. Viele Stadtgründungen, u. a. Lucca und Pisa, gehen zwar auf die Etrusker zurück, weisen jedoch keine Spuren dieser Kultur mehr auf. Möglicherweise war auch Siena eine etruskische Siedlung, der Name leitet sich allerdings von der römischen Legende ab, wonach Senius, der Sohn des Remus, die Stadt gegründet haben soll.

Während der Gotenkriege der Völkerwanderungszeit im 6. Jh. erlitten die Städte schwere Schäden, die die Spuren der Antike vielfach gänzlich tilgten, die Orte selbst aber überlebten. Unter den Langobarden wurde das Gebiet im 7. Jh. befriedet und Lucca Sitz der Herzöge. Unter Karl dem Großen wurde die Toskana als Markgrafschaft Teil des Frankenreiches, verfolgte jedoch eine immer reichsunabhängigere Politik. Im 11. Jh. gehörte die Region dann den Grafen von Canossa, die mit einer prokaiserlichen Politik den Unabhängigkeitsbestrebungen der wachsenden Städte zu begegnen suchten. Die Städte standen überwiegend auf der Seite der aus der Toskana stammenden Reformpäpste Alexander II. und Gregor VII. Die Markgräfin Mathilde von Tuszien unterstützte Gregor VII. im Investiturstreit gegen den Kaiser und vermittelte zwischen Heinrich IV. und Gregor VII. auf ihrer Burg Canossa. Bei ihrem Tod 1115 vermachte sie ihre Besitzungen dem Kirchenstaat, was Barbarossa zwar anfocht, aber letztlich hinnehmen musste. Eine verbindliche Autorität war in der Toskana somit nicht mehr gegeben, die Städte entwickelten politische Initiative und eigene Industrien. Pisa baute den Hafen aus, vergrößerte die Flotte und wurde so zur Seemacht. Lucca, Florenz und Siena entwickelten sich zu Zentren der Tuchweberei, der Seidenproduktion und des Bankwesens. Mit Unabhängigkeit und Wirtschaftsmacht wurden die Grundsteine für die Entstehung der toskanischen Kunst gelegt. Freiheit, Wohlstand und Bürgerstolz zeigten sich in den Großbauten der nun begründeten Republiken, angeführt von Pisa und Lucca. Die Vielzahl der Stadtstaaten auf engem Raum und deren Streben nach Selbstbehauptung bewirkten die Entstehung großartiger Kunstschöpfungen und Neuerungen. Sie ließen die dichteste Kunstlandschaft Europas entstehen, unerreicht an Reichtum und Qualität der Kunstwerke aller Gattungen.

Im 12. Jh. versuchte Barbarossa, seinen Einfluss auf Italien auszudehnen, wurde aber von Papst Alexander III. und der Lombardischen Liga aus dem Land gedrängt. Mit dem Anspruch von Papst und Kaiser auf die Vorherrschaft in dem zerrissenen Land kam die „Questione dell'Italia", die Frage nach der Einheit Italiens, auf, die erst 1870 mit dem Einmarsch der Piemontesen unter Vittorio Emanuele II. in Rom eine Antwort finden sollte. Gleichfalls im 12. Jh. und auch im 13. Jh. unter Friedrich II. kam es in der Folge zu dem verheerenden Konflikt zwischen Ghibellinen und Guelfen, worunter zunächst die Anhänger des Kaisers (Ghibellinen) und die Vertreter der päpstlichen Partei (Guelfen) zu verstehen sind, die ein geeintes Italien unter der Führung des Kaisers bzw. des Papstes anstrebten. Der Zwist artete insbesondere in der Toskana aufgrund der Rivalität der Städte aus. Florenz war guelfisch, Siena gab sich bis 1270 ghibellinisch, wechselte dann das Lager. Die Nachbarstädte Pisa und Lucca dienten je nach Interessenlage den gegnerischen Parteien. Das Ende der Stauferherrschaft bedeutete jedoch nicht das Abklingen des Konfliktes, denn schließlich bestimmten nur noch die städtischen Interessen und Allianzen den Streit. Die Rivalität der toskanischen Metropolen Florenz und Siena wurde auf dem Schlachtfeld ausgetragen. 1260 besiegten die Sienesen Florenz bei Montaperti und feierten sich als Herrscher der Toskana, doch schon 1269 unterlagen sie in der Schlacht von Colle Val d'Elsa den Florentinern. Dieses militärische Gleichgewicht sorgte für einen erzwungenen Frieden, der zum weiteren Ausbau der unabhängigen Städte führte. In dieser Epoche bildeten die Stadtstaaten ihre lokalen Kunststile weiter aus. Gemeinsam ist ihnen die Zweipoligkeit der urbanen Anlagen mit sakralem und profanem Zentrum um den Dom bzw. den Stadtpalast. Insbesondere Florenz und Siena wetteiferten im Ausbau ihrer Kathedralen. Dort wie in den übrigen Städten errichteten sich wohlhabende Bürger prächtige Patriziatspaläste. Die Florentiner unterwarfen im 14. Jh. die umliegenden kleineren Stadtstaaten militärisch oder banden sie wirtschaftlich an sich. 1406 musste Pisa sich ergeben, 1555 wurde schließlich auch Siena unterworfen. Das mittlerweile zum Herzogtum der Medici aufgestiegene Florenz wurde nun zum Großherzogtum Toskana erweitert, die Medici führten den Titel „dux Etruriae", womit der alte Name der Region wieder auflebte. Erstmals seit der Antike war die Toskana wieder ein einheitliches Staatsgebilde, künstlerisch beherrschte jetzt Florenz die ganze Region. Unter der Herrschaft der Medici-Herzöge begann eine neue Phase der Stadtentwicklung. Cosimo I. förderte die Florenz unterworfenen Städte, in denen zuvor unter der Fremdherrschaft keine größeren Projekte mehr durchgeführt worden waren. Bauten wie der Palazzo delle Logge in Arezzo und der Palazzo dei Cavalieri in Pisa sind repräsentativ für diese neue Entwicklung, demonstrieren aber gleichzeitig das Ende der städtischen Unabhängigkeit. Viele historische Stadtzentren blieben jedoch überwiegend im Zustand des Spätmittelalters erhalten und wurden im 18. und 19. Jh. historistisch restauriert. Auch die Landschaft wurde kultiviert und urbanisiert. Hatten die Medici schon im 15. Jh. Villen nahe Florenz errichtet, so bildete sich nun in der befriedeten Toskana eine regelrechte Villenkultur heraus, die für die Landschaft typisch ist.

Während des Absolutismus trug der Müßiggang auf dem Lande zum Niedergang der Toskana bei. Der Adel verschlang das Steueraufkommen und Kaufleute wie Bankiers genossen ihre Landgüter, ohne sich länger um wirtschaftliche Prosperität zu bemühen. Daher erreichte die Toskana Ende des 17. Jh. einen wirtschaftlichen wie kulturellen Tiefpunkt, politisch war die einst so mächtige Region zur Bedeutungslosigkeit herabgesunken. 1737 starb die Linie der Medici-Herzöge mit Gian Gastone, der keinen männlichen Erben hinterließ, aus. Das Gebiet fiel an Habsburg-Lothringen und wurde 1799 von Napoleon eingenommen. Nun wurde auch Lucca der Region Toskana angeschlossen. Im Risorgimento trat die Toskana nach einer Volksabstimmung 1860 dem Königreich Sardinien-Piemont bei mit Florenz als Hauptstadt unter Vittorio Emanuele II. bis zum Einmarsch der Piemontesen in Rom 1870. In die Aufbruchstimmung der neuen Nation fiel der Bau von Eisenbahn- und Industrieanlagen, während des Faschismus wurden Autobahnen und Bahnhöfe angelegt, das Schienennetz ausgebaut.

Seit 1970 erhielt die Toskana im Zuge der Regionalreform Italiens größere Unabhängigkeit von Rom. Heute ist die Landschaft wesentlich vom Tourismus geprägt und verdankt ihren Wohlstand der Schönheit und Einzigartigkeit ihrer alten Städte und den Kunstwerken, vor alle der Romanik und Gotik sowie den Villen aus der Zeit der Medici.

I. Die Romanik – Der Aufstieg der Kommunen

Das Wesentliche an den toskanischen Stadtstaaten des Mittelalters war ihre republikanische Regierungsform, die sich maßgeblich in der Entwicklung der Urbanistik niederschlug. Seit dem Tod der Markgräfin Mathilde im Jahre 1115 war das Feudalsystem praktisch aufgehoben, die Päpste in Rom und Avignon waren fern, und auch die Kaiser blieben in der Region während der Romanik (ca. 1000 – ca. 1250) verhältnismäßig machtlos. So bildeten sich freie Gemeinschaften, die die Herrschaft der Bischöfe ablösten. Da es um das Gemeinwohl ging, sprach man von „Il comune". In Pisa standen schon seit dem 11. Jh. neben dem Bischof zwei Konsuln an der Spitze der Regierung, die von einem bürgerlichen Zwölferrat kontrolliert wurde. Ab dem 12. Jh. gaben sich zahlreiche toskanische Kommunen republikanische Verfassungen nach römischem Vorbild. Familienfehden, ausgelöst durch den Kampf um die Macht, ließen die Struktur der konsularischen Kommune jedoch in die Krise geraten. Dies führte zur Schaffung des Amtes des Podestà, eines Stadtvogtes, der über den rivalisierenden Familien stehen sollte. Daher musste dieser höchste Beamte und oberste Richter ein unabhängiger und unparteiischer Stadtfremder sein, der für nur ein Jahr gewählt und von den Konsuln, später den Prioren, beraten wurde. Die Konsuln rekrutierten sich aus den Zünften. Auch Adelige mussten einer Zunft beitreten und von dieser gewählt werden, wollten sie an der Regierung teilhaben. Die Belange des nicht in Zünften organisierten Volkes vertrat der Capitano del Popolo, der für ein halbes Jahr gewählt wurde. Beide Amtsträger standen meist zwei Kammern vor, eine klare Abgrenzung ihrer Kompetenzen war nicht vorgesehen. In Siena wurde ein Rat aus Adeligen und Bürgerlichen gewählt, im 14. Jh. bestand er nur noch aus Kaufleuten. Das entscheidende Kollegium der Prioren als Vertreter der Zünfte wurde für zwei Monate gewählt. Diese Zeit musste das Kollegium in dem für diese Institution geschaffenen Stadtpalast verbringen, um nicht beeinflusst werden zu können. Ein Stab von weiteren Beamten stand der Regierung zur Seite. Die Vielzahl der Personen, die sich in den Dienst der Stadt stellten, macht die Bedeutung der freien Kommune deutlich. Es gab auch in der Toskana Tyrannen, die aber immer wieder vertrieben wurden, anders als in Oberitalien, wo sich die Signorien, d. h. die Alleinherrschaften eines Einzelnen oder einer Dynastie, schon im 13. Jh. etablierten. Das Ende der Kommunen kam durch das dank dem florierenden Bankgewerbe stark anwachsende Florenz, das die anderen Republiken wirtschaftlich einnahm oder militärisch unterwarf, beginnend mit der Zerstörung des nahe gelegenen Fiesole im Jahre 1115.

Die politische Rivalität der Stadtstaaten schlug sich auch in den Architekturen und Bildwerken nieder. Die steigenden Ansprüche der Städte ließen die Toskana zur Landschaft mit der höchsten Dichte erstrangiger

Monumente in Europa werden. Die Unabhängigkeit und die hohe kulturelle Eigenständigkeit der Kommunen sowie enorme finanzielle Mittel zeigen sich in den beeindruckenden Dombauen von Pisa und Lucca. Stilbildend für die Architektur waren die Pisaner Großbauten des 11. und 12. Jh., mit Marmorinkrustationen am gesamten Außenbau, hohen Blendarkaden mit eingetieften Rhomben im Untergeschoss und Loggien in den oberen Fassadengeschossen. In Lucca werden die Schmuckmotive durch Ornamente bereichert, Prato und Pistoia bilden als Variante polychrome Marmorfassaden aus, in der südlichen Toskana wird für die Fassaden anstelle von Marmor Travertin verwendet. Vielfältig tritt die toskanische Skulptur als reiche Bauplastik an Fassaden, Vorhallen und Portalen auf. Im Unterschied zu Frankreich waren in Italien nicht die Kloster- und Pilgerkirchen maßgebend für die Entwicklung der Skulptur, sondern die Dome. Mit dem Erstarken der Kommunen wurden die Bauten in den Städten zu Prestigeobjekten, die Qualität und der Anspruch dieser Kunst prägten die toskanische Romanik. Aus diesem Grunde sind auch bereits aus dieser frühen Zeit die Namen zahlreicher Baumeister und Bildhauer, später auch Maler, bekannt, die in den Dokumenten der Städte angeführt werden und selbstbewusst ihre Werke zum Schmuck ihrer Heimatstädte signieren. Der klassische Stil der Florentiner Romanik mit ihren großflächigen Marmorinkrustationen fand hingegen kaum Verbreitung in der Region, da Florenz erst ab dem 12. Jh. an Einfluss gewann. Eine weitere Leistung der republikanischen Regierungen des Mittelalters in der Toskana ist die Entwicklung des Stadtpalastes und der Gebäude für die verschiedenen Amtsträger, die in Volterra ihren Anfang nahm.

Die bedeutendste Errungenschaft auf dem Gebiet der Skulptur ist Nicola Pisanos Orientierung an der römischen Kunst, die sich in den Kanzeln des Pisaner Baptisteriums und des Sieneser Doms manifestiert. Mit Nicola Pisano wird eine Künstlerpersönlichkeit historisch greifbar, deren Vita sich anhand des Werkes zumindest teilweise rekonstruieren lässt. Das eindrucksvolle und revolutionäre Schaffen Nicolas sollte sich nachhaltig stilbildend auf die Skulptur der gesamten Region auswirken. In Lucca und Pisa begann ab dem 11. Jh. eine eigenständige Malerei, einsetzend mit den Tafelkreuzen. Der Typus des leidenden Christus (Christus patiens) löste den des Triumphators über den Tod (Christus triumphans) ab. In der Konzentration auf den Gekreuzigten fielen schließlich die Szenen der Vita Christi auf den Seitentafeln weg. Mit Giunta Pisano ragt auch ein Maler heraus, dessen Werk sich auf die Entwicklung der Malerei bis zu Giotto auswirken sollte.

Abbazia Isola (SI)
Zisterzienserabtei

| • Kirche erbaut um 1150 – 1198. • Baumeister unbekannt.

Im 12. Jh. war die 1001 gegründete Abtei von Bedeutung, ab dem 15. Jh. verfiel sie. Neben einigen Klostergebäuden ließ sich auch die Kirche restaurieren. Die romanische, querschiffslose Basilika San Salvatore hat eine schlichte, mit Rundbogenfriesen verzierte Fassade. Ihr Innenraum weist den in Italien seltenen Stützenwechsel von Säule und Pfeiler auf und ist mit einem offenen Dachstuhl gedeckt. Das Presbyterium liegt bühnenartig erhöht über einer Krypta. Im 18. Jh. stürzten zwei der östlichen Apsiden ein und mussten Mitte des 20. Jh. rekonstruiert werden. Zur Ausstattung gehört ein Taufbecken aus der Spätgotik.

Abbazia di Sant'Antimo (SI)
Benediktinerabtei

| • Gegründet im Jahr 800, heutige Kirche 1118 begonnen, Campanile 12. Jh. • 1462 Aufgabe der Abtei. • 1992 Abschluss einer aufwändigen Restaurierung.

Sant'Antimo ist wahrscheinlich eine Gründung Karls des Großen aus dem Jahr 800. Das Kloster sollte die dem Kaiser von Papst Hadrian II. übersandten Reliquien des Märtyrers Anthimus aufnehmen. Im 12. und 13. Jh. war Sant'Antimo ein mächtiges Kloster und sein Abt einer der bedeutendsten Feudalherren Italiens, die sich „Graf und Ratsherr des Heiligen Römischen Reiches"

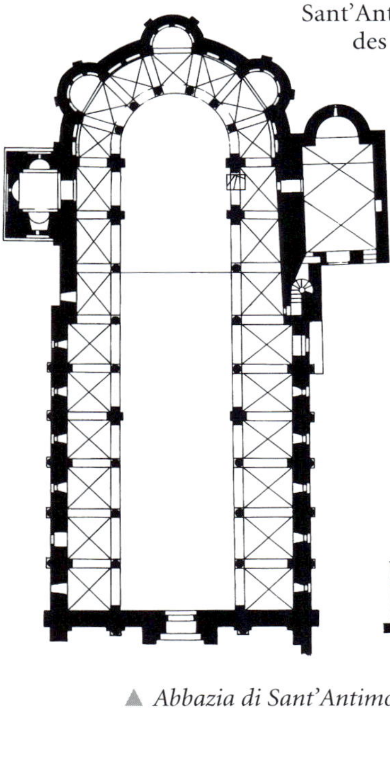

▲ *Abbazia di Sant'Antimo: Grundriss und Schnitt.*

▲ *Abbazia di Sant'Antimo: Gesamtansicht von Osten.*

▲ *Abbazia di Sant'Antimo: Südportal.*

▲ *Abbazia di Sant'Antimo: Innenraum nach Osten.*

nennen durften. Trotz der für Benediktinerklöster typischen isolierten Lage war die Abtei ein wichtiger Verkehrsknotenpunkt an der Via Francigena und ein wichtiges bedeutendes Kulturzentrum, das die Rivalität Sienas auf sich zog. Die Feindschaft dieser Stadt leitete den Niedergang des Klosters ein. Nach der Aufgabe der Abtei verfielen die Bauten, daher sind nur Reste der Klostergebäude erhalten. Die Maße der wuchtigen Basilika zeugen jedoch noch heute von der Bedeutung des Klosters im Mittelalter.

Der Außenbau der Kirche wurde nach der Aufhebung des Klosters im 15. Jh. verändert. Die heute schlichte Fassade weist noch Reste einer Blendarkatur mit Vorhalle auf, die Seitenschiffwände haben ihre Wanddekoration verloren, nur am Obergaden des Mittelschiffs sind die Lisenen und der Rundbogenfries der ursprünglichen Gliederung erhalten. Der mächtige Campanile ist von lombardischer Geschlossenheit, erst in der Glockenstube öffnen sich Biforien als Schallarkaden. Sehr ungewöhnlich für Italien sind die architektonisch komplexen Formen des Chores mit Umgang und Radialkapellen. Dieser halbkreisförmige Chorumgang zeigt den Einfluss der burgundisch-clunyazensischen Architektur. Kräftige Halbsäulenvorlagen betonen wie in Burgund zusätzlich die Ostteile.

Das Hauptportal aus dem 12. Jh. trägt die Signatur des Baumeisters Azzo dei Porcari. Auf das 9. Jh. gehen die Fragmente des Vorgängerbaus

Die Benediktiner

Benedikt von Nursia wurde 480 in Norcia (Nursia) in Umbrien geboren. Er ist der Begründer des westlichen Mönchstums, doch ist über sein Leben nur wenig bekannt. Die Regula Benedicti als erste abendländische Ordensregel fordert das Verbleiben der Mönche im Heimatkloster, das Streben nach Vollkommenheit sowie die Abkehr vom weltlichen Leben, daher liegen die Klöster isoliert. Der Gehorsam gegenüber dem Abt garantiert das Funktionieren auch großer Ordensgemeinschaften. Die berühmte Maxime „ora et labora" („bete und arbeite"), gemeint ist die Pflege der Liturgie und die Lesung der Kodizes, machte aus den Klöstern Stätten der Bildung mit bedeutenden Bibliotheken, so dass vor allem von Benediktinerabteien die Literatur der Antike überliefert wurde. Dem Orden als Hort der Bildung schlossen sich auch Mitglieder der kaiserlichen Familie und des Adels an, die den Benediktinern bedeutende Schenkungen machten. Die in der mittelalterlichen Toskana zunehmende Stadtkultur bewirkte eine neue Frömmigkeit und förderte den Zulauf zu den Klöstern im Sinne der Abkehr von der Weltlichkeit der Zentren. Der Rückzug ins spirituelle Leben der Benediktinermönche oder die Askese der Einsiedelei schien auch Mitgliedern wohlhabender und adeliger Familien wie den Romualdus und Galganos als eine Alternative zu diesseitiger Lebensfreude und hochmütigem Selbstwertgefühl, die in den Städten herrschten.

zurück, aus denen das Portal der Südflanke zusammengesetzt wurde und die mit Palmetten, langobardischer Flechtbandornamentik und einem Bestienfries geschmückt sind. Am Nordportal aus dem 11. Jh. sind Tiere und Fabelwesen wiedergegeben. Der Innenraum zeigt eine querschiffslose, dreischiffige Säulenbasilika mit Emporen und offenem Dachstuhl. Im Chorumgang wird die Arkadenstellung enger, kräftige Halbsäulenvorlagen tragen das Gewölbe. Das Kreuzgratgewölbe im Umgang ist die Fortsetzung der gewölbten Seitenschiffe. Auch das Mittelschiff war auf ein um diese Zeit in der Toskana nicht übliches Tonnengewölbe ausgelegt, worauf die Pfeilervorlagen, die die Gurtbögen tragen sollten, verweisen. Wie Gewölbe und Chorumgang geht die Höhe des Emporenbaus auf nordeuropäische, insbesondere burgundische Traditionen zurück. Angeblich hatte der Bauherr, Abt Guidone, sogar Baumeister aus Cluny angefordert. Diese in der Toskana für eine Benediktinerabtei neuen, französischen Architekturformen sind auf die überregionalen Beziehungen der Benediktiner zurückzuführen.

Bedeutend ist der ebenfalls französisch beeinflusste Skulpturenschmuck der Knospen- und Bestienkapitelle in scharfkantigem Kerbschnitt, auch szenische Darstellungen kommen vor, z. B. Daniel in der Löwengrube. Das Kapitell wird dem Meister von Cabestany aus dem Languedoc zugeschrieben und ist wahrscheinlich ein Importstück. Der bisher namentlich nicht bekannte Bildhauer ist eine individuelle, hochrangige Künstlerpersönlichkeit, dessen Werke sich auch in Frankreich und Spanien finden. Von der mobilen Ausstattung hat sich nur noch das Holzkruzifix über dem Hauptaltar aus der Mitte des 12. Jh. erhalten.

Abbazia di San Salvatore (SI)

Ruine der Zisterzienserabtei

• Gegründet im 11. Jh., Umbau im 16. Jh. • 1968 – 1971 restauriert. |

743 wurde das Kloster als Benediktinerabtei von dem Langobardenkönig Ratchis gegründet, 1036 erfolgte die Weihe der heutigen Kirche. Bei der Übernahme durch die Zisterzienser im Jahre 1228 wurden die beiden Flankentürme ausgebaut, blieben aber unvollendet. 1590 wurde die Abtei unter den Medici umgebaut.

Von der ehrwürdigen Abtei, die Karl der Große auf seinem Krönungszug aufsuchte, blieb infolge der Umbauten kein Eindruck erhalten. Aus romanischer Zeit birgt die Saalkirche nur noch ein Großkruzifix aus dem späten 12. Jh. Der arg verstümmelte Bau interessiert vor allem wegen der Hallenkrypta, die vielleicht noch auf das 8. Jh. zurückgeht. Die 13 Schiffe mündeten ursprünglich in drei Apsiden, die im 16. Jh. vermauert wurden. Die monolithischen, z. T. kannelierten Säulen tragen die schweren Kreuzgratgewölbe. Sie zeigen in den Flechtmustern der Kapitelle langobardische Motive, die auf das Alter der Abtei verweisen.

Arezzo (AR)

Die Stadt ist eine etruskische Gründung. Arretium war ein bedeutendes Zentrum der Metallverarbeitung, wie es u. a. die Chimäre von Arezzo aus dem 5. Jh. v. Chr., heute im Archäologischen Museum von Florenz, belegt. Bereits ab dem 3. Jh. war Arezzo Bischofssitz, ab 1098 wurde die Stadt als freie Kommune von Konsuln regiert. Im mittelalterlichen Parteienzwist gab Arezzo sich ghibellinisch, die Regierung nahm 1258 Cortona ein, verlor aber infolge der Niederlage der Kaiserlichen 1289 bei Capaldino weite Gebiete an Florenz und Siena. Guido Tarlati aus dem ghibellinischen Haus der Pietramala wurde 1312 zum Bischof gewählt und 1321 zum Signore der Stadt ernannt. Er führte Arezzo zu neuem Wachstum. Unter seinem Nachfolger, seinem Bruder Pier Saccone (1327), setzte erneut der Niedergang ein, die Stadt kam unter die Kontrolle der Florentiner Guelfen. 1529/30 scheiterte der letzte Versuch, die Unabhängigkeit wieder zu gewinnen. Cosimo I. ließ den Palazzo del Comune und den Duomo Vecchio zerstören, viele Einwohner verließen die Stadt, die nun an Bedeutung verlor.

Pieve Santa Maria

• Corso d'Italia. • Hauptpfarrkirche. • Erwähnt 1008, heutige Basilika erbaut Mitte 12.–14. Jh., Fassade 13. Jh., Campanile um 1330 • Mehrere Restaurierungen im 19. Jh.

Der schmuckvolle, monumentale Kirchenbau repräsentiert die kommunale Selbstständigkeit gegenüber dem bischöflichen Dom. Die Größe des Neubaus an der Hanglage bedingt Unregelmäßigkeiten im Grundriss. Im Unterschied zu den Luccheser Vorbildern S. Martino und S. Michele in Foro ist hier die Fassade nicht mit einem Giebel und einer Marmorinkrustation versehen. In der unteren Zone der Blendarkaden öffnen sich drei Portale. Im Tympanon über dem Mittelportal erkennt man, dem Patrozinium der Kirche folgend, die Himmelfahrt Mariens, signiert und datiert Marchio 1216. Der norditalienisch beeinflusste Bildhauer, den Vasari als Marchionne d'Arezzo anführt, ist sonst nicht bekannt. Die Monatsarbeiten in den Archivolten stammen von einem Nachfolger Antelamis aus Parma. Im rechten Portal ist eine Taufe Christi dargestellt, datiert 1227, im linken Weinranken als Symbole der Eucharistie. Die drei Loggiengeschosse blenden der Basilika eine rechteckige Fassade vor. Im Unterschied zu den Bauten von Pisa und Lucca sind die Säulen und Kapitelle nicht aus Marmor, sondern aus lokalem Sandstein. Die Variationen der Dekorationsmotive halten sich in Grenzen, somit ist die Fassade der Pfarrkirche zwar anspruchsvoll, doch materiell weniger aufwändig als die der romanischen Dome. Der in die Fassade integrierte Campanile der 100 Löcher ist nach den 40 Biforienfenstern benannt. Das Südportal ist mit skulptierten Kapitellen geschmückt. Die im 19. Jh. stark überarbeitete Apsis mit Blendarkaden und Zwerggalerien akzentuiert die Pfarrkirche im Ensemble der Piazza grande.

▲ *Arezzo: Pieve Santa Maria, Fassade.*

Der Innenraum wird durch hohe Pfeilerarkaden in drei Schiffe geteilt, die quadratische Vierung durch nochmals erhöhte Bögen ausgeschieden. Von der Kuppel entstanden nur die Trompen und der Tambour, die zu überwölbende Fläche wurde mit einem

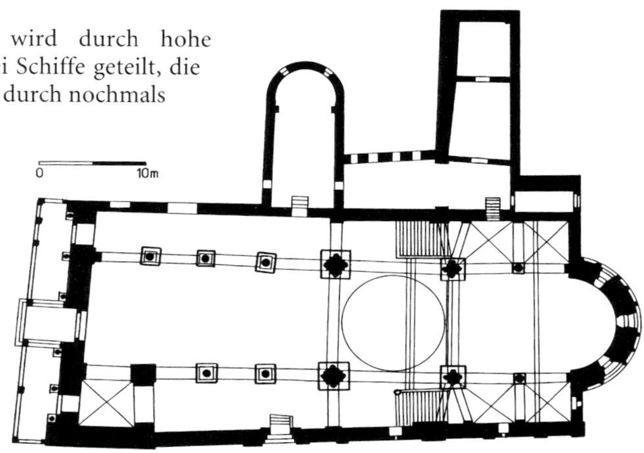

► *Arezzo: Pieve Santa Maria, Grundriss.*

▲ *Arezzo: Pieve Santa Maria, Innenraum nach Osten.*

offenen Dachstuhl geschlossen. Die Tier- und Figurenkapitelle der Pfeiler sind spätromanisch, die Höhe und die auf die Gotik verweisenden Spitzbögen darüber sprechen für eine Entstehung Ende des 13. Jh. Das über einer Krypta erhöhte Presbyterium entstand um 1200 und wurde im 19. Jh. wie die ganze Apsis restauriert. Dort befindet sich das 1320 im Auftrag Bischof Tarlatis von Pietro Lorenzetti gemalte Marienpolyptychon auf

▲ *Arezzo: Pieve Santa Maria, Pietro Lorenzetti, Maria mit Kind. Mitteltafel des Altars.*

▲ *Arezzo: Pieve Santa Maria, Epiphanie.*

dem Hochaltar. Es gilt als erstes bedeutendes Werk des Sieneser Künstlers. Seit einer Demontage im 16. Jh. fehlt die Rahmung. Die Halbfigur der Madonna zeigt in der eleganten Körperdrehung bereits die Qualitäten des Malers, ebenso die Innigkeit der Beziehung zwischen Mutter und Kind in Anlehnung an Giovanni Pisano. In der fünfschiffigen Krypta befindet sich das Büstenreliquiar von San Donato, dem zweiten Bischof, Märtyrer und Stadtheiligen von Arezzo. Das Reliquiar wurde 1346 von den Aretiner Goldschmieden Pietro und Paolo geschaffen und stellt den jugendlichen Bischof in reich geschmückter Amtstracht dar. Die romanischen Reliefs der Geburt Christi und der Anbetung der Könige an der Innenfassade bzw. im linken Seitenschiff entstanden um 1220 – 1230 und stammen vermutlich von einer ehemaligen Kanzel oder Chorschranke. Sie sind aus derselben Werkstatt, wenn auch nicht das Werk desselben Meisters. 1976 wurde einem König der Kopf geraubt. Die Inschrift benennt die Figuren: „Angelus", „Maria MXI" (Mater Christi), also Engel und Mutter Christi, sowie die Könige „Gasparre", „Baltasarre" und „Melchiorre". Ein Taufbecken von Giovanni di Agostino stammt aus den Jahren 1331 – 1332. Bau und Ausstattung geben, wenn auch in restaurierter Form, den Eindruck eines kompletten Kirchenensembles des aretinischen Mittelalters wieder.

Asciano (SI)
Collegiata Sant'Agata

• 1040 als Pieve erwähnt, Campanile 13. Jh., Langhaus Anfang 14. Jh. • Regotisierung 1878 – 1885. • Restaurierungen in den 50er und 90er Jahren des 20. Jh.

▲ *Asciano: Collegiata Sant'Agata, Fassade.*

Die dreiachsige Travertinfassade mit gotischen Blendbögen und spitzbogigem Giebelfries ist in den Formen des 14. Jh. gehalten. Aus romanischer Zeit stammen hingegen die Ostteile und der charakteristische quadratische Campanile mit Rundbogenfriesen. Querhaus und Chorjoch zeigen in den gleichförmigen Maßen die aus dem Vierungsquadrat entwickelte Systematik der romanischen Architektur. Im Gegensatz zum gotischen Langhaus sind sie kreuzgratgewölbt. Auch die oktogonale Kuppel über dem Trompengewölbe im Vierungsquadrat sowie den drei östlichen Apsiden ist im 11. Jh. charakteristisch für eine hoch entwickelte Baukunst.

Barga (LU)

Die heute durch ein Musikfestival belebte Stadt war im Mittelalter ein Zentrum der Seidenweberei, ausgestattet mit den Privilegien der Markgräfin Mathilde. Aus dem Besitz der Luccheser und Pisaner Bischöfe löste sich die Stadt, indem sie sich 1341 der Protektion von Florenz unterwarf, dessen Geschichte sie fortan teilte. Zwischenzeitlich geriet Barga unter die Signoria einzelner Condottieri, so 1352 an Francesco Castracane und 1437 unter Niccolò Piccinino.

Dom San Cristofano

• Piazzale Arringo. • Fassade um 1200, Erweiterungen des Langhauses im 14. Jh. • Apsis zerstört, Seitenkapellen 18. Jh. • Nach Erdbebenschäden 1920 restauriert.

Die Fassade und den vorderen Teil des Doms bildet das Langhaus einer Saalkirche aus dem 11. Jh., deren Chor durch den Anbau des Campanile zerstört wurde. An der Flanke des heutigen Doms lässt sich die Fassade der älteren Kirche noch gut erkennen. Das Langhaus setzt sich mit einem niedrigeren Teil fort, an den das erhöhte Querhaus anschließt. Die Errichtung des Langhauses und der Fassade erfolgte im 12. Jh., im 14. Jh. fanden die Erweiterung des Langhauses und der Ausbau des Turmes statt. Das Maßwerk der Fenster verweist auf das 14. Jh. Im 16. und 17. Jh. wurden die Apsis umgebaut und Kapellen angefügt. Schwere Zerstörungen durch ein Erdbeben 1920 machten radikale Restaurierungen notwendig. Das Hauptportal (um 1200) flankieren Halbsäulen mit Darstellungen von Löwenbekrönungen über den Kapitellen. Die Position der Löwen oberhalb der Säulen legt in diesem Falle eine Deutung als Wächter und nicht als unterdrückte Dämonen nahe. Das Relief auf dem Architrav zeigt die Weinlese als Hinweis auf die Eucharistie.

Im dreischiffigen Innenraum befindet sich die Kanzel noch im Zusammenhang mit den Chorschranken. Das Werk von ca. 1240 steht dem Bildhauer der Luccheser Domvorhalle aus dem Umkreis des Guido Bigarelli nahe und bezeugt die Bedeutung Bargas während der Romanik. Das

▲ *Barga mit Dom San Cristofano.*

▲ *Barga: Dom San Cristofano, Kanzel.*

quadratische Kanzelbecken ruht auf vier roten, von Löwen und Atlanten gestützten Marmorsäulen. Solche Löwenfiguren kommen als Träger und Bekrönungen von Säulen in der Romanik an Kirchenportalen und Kanzeln sehr häufig vor. Ihre Bedeutung ist nicht eindeutig geklärt, da die Bibel die Tiere unterschiedlich wertet. Demnach können Löwen als Wächter, als Dämonen oder als unterdrückte Mächte des Bösen verstanden werden. Die gut erhaltenen, mit Inschriften versehenen Reliefs des Kanzelbeckens zeigen die Inkarnation Christi: die Verkündigung des Messias durch den Propheten Jesaias, die Verkündigung an Maria, die Geburt Christi und die Anbetung der Könige. Daneben ist der Kirchenpatron Christophorus wiedergegeben. Das Lesepult, auf dem die Evangelien vorgelesen wurden, ist auf Darstellungen der Evangelistensymbole gestützt. Mit seinen ausdrucksstarken bewegten Figuren und der hohen technischen Perfektion ist es ein bedeutendes Beispiel der romanischen Skulptur vor den Pisani. Das retardierende, den Stil des 15. Jh. vorgebende Altarbild des heimischen Malers Baccio Ciarpi aus dem 17. Jh. zeigt Joseph, Rochus und Antonius vor einer Vedute der Stadt Barga als Schutzheilige vor Tod und Krankheiten. Ein unglasierter Terrakotta-Altar aus der Werkstatt der Künstlerfamilie della Robbia mit Darstellungen der Madonna und den Pestheiligen Rochus und Sebastian vervollständigt die Ausstattung.

Calci (PI)
Pieve di San Ermolao

• Landpfarrkirche. • Erwähnt 823, heutiger Bau 11.–12. Jh., angeblich abgeschlossen zur Überführung der Reliquien des heiligen Ermolao im Jahre 1111. Campanile unvollendet. Innenraum im 17. Jh. eingewölbt.

Eine Pieve ist eine Pfarrkirche mit Taufrecht. Einige Pievi, wie auch Calci, liegen zwischen den Gemeinden auf dem Land, wo seit dem 11. Jh. mehrere Pfarreien sich zu einem von den Bischofskirchen unabhängigen Taufsprengel (lat. *plebatus* = ital. *pieve*) zusammenschlossen und eine gemeinsame Kirche mit Taufrecht errichteten.

Die polychrome Fassade ist durch eine 1150 angebaute Taufkapelle an der Nordseite verbreitert. Sie ist mit ungleich breiten und hohen Blendarkaden sowie mehrfach profilierten Rhomben im Pisaner Stil geschmückt. Auch das Obergeschoss ist von Arkaden gegliedert, nur im Giebel erscheinen vier Marmorsäulchen als schwacher Abglanz der Pisaner Fassadenloggien. Diese Unregelmäßigkeiten zeugen von einer gewissen Provinzialität. Die Portale sind schlicht, allein das Hauptportal ist von einem Tympanon bekrönt.

Im Innenraum werden die Arkaden des dreischiffigen Langhauses von antiken Säulenspolien getragen. Der mittelalterliche Bau ist stark überarbeitet, die Gewölbe stammen aus dem Barock. Romanisch ist noch das Taufbecken aus der zweiten Hälfte des 12. Jh. In den Arkaden erscheinen der Maria Johannes der Täufer im Zentrum, neben ihm der segnende Christus aus der Taufszene und zwei Engel, die die Gewänder Jesu halten. In der Anlage der Arkaden mit antikisierenden Kapitellen und den wuchtigen Figuren erweist sich das Taufbecken als ein frühes Beispiel für eine Orientierung an spätrömischer Sarkophagplastik. Es erreicht jedoch nicht die Qualität des Luccheser Taufbeckens in San Frediano.

Camaldoli (AR)
Mutterkloster des Camaldulenserordens

• Gegründet 1012 von Romualdus, mehrere Umbauten im 13. Jh. • Kirche 1509–1524, 1772 barockisiert.

Der Camaldulenserorden befolgte eine strenge Form der Benediktinerregel. Der Benediktiner Romualdus lebte zunächst als Eremit auf dem Territorium des Grafen Maldolo von Arezzo (ital. Ca' Maldolo = dt. Haus des Maldolo). Da weitere Mönche seinem Beispiel folgten, bildete sich eine Eremitenkolonie, die oberhalb des Konvents lag. Die isolierten Zellen und die Erlöserkirche, die das romanische Oratorium ersetzte, wurden mehrfach überarbeitet, bewahren aber die Atmosphäre der Zurückgezogenheit. Der Konvent entwickelte sich aus dem romanischen Kern zu einer Anlage, die schließlich 100 Mönche beherbergte. Die unregelmäßige Struktur besteht aus den Konventsgebäuden, der Kirche und dem Pilgerhospiz. Dieses wurde in der Renaissance u. a. von Lorenzo de' Medici zu spirituellen Exerzitien aufgesucht, die der Humanist Cristoforo Landino in den „Disputationes Camaldulenses" festhielt. Der Bau aus dem 11. Jh. schließt einen quadratischen Hof mit einem romanischen Säulenportikus und einem Kreuzgang aus dem 15. Jh. ab. Die Klosterkirche SS. Donato e Ilariano aus dem 16. Jh. ersetzt den romanischen Vorgängerbau. Sie hat eine schlichte Quaderfassade, wurde aber im 18. Jh. erweitert und innen barockisiert. Von der Ausstattung sind die Altarbilder Giorgio Vasaris hervorzuheben. Die Klostergebäude sind noch heute von Mönchen bewohnt.

Carrara (MA)

Weltberühmt wurde die Stadt wegen des rein weißen Marmors, der die Kunst ganz Italiens und insbesondere der Toskana prägte. Die Römer bestellten den Stein bereits im benachbarten Luni, aus der Renaissance sind die Besuche Michelangelos in den Marmorbrüchen bekannt. Carrara wurde erstmals 963 erwähnt, als Otto I. die Stadt den Bischöfen von Luni unterstellte. Dann geriet sie nacheinander unter die Herrschaft von Pisa, Lucca, Genua und Mailand. Ab 1442 regierte in Carrara die Markgrafenfamilie Malaspina aus Massa. 1741 wurden die beiden Städte durch Heiratspolitik mit dem Herzogtum Modena vereint, das sich 1860 dem Königreich Sardinien-Piemont anschloss.

Dom Sant'Andrea Apostolo

• Piazza del Duomo • Begonnen im 11. Jh., Campanile um 1250, Obergeschosse 14. Jh.

Der Dombau geht auf eine Pieve zurück, die 1035 erstmals erwähnt wurde. Der Bau wurde von den Bischöfen von Luni gegründet und ab 1151 von den Kanonikern von San Frediano in Lucca weitergeführt. Die

Breite der ganz mit Marmor verkleideten Kirche war zunächst auf fünf Arkaden der Fassade beschränkt. Als dieser Bau zu klein erschien, wurden an jeder Seite noch zwei Achsen hinzugefügt. Das Untergeschoss ist in rundbogigen romanischen, das Obergeschoss in spitzbogigen gotischen Formen gehalten. Im Zentrum der Fassade findet sich in einem kassettierten Rahmen eine gotische Fensterrose, die die pisanische Fassadendekoration weiterentwickelt, der Giebel blieb ohne Säulen unvollendet. Die Portale, die Arkaden sowie die Fenster im Untergeschoss des Langhauses und der Apsis weisen reichen zoomorphen, die Fenster und Loggien des Obergeschosses anthropomorphen Figurenschmuck auf.

Der Innenraum ist relativ schlicht und streng. Kräftige Säulen mit romanischen Blatt- und Bestienkapitellen tragen die ungegliederte Hochschiffwand, die noch Reste der Freskierung aus dem 14. Jh. aufweist. Ein Triumphbogen trennt das Langhaus vom Presbyterium mit der imposanten Apsis. Zur Ausstattung gehören eine hochgotische, französisch beeinflusste Verkündigungsgruppe aus dem 15. Jh. und ein Tafelkreuz von dem Lucchesen Angelo Puccinelli von Anfang des 14. Jh. Im Presbyterium befindet sich ein Marmoraltar, begrenzt von Chorschranken mit Darstellungen von Madonna mit Kind und den Heiligen Johannes, Andreas, Petrus und Paulus, die von dem heimischen Bildhauer Francesco Bergamini aus dem 16. Jh. stammen. Das Programm geht auf das Patrozinium des Apostels Andreas, Bruder Petri und Patron des Doms, ein. An der Südflanke steht der Neptunbrunnen mit einer unvollendeten Statue von Baccio Bandinelli. Der Auftrag des Genueser Admirals Andrea Doria sah eine Porträtstatue vor, doch gab Bandinelli ihn als Gott der Meere wieder. Die unvollendete Statue des Seemanns und Politikers als nackter Neptun fand nach dem Tod des Künstlers keinen Gefallen, blieb daher in Carrara zurück und wurde 1563 auf den Brunnen versetzt. Der sehr muskulöse Körper und die balancierende Bewegung des überzogenen Kontraposts sowie die Demonstration bildhauerischer Virtuosität, z. B. bei dem aufragenden Delphinleib, kennzeichnen den manieristischen Stil.

Chiusdino (SI)
Eremo di San Galgano

• Oratorium. • Rotunde 1182 – 1185, oberer Ziegelaufbau, Campanile und Nordkapelle 14. Jh., Pronaos und Laterne 17. Jh.

Der Ritter Galgano Guidotti, 1148 in Chiusdino geboren, soll der Legende nach zunächst wie Franz von Assisi ein ausschweifendes Leben geführt haben, dessen Sinnlosigkeit ihn schließlich anödete. Auf den Rat verschiedener Eremiten hin zog er sich 1180 auf den Monte Siepi zurück, wo er eine kreisrunde Hütte baute und als Eremit lebte. Als Antwort auf das Drängen seiner Mutter und seiner Verlobten, wieder zurückzukehren, und auf den Hohn der anderen Ritter trieb er sein Schwert in eine Felsspalte, mit der es verschmolz. Die Waffe wurde somit zum Kreuz, zum Zeichen des Verzichts auf den Ritterstand und des Bekenntnisses zum Einsiedler-

▲ *Chiusdino: Eremo di San Galgano.*

tum. Wie wenig später Franz von Assisi entsagte Galgano dem Reichtum und Ansehen, um sich ganz Gott zu widmen, und wie jener soll er sogar mit Wölfen gesprochen haben. 1181 starb Galgano im Alter von 33 Jahren, dem Lebensalter Jesu.

Der Eremit wurde schon zu Lebzeiten hoch verehrt, kurz nach seinem Tod wurde die Rotunde von Montesiepi an der Stätte seiner Hütte errichtet und 1185 vom Bischof Hildebrand von Volterra geweiht. In diesem Jahr wurde Galgano von Papst Lucius III. kanonisiert und neben dem Felsen mit dem Schwert beigesetzt, seine Gebeine gingen jedoch bis auf den Schädel

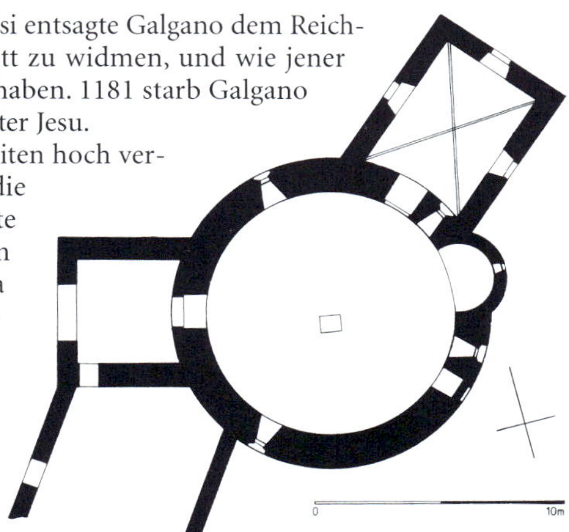

▶ *Chiusdino: Eremo di San Galgano, Grundriss*

verloren. Die Zisterzienser von Casamari in Latium erwarben das Recht, das Oratorium errichten zu dürfen, welches 1191 eine Schutzgarantie Kaiser Heinrichs VI. erhielt. Der romanische Rundbau steht in direktem Zusammenhang mit seiner Funktion als Mausoleum sowie Kultstätte und geht neben der legendären Hütte des Heiligen auf die Grabeskirche von Jerusalem zurück, die durch die Kreuzfahrer im Mittelalter in Europa bekannt war. Dieses Vorbild wie auch die Einzigartigkeit der romanischen Rotunde in der Toskana zeugen vom hohen Anspruch der Grabkapelle. Der Wechsel von Ziegel und Travertin variiert die Polychromie der sonst üblichen Marmorinkrustationen. Im Zentrum des Mausoleums liegt der als Reliquie verehrte Stein mit dem Schwert des heiligen Galgano. Der Gesteinswechsel der Wände wird in der Kuppel beibehalten und bildet konzentrische Kreise, die die Form der Rotunde als Grabeskirche und die Position des Steins betonen. Die Nordkapelle wurde in den 1330er Jahren von Ambrogio Lorenzetti ausgemalt, die Fresken löste man in den 60er Jahren des 20. Jh. ab und übertrug sie auf mobile Bildträger. Dadurch wurden die Sinopien freigelegt, die von der Wand getrennten Malereien aber verlieren auf die Dauer ihre Farbigkeit. An der Altarwand ist die Madonna in Maestà dargestellt. Sie war ursprünglich ohne Kind angelegt, die Hand mit dem Zepter stammt aus der ersten Fassung. Ihr zu Füßen liegt Eva als Inbegriff der Sünde, die Maria überwindet. Diese nimmt die berühmte Figur der Pax aus dem „Buon governo“ von Siena vorweg. Marias Hofstaat bilden Petrus und Paulus mit Papst Lucius III., Eremiten und ein Bischof sowie die Zisterzienser Bernhard von Clairvaux und Robert. Im Vordergrund erkennt man Galgano mit einer Strohtasche, mit der er täglich sein Essen holte, und Gertrude reicht Maria ihr brennendes Herz. Darunter malte Ambrogio die Verkündigung. Die Sinopie zeigt die viel radikalere ursprüngliche Fassung der Szene mit einer vor dem Engel erschrockenen Maria. An der Südwand ist dargestellt, wie der Erzengel Michael den heiligen Galgano in das Himmelreich bringt, nämlich zur Madonna in Maestà an der Altarwand. Als Attribut präsentiert Galgano den Felsen mit dem Schwertknauf. Darunter erscheint eine Vedute Roms mit der Engelsburg und Alt-Sankt Peter.

Empoli (FI)

Unterhalb des Kastells Emporium entstand ab dem 12. Jh. die Stadt Empoli um die Pieve Sant'Andrea herum. Sie verbündete sich schon 1182 mit Florenz. 1260 tagte in Empoli das „parlamento ghibellino“, bei dem Farinata degli Uberti nach der Schlacht von Montaperti die siegreiche Partei Sienas um Milde für seine guelfische Heimatstadt Florenz bat, woran Dante im 10. Gesang des Inferno erinnert. 1313 beriet der Kongress guelfischer Städte über den Widerstand gegen Heinrich VII. Der Niedergang begann mit der ersten Plünderung durch Castruccio Castracane. 1501 überfiel Cesare Borgia die Stadt, 1530 waren es die Truppen Karls V. auf ihrem fatalen Italienfeldzug. Schließlich versank die einst wichtige Alliierte von Florenz in die Bedeutungslosigkeit.

Collegiata Sant'Andrea

• Piazza Farinata degli Uberti. • Kollegiatskirche. • Begonnen 1093, nach Kriegsschäden 1552 wieder errichtet, im 18. Jh. umgebaut. Fassade 1912 ergänzt.

Die an der Stelle eines Vorgängerbaus errichtete Kirche wurde 1059 erstmals erwähnt und 1192 dem Schutz Roms unterstellt. Die romanische Substanz des Baus ist stark durch Kriegsschäden und Umbauten beeinträchtigt. Das Portal stammt aus dem 16. Jh., und der Florentiner Architekt Ferdinando Ruggieri hat im 18. Jh. die dreischiffige Basilika zu einer Saalkirche umgebaut. Von der romanischen Fassade sind die unteren Arkaden original, die Rekonstruktion der oberen Partien wurde 1880 beschlossen und 1912 in Anlehnung an die Fassade von San Miniato al Monte in Florenz durchgeführt. Der ursprüngliche Teil der Fassade ist mit einer polychromen Marmorinkrustation versehen und 1093 datiert, er gehört mit San Miniato al Monte zu den bedeutendsten Beispielen der Florentiner Romanik. Der Campanile wie auch Teile der Kirche wurden im Zweiten Weltkrieg beschädigt und nach 1945 restauriert. Die Piazza Farinata degli Uberti ist von Arkaden umstellt, die auf das 16. und 17. Jh. zurückgehen, die Häuser sind modernisiert. In der Platzmitte befindet sich ein klassizistischer Brunnen von Luigi Pampaloni (1827), der mit Najaden und Löwen ältere Motive aufgreift.

▲ *Empoli: Collegiata Sant'Andrea, Fassade.*

Gropina (AR)

Pieve San Pietro

• Landpfarrkirche. • Erwähnt im 8. Jh., heutige Kirche begonnen vor 1191, Campanile 1233.

Der gesamte Bau zeichnet sich durch die Qualität des Quadermauerwerks aus, was neben der plastischen Ausstattung die großen Landkirchen (Pievi) von Dorfkirchen unterscheidet. Die schlichte Fassade ist von Biforienfenstern durchbrochen, bemerkenswert ist ein vermauertes Marmorköpfchen, das vielleicht aus römischer Zeit stammt. Einzigartig für die Romanik der Toskana ist die Dekoration der Apsis: Die Blendarkaden im Untergeschoss werden in der Mitte durch einen erhöhten Bogen gegliedert, in der Zwerggalerie darüber betont eine Knotensäule die Achse.

▲ *Gropina: Pieve San Pietro, Kanzel.*

Der Eindruck des Innenraums der querschiffslosen, dreischiffigen Staffelhalle wird durch Säulenmonolithe mit sehr unterschiedlichen, z. T. auffallend altertümlichen Kapitellen bestimmt. Die pflanzlichen und figürlichen Motive sind äußerst primitiv, aber in ihrer Abstraktion dennoch reizvoll. Auch die Kanzel mit dem gerundeten Becken über Knotensäulen mit doppeltem Atlantenkapitell zeigt archaisch wirkende Flachreliefs. Neben dem pflanzlichen Dekor sind Luxuria-Motive in der Sirene und dem von Schlangen bedrohten Mann zu erkennen. Diese Skulpturen von Gropina scheinen von einer einheimischen Werkstatt zu stammen, sie sind in ihrer Primitivität sehr expressiv.

Lucca (LU)

Die etruskische Gründung an den Ufern des Flusses Serchio (etr. *luc* = dt. Sumpf) wurde 180 v. Chr. römische Kolonie, in der Caesar, Pompeius und Crassus 56 v. Chr. das erste Triumvirat schlossen. Ab 571 war die Stadt Sitz der Langobardenherzöge, unter den Karolingern ab 774 Residenz der Markgrafen von Tuszien und damit Hauptstadt der Toskana bis zum Tod der Mathilde von Canossa.

Durch die Lage an der Via Cassia, die Rom mit dem Norden verband, erwarb Lucca Handelsprivilegien, die Bankhäuser mit ihren internationalen Verbindungen und das Monopol der Seidenweberei brachten enormen Reichtum in die Stadt, von dem die zahlreichen marmorverkleideten Großbauten zeugen. Der Wert der Seide im Mittelalter wurde mit Gold verglichen, strenge Zunftstatuten wachten über die Qualität der Produktion. 1314 riss zunächst Uguccione della Faggiola, dann Castruccio Castracane die Macht an sich und etablierte sich als Alleinherrscher. Die Seidenweber verließen Lucca, das somit die Hegemonie in der Seidenweberei verlor.

Schließlich gelangte die Stadt unter pisanische Herrschaft. 1369 aber wurde die republikanische Herrschaft wieder hergestellt, die mit Ausnahme der Alleinherrschaft des Paolo Guinigi (1400 – 1430) bis zur Besetzung durch Napoleon 1799 anhielt. In dieser friedlichen Zeit entstanden die Villen um Lucca. Die im 16. Jh. errichteten, eindrucksvollen Schutzwälle mit ihren Bastionen mussten nie einem Angriff standhalten. 1805 setzte Napoleon seine Schwester Elisa als Regentin ein, ihr folgte nach dem Wiener Kongress von 1815 Marie-Luise von Bourbon-Parma, die die Schutzwälle in Parkanlagen umwandeln ließ. 1847 schließlich wurde die so lange unabhängige Stadt mit dem Herzogtum Toskana vereint, mit dem sie sich im Plebiszit von 1860 dem Königreich Sardinien-Piemont anschloss. Wie zahlreiche toskanische Städte erzielte auch Lucca im Mittelalter die größte topographische Ausdehnung. Mangelnder Raumbedarf und Bürgerstolz konnten daher die alte Bausubstanz innerhalb der Mauern in einzigartiger Weise erhalten.

Dom San Martino

• Piazza San Martino. • Gegründet im 6. Jh. von Bischof Frigdianus, ab dem 8. Jh. Bischofssitz. Heutige Kirche 1060 begonnen, Fassade 1204, Campanile 1233 vollendet. Umbau des Innenraums 14. Jh., Gewölbe 1481. • Baumeister Guidetto da Como.

Der Dom wurde von dem Luccheser Bischof Anselmo da Baggio begonnen, der 1070, mittlerweile Papst Alexander II., den Bau weihte. Guidetto da Como vollendete die Fassade, wie die Signatur „Guidectus“ am Figürchen an der südlichsten Säule der ersten Galerie mit dem Datum 1204 belegt, in Anlehnung und Konkurrenz zum Pisaner Dom. Neuartig in der Toskana ist der dreiachsige, mit Blendbögen und Säulen besetzte Portikus, der auf das Vorbild von Sant'Ambrogio in Mailand zurückzufüh-

▲ *Lucca: Piazza und Dom San Martino.*

ren ist. Darüber erheben sich drei Loggiengeschosse nach Pisaner Vorbild. Die reiche, typisch Luccheser Ornamentierung übertrifft an Vielfalt die Fassade des Pisaner Domes; die auffallendsten Varianten sind Löwen- und Knotensäulen. Neu sind auch die figürlichen Motive in den rahmenden Marmorinkrustationen.

Die Flanken des Baus aus der Zeit des Umbaus im späten 14. Jh. sind von Strebepfeilern verstärkt, zwischen denen sich die spitzbogigen gotischen Fenster öffnen. Transept und Apsis blieben hingegen im romanischen Stil nach Pisaner Vorbild mit Blendarkaden und Säulenloggien erhalten. Der um 1200 errichtete sechsgeschossige Campanile öffnet sich nach oben in einer zunehmenden Zahl von Schallarkaden. Der hellere Travertin der Obergeschosse lässt die Turmspitze zudem leichter aussehen. Der Glockenturm wurde vorbildlich für die Campanili der Provinz Lucca. Ungünstig sind jedoch der Anbau des Campanile an die Fassade, der sie asymmetrisch macht, sowie die erneuerten Zinnen. Ab 1411 wurden die Häuser in der unmittelbaren Umgebung des Domes abgebrochen, um den Blick auf den reich geschmückten Außenbau zu ermöglichen.

An der Vorhalle sind den Pfeilern Rankensäulen Pisaner Typs vorgelegt. Die Säule am südlichen Arkadenpfeiler zeigt Akanthusspiralen, am nördlichen Pfeiler befindet sich die Wurzel-Jesse-Säule (ca. 1190 – 1200). Von Adam und Eva wird der Stammbaum über Jesse (= Isai, der Vater Davids) und die biblischen Könige David und Salomo zu Maria und schließlich zu Christus geführt. Über den Kapitellen erscheinen Löwen und Atlanten, über der seitlichen, zur Domflanke sich öffnenden Arkade eine weibliche Büste, die so genannte Mathilde. Das Skulpturenprogramm im Inneren der Vorhalle, ausgestattet laut Inschrift ab 1233, gehört zu den vielfältigsten und interessantesten der toskanischen Romanik. Auf dem Architrav des Mittelportals ist Maria mit den zwölf Aposteln dargestellt, darüber der triumphierende Christus mit Kreuznimbus in der Mandorla. Der Fries seitlich des Portals zeigt die typischen Tätigkeiten der Monate, vom Januar, in dem man sich am Feuer wärmt, auf der linken Seite bis zum Dezember, in dem man Schweine schlachtet, auf der rechten Seite. Monatsdarstellungen finden sich häufig an mittelalterlichen Kirchen. Der Mensch wurde nach dem Sündenfall zur Arbeit verdammt, sie befreit ihn von körperlicher Not bis zu seiner Erlösung, daher beginnen die Monatsarbeiten mit der winterlichen Ruhe im Januar und enden mit der Vorbereitung zu den Festtagen, an denen das Kirchenjahr erneut beginnt. Vier große Reliefs darüber zeigen die Vita Martins von Tours als erstes großes Bildprogramm eines Kirchenpatrons in der Toskana. Am Südportal setzt sich dieses auf dem Architrav fort. Darüber im Tympanon wird die Enthauptung des heiligen Regulus, des Lokalheiligen und ursprünglichen Kirchenpatrons, gezeigt. Die Figuren weisen in ihrer gerundeten Plastizität lombardischer Ausprägung hohe Qualität auf. In der klaren Komposition und bildparallelen Anordnung der Figuren vertreten diese den Stil der Pisani und lassen an eine Beteiligung Guido Bigarellis aus Como denken. Über dem Architrav des Nordportals sind hingegen mit der Verkündigung, Geburt Christi und Anbetung der Könige sowie der Kreuzabnahme Christi im Tympanon die thematisch ranghöchsten Szenen angebracht. Auch bildhauerisch zeichnen

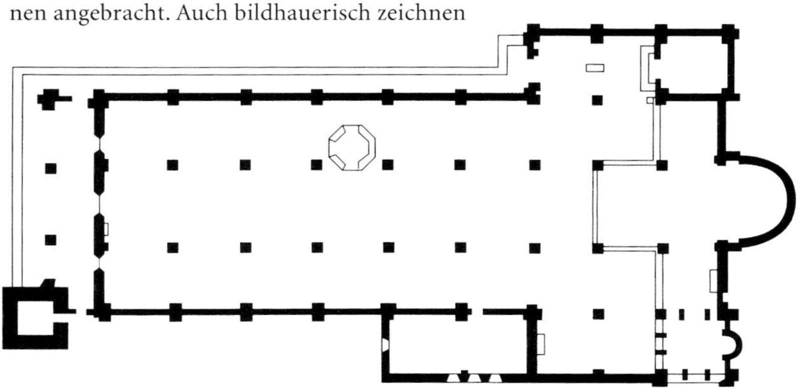

▲ *Lucca: Dom San Martino, Grundriss.*

▲ *Lucca: Dom San Martino, Volto Santo.*

sie sich durch den neuen, dramatischen Stil mit bewegten Kompositionen sowie in Raumschichten gestaffelten Figuren und Szenen aus. Sie sind Werke Nicola Pisanos, entstanden ca. 1260, nach der Pisaner Baptisteriumskanzel.

Im Inneren zeigt sich die Kirche als Emporenbasilika mit breitem Querhaus und Apsis, im Unterschied zu Pisa aber ohne Chorjoch. Die Erneuerung des Innenraums im gotischen Stil erfolgte in Rivalität zum Florentiner Dom, der Einbau der Empore und die 1481 im gotisch erhöhten Mittelschiff eingezogenen Gewölbe verdunkelten jedoch das Langhaus. Bedeutend ist vor allem die Ausstattung. Die Martinsgruppe an der Innenfassade stammt von der Außenfassade und wurde dort durch eine Kopie ersetzt. Sie zeigt die Mantelspende des Kirchenpatrons. Sie stammt aus der Zeit der großen vollplastischen Reiterdarstellungen wie dem Bamberger Reiter und den Figuren der Scaliger-Gräber von Verona, entstand also um 1230. Die lebensnahe Darstellung von Menschen und Pferd ist von der Antike geprägt. Als erste monumentale Figurengruppe der toskanischen Skulptur eröffnet die Luccheser Martinsgruppe neue Wege, die schließlich zur Entwicklung der Freiplastik führen.

Der oktogonale Tempietto von Matteo Civitali entstand 1482 – 1484. Er birgt den angeblich wundertätigen Volto Santo (ital., Heiliges Antlitz), ein berühmtes, in Dantes Inferno genanntes Gnadenbild, das im Mittelalter über die Landesgrenzen hinaus berühmt war. Die überlebensgroße Holzskulptur zeigt den gekreuzigten Christus lebend und bekleidet. Das Kultbild ist ein so genanntes authentisches Christusbild, das der Legende nach von Nikodemus geschnitzt und von einem Engel vollendet wurde. Ein unbemanntes Schiff soll das Kruzifix im Jahre 782 nach Italien und ein Ochsenkarren ohne Kutscher soll es nach Lucca gebracht haben. Faktisch wurde der Volto Santo um 1200 datiert und auf ein älteres Werk zurückgeführt, das man jetzt im Kruzifixus von Sansepolcro vermutet. Nach der kürzlich abgeschlossenen Restaurierung wird dieses Werk ins 8. oder 9. Jh. datiert, somit könnte der nicht restaurierte Volto Santo von Lucca, der dem von Sansepolcro sehr nahe steht, ebenfalls älter sein. Der Typus des bekleideten, lebenden Christus stammt aus der Ostkirche. Beide Werke gehen daher auf einen orientalischen Prototyp zurück. Das Barockaltärchen vor dem Tempietto stammt von Filippo Juvarra.

▲ *Lucca: Dom San Martino, Jacopo della Quercia, Grabmal der Ilaria del Carretto.*

Jacopo della Quercias Grabmal der Ilaria del Carretto in der Sakristei verdeutlicht den Übergang von der Spätgotik zur Renaissanceskulptur in der Toskana. Es zeigt die jung verstorbene Frau des Tyrannen Paolo Guinigi. Ein so aufwändig gestaltetes Grabmal war ungewöhnlich für eine Frau und stellte Ilaria in den Rang einer Fürstin. Das 1408 geschaffene freistehende Grabmal ist ein herausragendes Werk des spätgotischen Stils. Die Gestalt der Ilaria auf der Grabplatte in ihrer burgundischen Tracht erscheint gotisch aufgrund des Gewandstils und der altertümlichen Röhrenfalten. Zu ihren Füßen liegt ein Hund als Sinnbild der Treue. Die Eroten des Sarkophages sind deutlich körperlicher gestaltet, Ornament und Figuren der Antike entlehnte Formen, die charakteristisch für die Renaissance sind. Sie sind eher um 1420 zu datieren. Nach der Vertreibung Guinigis soll laut Vasari „die Ehrfurcht vor der Schönheit" die Lucchesen davon abgehalten haben, das Grabmal zu zerstören. Es wurde jedoch abmontiert. 1888 wurden die Teile zusammengesetzt, sie scheinen aber nicht zusammenzugehören, denn die Grabplatte der Ilaria ist zu klein für den Sarkophag. Wahrscheinlich stammen die Stücke von verschiedenen Monumenten Jacopo della Quercias. An weiteren Kunstwerken dieses aufwändig ausgestatteten Doms sind der Regulus-Altar, also der des Lokalheiligen, von Matteo Civitali aus dem Jahr 1484, das Grabmal des Petro da Nocete, des Sekretärs Papst Nikolaus' V., ebenfalls aus dem Jahr 1484, sowie die Madonnenbilder Ghirlandaios und Fra Bartolommeos zu erwähnen.

San Frediano

• Piazza San Frediano. • Älteste Kirche Luccas. • Gegründet im 6. Jh., heutige Kirche 1112 – 1147. Im 13. Jh. Verlegung der Fassade und Erhöhung des Mittelschiffs.

▲ *Lucca: San Frediano, Innenraum nach Osten.*

Die Kirche ist eine Gründung des irischen Rompilgers Frigdianus (Frediano), der im 6. Jh. Bischof von Lucca wurde. Nach seinem Tod im Jahre 588 setzte die Verehrung des Iren ein und die Kirche nahm sein Patrozinium an. Der romanische Bau wurde 1147 durch Papst Eugen III. geweiht und musste nach Errichtung eines erweiterten Mauerrings im 13. Jh. umorientiert werden, d. h., der Chor wurde nach Westen verlegt,

▲ *Lucca: San Frediano, Taufbecken.*

wo sich ursprünglich die Fassade befand. Im unteren Teil ist die neue Kirchenfront aus dem 13. Jh. erstaunlich schlicht, von schmalen Portalen unter gestelzten Rundbögen durchbrochen und mit nur einer vorgeblendeten Säulenreihe in der Mittelachse geschmückt. Ungewöhnlich für die Toskana ist das reiche Fassadenmosaik, das von einer Werkstatt aus dem Umkreis Berlinghiero Berlinghieris um 1230 stammt, aber stark überar-

▲ *Lucca: San Frediano, Jacopo della Quercia, Trenta-Altar.*

beitet wurde. Dargestellt ist die Himmelfahrt Christi, der nach der byzantinischen Tradition von Engeln in einer Mandorla getragen wird.

Der Innenraum der querschiffslosen Basilika mit Apsis wird durch zwölf Säulen mit z. T. antiken Schäften und Kapitellen in drei Schiffe unterteilt. Die bei einem Umbau erhöhten, ungegliederten Wandflächen des Mittelschiffs waren ursprünglich bemalt. Im Presbyterium befindet sich ein Cosmatenmosaik, das die einstige Schmuckfreudigkeit bekundet. Das Taufbecken entstand in zwei Phasen, ca. 1180 und Anfang des 13. Jh., wurde im 18. Jh. abgebrochen und 1952 rekonstruiert. Wahrscheinlich befand sich dieser Brunnen, der im Testament des Luccheser Kaufmanns Lorenzo Trenta als ausnehmend schön beschrieben wurde, ursprünglich im Kreuzgang des angrenzenden Klosters. Er besteht aus einem Brunnenbecken und einem dazu gehörenden Einsatz. Die Reliefs des Beckens zeigen Szenen der Vita des Moses, die ein Meister Robertus, dessen Signatur sich auf dem oberen Brunnenrand befindet, Ende des 12. Jh. zusammen mit zwei weiteren Meistern geschaffen hat. Von Robertus stammen die Figuren des Guten Hirten und der Apostel, es schließen sich die Szenen der Erscheinung Gottvaters im brennenden Dornbusch und der Übergabe der Zehn Gebote an. Gottvater ist mit dem Kreuznimbus ausgezeichnet, Moses nimmt die Gesetzestafeln ehrfürchtig mit verhüllten Händen entgegen. Eindrucksvoll ist der „Durchzug durch das Rote Meer", in dem die Ägypter als mittelalterlich-zeitgenössische Ritter in Kettenhemden erscheinen. An die Auslegung des Gesetzes schließen unter gotischen, spitzbogigen Arkaden stehende Einzelfiguren als Zuhörer an. Diese Darstellungen stammen aus dem 13. Jh. Der Einsatz weist am unteren Teil Dämonen, Menschenköpfe und Meerwesen auf. Am oberen Teil der Kuppel befinden sich Apostelfiguren, darunter Darstellungen von Monatsarbeiten. Vor allem die Moses-Reliefs sind von großer Qualität und bezeugen eine frühe Anlehnung an spätantike Sarkophagplastik, auch stehen sie in Verbindung mit der provenzalischen Skulptur etwa von Saint-Gilles in der Provence. Vor der linken Wand befindet sich das aktuelle Taufbecken mit einem Tabernakel des Luccheser Bildhauers und Architekten Matteo Civitali (1489). In der Lünette erscheint das großformatige, farbig glasierte Terrakottarelief der Verkündigung von Andrea della Robbia, das mit seinen üppigen Fruchtgirlanden den hohen dekorativen Wert der Technik nutzt.

Der Marmoraltar der Cappella Trenta, signiert von Jacopo della Quercia und datiert 1422, bezeichnet den Übergang von der Spätgotik zur Renaissance. Im Zentrum thront Maria mit Kind, flankiert von den Heiligen Ursula, Laurentius, Hieronymus und Richard. Hieronymus und Richard, einem angelsächsischen König, der im 8. Jh. nach einer Pilgerreise in Lucca verstarb und in dem römischen Sarkophag aus dem 3. Jh. unter dem Altar beigesetzt wurde, ist die Kapelle geweiht. Laurentius ist der Namenspatron des Stifters Lorenzo Trenta, Ursula die Schutzheilige seiner Frau. Die Pietà unter der Marienfigur konfrontiert das Grab Christi mit den nun an die gegenüberliegende Wand versetzten Gräbern des Stifters und seiner Frau. Während die Heiligenfiguren in gebauschten Gewändern verschwinden und vom spätgotischen kurvigen Linienstil geprägt sind, zeichnet sich in den Predellentafeln die neue Körperlichkeit der Figuren ab. Gotisch ist das Rahmenwerk des Retabels, die Predella hingegen zeigt die klaren rechtwinkligen Formen des neuen Stils. Diese Modernität und die Technik des sehr flachen Reliefs, des *rilievo schiacciato*, der Predella zeigten den Einfluss Donatellos. Die Fresken von Amico Aspertini in der Cappella di Sant'Agostino von 1508/09 zeigen Begebenheiten der Luccheser Geschichte, so die legendäre Ankunft des Volto Santo in Lucca und die Umleitung des Flusses Serchio durch den heiligen Frigdianus. In beiden Szenen ist Lucca mit seinen ehemaligen Geschlechtertürmen im Hintergrund dargestellt. Dem Titelheiligen Augustinus ist das Fresko der Taufe durch Ambrosius gewidmet, ferner die Geburt Christi dargestellt. Im Gewölbe erscheint schließlich Gottvater neben Propheten und Sibyllen.

San Giovanni mit Baptisterium

• Piazza San Giovanni. • Errichtet im 12. Jh., Fassade 1622 ergänzt, Innenraum im 16. Jh. überarbeitet. • Baptisterium 14. Jh.

Charakteristisch für die Barockfassade sind die Rundbogennischen im Untergeschoss, das Fenster mit gesprengtem Giebel im erhöhten Mittelschiff, der Dreiecksgiebel darüber und die seitlichen Voluten. Nur das Portal mit Maria und den Aposteln auf dem Türsturz zwischen den Löwensäulen stammt noch aus der Romanik. Im basilikalen Langhaus tragen antike Säulen mit romanischen Kapitellen eine Kassettendecke aus dem 16. Jh. Die Kirche birgt das Grabmal der Markgräfin Mathilde von Tuszien († 1115). Das Grab wurde 1872 überarbeitet. Am Querschiff schließt das quadratische Baptisterium aus dem 14. Jh. an, dessen Kuppel 1393 gewölbt wurde.

San Giusto

• Piazza San Giusto. • Begonnen Ende des 12. Jh., Innenraum im 17. Jh. barockisiert.

San Giusto nimmt an der Fassade mit den schmalen Portalen unter gestelzten Rundbogenfeldern Motive von San Frediano auf, die originell mit den Pisa-Luccheser Loggien im oberen Teil kombiniert werden. Das Mittelportal von ca. 1210 ist mit einer üppigen Ranke geschmückt, seitlich des Tympanonfeldes ruhen Löwen auf Konsolen. Der Bildhauer stammt aus der Schule des Dombildhauers Guidetto. Der dreischiffige Innenraum ist mit barocken Stuckdekorationen geschmückt.

▲ *Lucca: San Giusto, Fassade.*

Santa Maria Forisportam

• Via Santa Croce. • Begonnen ca. 1200, Innenraum im 16. Jh. erhöht und eingewölbt.

Wie der Name besagt, stand die Kirche ursprünglich vor den Toren (*foris portam*) der Stadt. Die mit Marmor verkleidete Fassade trug ihr den Namen Santa Maria Bianca, die Weiße, ein. Blendbogenarkaden über eingetieften Rhomben unter zwei Loggiengeschossen greifen die Formen der Pisa-Luccheser Romanik, insbesondere von San Michele in Foro, auf. Die drei Portale weisen an den Kapitellen der Türpfosten und an den Architraven eine reiche romanische Ornamentik auf. Der obere, schmucklose Teil der Fassade stammt aus dem 16. Jh., als das Mittelschiff erhöht wurde. Dieser radikale Umbau prägt auch den Innenraum. Die romanischen Säulen mit teilweise antiken Kapitellen stützen das nachträglich eingewölbte Mittelschiff. Zur Ausstattung gehört ein zum Taufbecken umfunktionierter frühchristlicher Sarkophag aus dem 4. Jh., der Daniel in der Löwengrube, ein in frühchristlicher Zeit weit verbreitetes Motiv, zeigt.

San Michele in Foro

• Piazza San Michele. • Hauptpfarrkirche, ehemaliger Versammlungsort der Regierung. • Begonnen 1027, Ausbau 1143 – 1200, Campanile ab 1150, 1512 Einwölbung.

Gegründet als Bau eines Kanonikerkonvents wuchs die Kirche erst in der zweiten Hälfte des 12. Jh. durch die Förderung des Bürgertums, die sie als Pfarrkirche und Versammlungsraum (*consiglio generale*) im Zentrum der antiken Stadt, am einstigen Forum an der Kreuzung von Cardo und Decumanus requirierte. Der Außenbau präsentiert sich als die am besten erhaltene romanische Kirche der Toskana. Die deutliche Konkurrenz zum Dom zeigt sich in der hoch aufragenden Blendfassade mit der bekrönenden, überlebensgroßen Figur des Erzengels Michael, die wesentlich höher als der dahinter liegende Bau aufragt. Charakteristisch für die Pisa-Luccheser Romanik sind die Blendarkaden über eingetieften Rhomben und die Loggiengeschosse. Einzelne Säulenformen wie Löwengestalten und Knotenmotive sind direkt vom Dom abgeleitet, neu sind die Vielfalt weiterer Formen und der Aufwand der Kapitelle sowie der Bestien und Fabelwesen in den rahmenden Marmorinkrustationen. Die Loggien werden dem Meister der Domfassade, Guidetto da Como, und seiner Werkstatt zugeschrieben. Durch die zur Piazza hin frei stehende Lage ist der kreuzförmige Grundriss der dreischiffigen Säulenbasilika mit Querhaus und Apsis deutlich abzulesen. Der wuchtige Campanile erhebt sich über dem südlichen Querhaus. Wie beim Pisaner Dom wird der ganze Bau von einer Blendarkatur umspannt. Darüber greift eine Säulenloggia die Gestaltung der Fassade auf. Auch die Apsis ist von Pisaner Prä-

▲ *Lucca: San Michele in Foro, Fassade.*

gung, sie geht eventuell sogar auf den Entwurf Diotisalvis zurück.

Der Innenraum der Basilika wurde durch die nachträgliche Einwölbung verdunkelt, die Barockisierung entfernt, wobei eine etwas zu glatte Romanik rekonstruiert wurde. Nach dem Tafelkreuz wurde der unbekannte Maler aus dem Umkreis des Berlinghiero mit dem Notnamen „Meister des Kruzifixes von San Michele" versehen. Das monumentale Kreuz entstand noch im 12. Jh. und gehört zu den frühesten italienischen *Croci dipinte*, die den Luccheser Typus des lebenden, über den Tod triumphierenden Christus begründete. Der Körper und das Lendentuch sind aus Stuck modelliert, am oberen Kreuzarm erkennt man Christus auf dem Himmelsthron mit Engeln, weitere Engel und die Evangelistensymbole auf den seitlichen Kreuzarmen. Auf der Tafel sind Maria und Johannes sowie die Schächer gezeigt, darunter die Szenen der Grablegung und der Frauen am Grabe als Hinweis auf die Auferstehung. An der Ostwand des südlichen Querhauses befindet sich eine Tafel von Filippino Lippi mit den Heiligen Rochus, Sebastian, Hieronymus und Helena, an der Südwand eine Madonna mit Kind, eine glasierte Terrakotta von Andrea della Robbia.

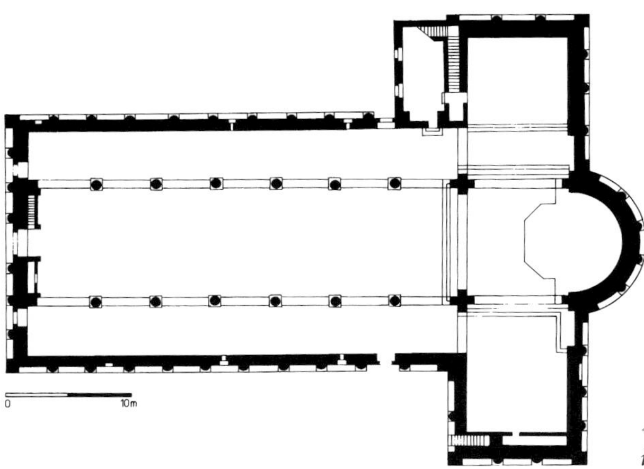

◄ *Lucca: San Michele in Foro, Grundriss.*

▲ *Lucca: San Michele in Foro, Fassade, Detail.*

San Pietro Somaldi

• Piazza San Pietro Somaldi. • Begonnen 1199, Fassade 1248.

Um 700 stiftete der Langobarde Somuald die Kirche, die Ende des 12. Jh. erneuert wurde. Lisenen gliedern die Fassade in drei Achsen, die drei von Marmor eingefasste Portale unter gestelzten Rundbögen öffnen. Biforienfenster durchbrechen die äußeren Achsen. Zwei ab 1248 errichtete Loggiengeschosse nach Pisaner Vorbild bekrönen die durch den Anbau des Campanile asymmetrische Fassade. Auf dem Architrav des Hauptportals stellte Guido da Como mit seiner Werkstatt 1203 die Schlüsselübergabe an Petrus dar. Zusammen mit den Löwen am Bogenansatz betonen sie den künstlerischen Anspruch der uralten Gründung. Der dreischiffige basilikale Innenraum ohne Querhaus schließt mit einer Apsis.

Massa Marittima (GR)

Erstmals erwähnt im Jahre 738, stieg Massa Marittima mit der Translation der Reliquien des heiligen Cerbonius (Cerbone) 835 zum Bischofssitz auf. 1194 wurde die Stadt von Heinrich VI. dem Bischof Martin als Lehen verliehen und die Bischöfe wurden in der Folgezeit kaiserliche Landesherren. Ab 1228 war Massa Marittima eine freie Kommune und entwickelte sich zur bedeutendsten Stadt der Maremma. 1335 unterwarf Siena die Stadt und schlug 1355 einen Aufstand nieder. 1380 wurde hier der heilige Bernardino geboren. 1396 musste der Silber- und Kupferbergbau, der die Stadt reich gemacht hatte, aufgrund von Malariaepidemien eingestellt werden. Mit Siena fiel Massa Marittima im 16. Jh. unter die Herrschaft der Medici. Durch die Seuche fast entvölkert, entwickelte sich die Stadt nicht mehr. Erst im 19. Jh. wurden die Sümpfe trockengelegt und die Gefahr eingedämmt. Daher konnten auch die Minen wieder bewirtschaftet werden.

Dom San Cerbone

• Piazza Garibaldi. • Bedeutendstes sakrales Bauwerk der Maremma. • Begonnen 1228, 1287 – 1367 erweitert, Campanile 13. Jh. Restauriert. • Baumeister Enrico da Pisa u. a.

Der Dom wurde von einem Baumeister namens Enrico begonnen, der wahrscheinlich aus der Bauhütte des Pisaner Dombaumeisters Buscheto stammte. Ab 1287 wurde er von einem anderen Pisaner Architekten im Pisaner Stil erweitert. Diese zweite Bauphase schließt auch die achteckige Kuppel und den polygonalen Chor in sienesisch-gotischen Formen an.

Der schmuckvolle Bau steht erhöht auf einem Treppenpodest. Er ist im Pisaner Stil mit Blendarkaden über eingetieften Rhomben im Untergeschoss versehen, allerdings ist diese Verkleidung weitgehend aus Tra-

▲ *Massa Marittima: Dom San Cerbone.*

vertin, nur das Obergeschoss ist mit weißem und grünem Marmor verkleidet. Die Fassade ist asymmetrisch, die variierten Interkolumnien versuchen, den optischen Eindruck zu korrigieren. Die Säulengalerie der Fassade ist dem Umkreis des Giovanni Pisano zuzuschreiben. Der zentrale Atlant ist an die Trägerfigur der Kanzel von Sant'Andrea in Pistoia angelehnt, die 1301 fertiggestellt worden ist. Die bekrönenden Fialen sind neugotisch. Über dem Türsturz zeigen fünf Reliefs die Vita des Titelheiligen Cerbonius. Dargestellt sind die Reise mit den Gefährten Regulus und

▲ *Massa Marittima: Dom San Cerbone, Innenraum nach Osten.*

Felix von Afrika in die Maremma, verschiedene Wunder und die Messe mit Papst Vigilius. Die Reliefs zeichnen sich durch eine feine und lebendige Bearbeitung, variationsreiche Kompositionen und sorgfältige Oberflächenbehandlung aus.

Der Eindruck des dreischiffigen Innenraums leidet unter der schweren barocken Einwölbung, die den offenen Dachstuhl ersetzt. Die Kapitelle greifen z. T. antikisierende Formen auf. Ein Kompositkapitell ist signiert

▲ *Massa Marittima: Dom San Cerbone, Goro di Gregorio, Arca di San Cerbone.*

ENRICUS HOC OPUS FECIT (Enrico hat dieses Werk geschaffen). Dieser nicht näher zu identifizierende Enrico wird der erste Architekt des Massetaner Domes gewesen sein. An das romanische Langhaus schließt erst die Vierung mit oktogonaler Kuppel, dann der polygonale, gotische Chor mit seinen steilen Proportionen an. An der Innenfassade sind Reliefs, die eventuell von einer Kanzel des Vorgängerbaus stammen, vermauert. Ihre Datierung ist aufgrund des geringen Denkmälerbestandes schwierig und wird auf das 11. oder 12. Jh. angesetzt, manchmal werden die Reliefs auch als vorromanisch eingestuft. Dargestellt sind eine Almosenspende (?), Christus in der Mandorla, von Engeln getragen, die gekrönte Madonna neben Engeln, darüber die Glorie Christi, ein Bischof mit Diakon, der Bethlehemitische Kindermord und die zwölf Apostel. Die Figuren sind unproportioniert und ungelenk, erzielen daher eine idolhafte Distanz. Die kompositorische Anordnung und die technische Bearbeitung, die sich in den parallelen Gewandfalten und der regelmäßigen Behandlung der Haare zeigt, sind von hoher Qualität. Daher ist davon auszugehen, dass die Reliefs keine Einzelstücke waren, sondern auf frühere Erfahrungen zurückgegriffen werden konnte. Das romanische Taufbecken ist signiert von Giroldo da Como und 1267 datiert. Seiner Funktion entsprechend ist es geschmückt mit Szenen aus der Vita Johannes' des Täufers und der Deesis mit den Heiligen Regulus und Cerbonius. Das Stück wurde aus einem Travertinblock gearbeitet. Der Aufsatz mit Prophetenfiguren stammt aus der Renaissance (1447).

Hinter dem Hochaltar befindet sich die Arca di San Cerbone mit den Reliquien des Titelheiligen. Der mit Darstellungen der Vita des Heiligen geschmückte Sarkophag ist von dem sienesischen Bildhauer Goro di Gregorio signiert und 1324 datiert. Die verhaltenen Bewegungen, die feine, elegante Linienführung, die moderaten Hell-Dunkel-Effekte lassen den Sienesen als Antagonisten des affektstarken und dramatischen Giovanni Pisano erscheinen. Man erkennt die Reste der ehemaligen farbigen Fassung. In den seitlichen Kapellen befindet sich ein Tafelkreuz aus dem späten 13. Jh., das man Segna di Bonaventura, dem bedeutendsten Schüler Duccios, zuschreibt, sowie die Madonna delle Grazie, datiert 1316, wegen der großen Nähe zur Sieneser Maestà Duccio di Buoninsegna selbst zugeschrieben, aus demselben Grunde aber auch sehr umstritten. Die Repetition wie auch der altertümliche Verweisungsgestus Mariens sprechen gegen die Zuschreibung an Duccio, weisen stattdessen auf einen Schüler hin. Das Bild war ursprünglich größer und wie die Maestà auf der Rückseite mit Szenen aus der Vita Christi bemalt.

Palazzo Pretorio

• Piazza Garibaldi. • Errichtet 1225 – 1240, 1925 restauriert. • Ehemals Palast des Podestà, heute Sitz des *Museo archeologico e comunale* mit einer wertvollen Bildergalerie.

Der mächtige, turmlose Palast ist vollständig aus heimischem Travertingestein errichtet. Gesimse in Höhe der Fensterarkaden, typisch für das Mittelalter, gliedern die Fassade horizontal. Die oberen Stockwerke sind repräsentativ mit rundbogigen romanischen Biforien ausgestattet. Die Fenster sind zeittypisch nicht axial ausgerichtet, unter ihnen verliefen einst Holzbalkone, die auf den noch sichtbaren Konsolen ruhten. Bezeichnend für den Bautypus des Stadtpalastes sind die Wappen der Stadt und des regierenden Siena sowie die der Podestà und Capitani del Popolo an der Fassade, schließlich die restaurierte Freitreppe zur Verkündung von Beschlüssen der Regierung.

Das Museum birgt Ambrogio Lorenzettis Maestà. Sie entstand ca. 1335 – 1337, also kurz vor den Sieneser Fresken im Palazzo Pubblico. Die Darstellung folgt dem byzantinischen Marientypus der Glykophilousa (griech., die süß Küssende), die das Kind auf dem linken Arm trägt und küsst. Wie ein Hofstaat drängen sich Propheten, Apostel, Heilige – darunter rechts der Lokalheilige Cerbonius mit seinen Gänsen – und Engel um den Thron der Himmelskönigin. Ungewöhnlich sind die neu gefassten allegorischen Figuren der Tugenden mit Gewändern all'antica in symbolhafter Farbigkeit. Fides, der Glaube, im weißen Gewand schaut in einen Spiegel mit Januskopf, die beide üblicherweise Attribute der Klugheit sind. Kaum mehr sichtbar ist die Taube, die die beiden Köpfe zur Trinität ergänzt. Spes, die Hoffnung, ist in Grün gekleidet und hält einen zum Himmel weisenden Turm. Caritas, die Liebe, ist ganz in leuchtendem Rot gehalten und präsentiert als Attribute ein Herz und einen Pfeil. Ihr durchscheinendes, antikisierendes Gewand entspricht nicht der traditionellen Ikonographie theologischer Tugenden. Diese erlesenen, kunstvollen Formen vereinen sich in der Tafel mit der Lebendigkeit der Figurentypen und ihrer Handlungen, etwa dem konzentrierten Musizieren der Engel.

Pisa (PI)

Die antike Hafenstadt wurde auf nie ganz festem Schwemmland an einer Lagune im Mündungsgebiet des Arno errichtet. Wahrscheinlich ist Pisa etruskischen Ursprungs, der Name geht auf das etruskische Wort für Mündung zurück. In römischer Zeit war die Stadt eine Militärkolonie, der *portus pisanus* wurde zum bedeutenden Hafen ausgebaut, in dem auch Petrus italienischen Boden betreten haben soll.
Nach dem Untergang Roms hielten die Pisaner an der Seefahrt fest und bauten ihre Flotte aus. Im 11. Jh. nahm Pisa aus eigenem Antrieb den Kampf gegen die Sarazenen auf und begann einen Eroberungskrieg im Mittelmeer. Der Krieg gegen die Muslime brachte der Stadt 1092 die Erhebung zum Erzbistum ein. Die selbstbewusst gewordenen Bürger gaben sich auch politisch autonom, gründeten einen Zwölferrat und wählten zwei Konsuln. 1081 erkannte Heinrich VI. die Unabhängigkeit der Pisaner Kommune an, fortan blieb die Stadt konsequent ghibellinisch, wurde sogar 1241 als Bundesgenosse Friedrichs II. von Gregor IX. exkommuniziert. Nach der Niederlage der Staufer 1266 geriet Pisa in Bedrängnis. Die guelfische Seemacht Genua vernichtete in der Seeschlacht von Meloria bei Livorno 1284 die Flotte der Konkurrenzstadt, deren Großmacht damit gebrochen war. Die Schuld gab man nachträglich dem Flottenadmiral und Podestà Ugolino della Gherardesca, der Frieden mit den Guelfenstädten Lucca und Florenz geschlossen hatte. Für den angeblichen Hochverrat ließ man ihn mit seiner Familie angeblich in einem Turm verhungern, was Dante im Inferno beschrieb.
Der Italienfeldzug Heinrichs VII. ließ noch einmal die Hoffnung auf die Wiederherstellung der ghibellinischen Macht aufkeimen, doch der Kaiser starb 1313 auf dem Zug zur Krönung nach Rom. Im 14. Jh. geriet die Republik unter die Herrschaft der Tyrannen Uguccione della Faggiola, Castruccio Castracane und anderer, schließlich an die Mailänder Dynastie Visconti, die die Stadt an Florenz abtrat. Die neuen Herren konnten Pisa erst nach einer Belagerung 1406 betreten, die Verwaltung der einstigen Großmacht glich dann auch einer Strafe. Pisa verfiel, der Hafen versandete. Erst die Medici Lorenzo il Magnifico, Cosimo I. und vor allem Ferdinando I. förderten die Stadt, die Universität und den 1563 hier installierten Militärorden der Cavalieri di Santo Stefano. 1860 schloss sich Pisa mit dem Großherzogtum Toskana dem Königreich Sardinien-Piemont an.
Pisa hatte seine Glanzzeit vom 11. – 13. Jh., als es neben den Seemächten Genua, Venedig und Amalfi das Mittelmeer beherrschte. In dieser Epoche entstanden die romanischen und gotischen Bauwerke, die die ganze Toskana stilistisch beeinflussen sollten, die bahnbrechenden Skulpturen Nicola und Giovanni Pisanos sowie die neuartigen Tafelkreuze. 1164 sind in Pisa als der ersten Stadt der Toskana Straßenpflasterungen belegt. Die Modernität der Pisaner Kunst zeigt sich in der Inschrift der ehemaligen Domkanzel des Meisters Guilielmus (Guglielmo), der 1162 sein Werk als herausragende Arbeit *arte modernis* signierte. Anfang des 13. Jh. schien den Pisanern das Stück zu altertümlich. Sie verschenkten es nach Cagliari auf Sardinien und beauftragten Giovanni Pisano mit der neuen Domkanzel, die wiederum dieser selbstbewusst signierte.

Baptisterium San Giovanni

• Campo dei Miracoli. • Begonnen 1152, Ende des 12. Jh. unterbrochen, ab 1260 weitergeführt. Kuppel ab 1358. Im 19. Jh. restauriert. • Architekten Diotisalvi, Nicola und Giovanni Pisano, Cellino di Nese.

▲ *Pisa: Baptisterium.*

Das Baptisterium wurde von Diotisalvi als Zentralbau auf kreisförmigem Grundriss begonnen. Form und Lage sind charakteristisch für eine solche Taufkirche. Für die seit frühchristlicher Zeit gruppenweise erfolgende Erwachsenentaufe durch Eintauchen waren Bassins erforderlich, deren Größe zur Errichtung eigener Taufkapellen bei den bischöflichen Domen führte. Baptisterien sind meist Zentralbauten auf rundem, quadratischem oder polygonalem Grundriss, die dem Patrozinium Johannes' des Täufers (Giovanni Battista) unterstehen.

Ab 1260 führte Nicola Pisano den Bau fort, der durch eine Sondersteuer finanziert wurde, und von 1277 – 1284 arbeitete Giovanni Pisano am Baptisterium. Die Pisani griffen am Außenbau das Dekorationsschema des Domes mit Blendarkaden und doppelter Säulenloggia auf. 1358 erfolgte der Weiterbau der Kuppel durch Cellino di Nese und Zebellino da Bologna. Die ursprünglich zwischen Pultdächern sehr steil aufragende, oben offene Kuppel missfiel und wurde nun im unteren Teil mit gotischen Formen ummantelt, die Steilheit durch eine aufgesetzte, mit Bleiplatten und Dachziegeln zweifarbig gedeckte Segmentkuppel abgemildert. Cellino veränderte mit den gotischen Wimpergen zwischen Fialen die Blendbogenarchitektur der Pisani. Nur ein Teil der Halbfiguren und Statuetten von Aposteln und Propheten von Nicola und Giovanni Pisano konnte in die neue Architektur integriert werden. Diese Skulpturen sind heute durch Kopien ersetzt, die Originale befinden sich im Dommuseum. Das Hauptportal im Osten wird von hervorragenden Rankensäulen flankiert, in dem reichen Akanthus sind kleine Frauengestalten eingearbeitet. Reliefs mit Monatsarbeiten bzw. biblischen Gestalten schmücken die Laibung. Am Türsturz des Portals erscheint Christus zwischen Maria und Johannes dem Täufer sowie den Aposteln. Die Figurentypen und Gewänder gehen auf byzantinische Vorbilder zurück (um 1200). Die zentrale Gruppe der Deesis hebt den Kirchenpatron Johannes neben Maria als Fürsprecher für die Menschheit vor dem Weltenrichter Christus beim Jüngsten Gericht hervor. Darunter erkennt man Szenen aus dem Leben des Täufers. Das Original der „Madonna del colloquio“ von Giovanni Pisano aus der Lünette befindet sich im Dommuseum.

Der klar strukturierte Innenraum wirkt durch die Proportionen, die mächtigen Stützen und die Marmorinkrustation. Die antiken, monolithischen Basaltsäulen waren aus Elba und Sardinien herbeigebracht worden, ihre Aufrichtung im Jahr 1163 wurde von den Pisaner Bürgern gefeiert. Die acht Säulen im Wechsel mit den marmorverkleideten Pfeilern betonen den runden Grundriss des Bauwerks,

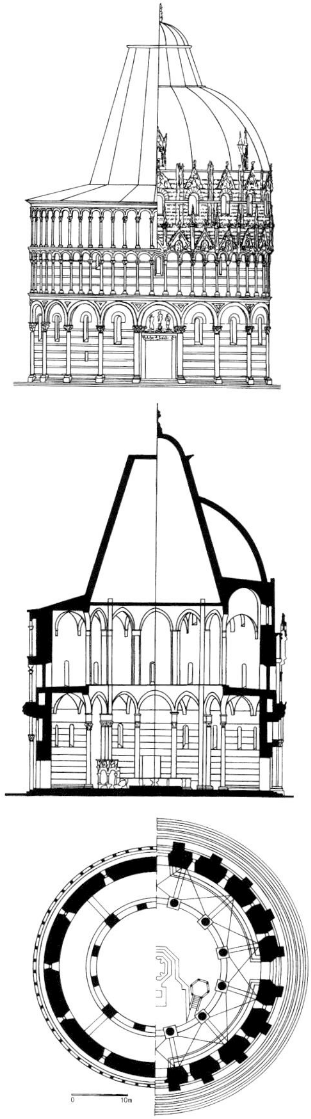

▲ *Pisa: Baptisterium, Außenansicht und Schnitt der 1. und 2. Bauphase. Grundriss, Unter- und Obergeschoss.*

▲ *Pisa: Baptisterium, Nicola Pisano, Kanzel.*

gestelzte Bögen darüber erzielen die auffallende Höhe. Die interessanten Figurenkapitelle stammen aus der Zeit der Pisani wie auch die Wölbung des Umgangs und die Empore. Über dem Obergeschoss werden die steilen Proportionen der ursprünglichen, kegelförmigen Kuppel deutlich, die Überwölbung der ursprünglich offenen Spitze bewirkt ein Echo. Im Zentrum des Baptisteriums befindet sich das achteckige Taufbecken von Guido Bigarelli aus Como, datiert 1246. In das große Bassin sind vier kleine für die Kindstaufe eingelassen. Die äußerst aufwändigen Intarsien der Kassetten aus verschiedenfarbigem Marmor sind wiederum von der islamischen Kunst inspiriert und wurden durch den Einsatz des laufenden Bohrers, ca. zehn Jahre vor Nicola Pisano, der diese Technik perfekt

▲ *Pisa: Baptisterium, Nicola Pisano, Kanzel, Anbetung der Könige.*

beherrschte, möglich. Die moderne Johannes-Statue von Italo Griselli von 1929 in der Mitte des Beckens passt sich mit ihren sehr schlanken Proportionen diesen kleinteiligen Formen gut an.

Nicolas Baptisteriumskanzel aus den Jahren 1255–1260 ist die erste der vier Pisani-Kanzeln. Nicola Pisano wurde ca. 1220 geboren, ist ab 1258 in Pisa nachweisbar und starb zwischen 1278 und 1284. In Italien gab es im Unterschied zu Frankreich noch keinen monumentalen Stil in der Skulptur des 12. Jh. Dieser setzte sich erst mit den Werken Nicola Pisanos durch. Die Bildhauerei vor seiner Zeit zeigt jedoch bereits eine Hinwendung zu den Reliefs der Antike (vgl. das Taufbecken von San Frediano in Lucca). Neu bei Nicola ist die radikale Übernahme klassischer Motive in die christliche Bilderwelt, weswegen Giorgio Vasari ihn als Erneuerer, als Überwinder der Dekadenz des Mittelalters ansah und ihn als den ersten Bildhauer in seinen Künstlerviten anführte. Er gehört auch zu den ersten Bildhauern, die als Künstlerpersönlichkeiten an charakteristischen Stilmerkmalen erkennbar sind. Nicola stammt eventuell aus Apulien, wo er die Antikenrezeption unter Friedrich II. kennen gelernt hatte. Als Künstler aus dem Umkreis der Staufer war er im ghibellinischen Pisa willkommen. Die Aufstellung einer solchen Kanzel verdeutlicht, dass das Baptisterium nicht nur als Taufkapelle genutzt wurde. Das Werk war ein städtischer Auftrag für die Dompfarrkirche, in der ab Mitte des 13. Jh.

auch Messen gelesen wurden. Sie stand unter dem Schutz der Kommune, die 1303 eine bewaffnete Wache zur Vermeidung jeglichen Schadens einrichtete. Das Kunstwerk war also zum Prestigeobjekt Pisas geworden.

Nicolas Kanzel ist mit Sicherheit keine Anfängerarbeit, doch das älteste gesicherte Werk von seiner Hand. In der liturgischen Ausstattung dienten Kanzeln als Ort der Predigt sowie der Reliquienweisung. Ihre Vorformen, die Ambonen, waren fest mit den Chorschranken verbundene und um mehrere Stufen erhöhte Lesebühnen. Im 13. Jh. traten hohe Lettner an die Stelle der Schranken und die Kanzel wurden zum eigenständigen Werk, das es ermöglichte, mehrere Reliefs auf der Brüstung anzubringen. In dieser Entwicklung nimmt Nicolas Kanzel eine herausragende Stellung ein. Völlig neu ist die Anlage als frei stehendes, sechseckiges Gebilde. Die frei stehende Kanzel ist jetzt von allen Seiten einsehbar und kann daher fortlaufend mit narrativen Reliefs geschmückt werden. Der Aufbau ist dreizonig: Das Sechseck steht auf sieben Stützen, die in ihrer Zahlensymbolik auf die Verbindung von Himmel (drei = Trinität) und Erde (vier = Himmelsrichtungen, Jahreszeiten etc.) verweisen. Die Trägerlöwen und die allegorischen Figuren stehen im Dienst des Glaubens. Über reichen Knospenkapitellen erscheinen in der Dreipasszone die Figuren der Tugenden neben Sibyllen, Propheten und Evangelisten. Herausragend ist die Personifikation der Stärke (*fortitudo*) in Gestalt des nackten Herkules, die erste bedeutende Aktfigur seit der Antike. Diese Darstellung des männlichen Aktes ist weder vom Thema bedingt, noch rein symbolisch aufgefasst, sondern wie die Skulptur der Antike geprägt von der Freude an der Schönheit des menschlichen Körpers. Ihre Auswirkung reicht bis zum David Michelangelos. Abzuleiten ist diese Figur vom Hippolyt des Phaedra-Sarkophags im Camposanto.

Das Bildprogramm umfasst die Szenen der Verkündigung mit der Geburt Christi, Anbetung der Könige, Darstellung im Tempel, Kreuzigung und Jüngstes Gericht. Es ist grundlegend für die späteren Pisani-Kanzeln, wird erweitert, aber nur geringfügig verändert. Die narrativen Reliefs des Kanzelkorbes mit der Vita Christi sind stilistisch deutlich an die römische Skulptur angelehnt. Der Typus der Maria ist antik, wiederum abgeleitet vom Phaedra-Sarkophag, ebenso wie die klassische Schönheit des Engels der Verkündigung oder die Pferde der Könige. Erstmals wurden die Formen der Kunst der heidnischen Antike so deutlich mit christlichen Inhalten besetzt. Mittelalterlich ist hingegen die Darstellung Mariens vor der Geburtshöhle nach der byzantinischen Ikonographie sowie ihre Betonung durch den leicht vergrößerten Bedeutungsmaßstab. In der Kreuzigung ist auch Christus überdimensioniert, um die Figur ist eine bewegte, aufgeregte Menge gruppiert. Wie das dramatische Jüngste Gericht wurde die Szene von der zeitgenössischen Passionsmystik angeregt und zeigt ein neues Empfinden der Tragik. Der Rückgriff auf die Sarkophagplastik wird wiederum in der Anlage des Narrativen mit Architekturen, Landschaften und Tieren sowie in der Staffelung der Figuren übereinander deutlich. Die Verlebendigung und Naturhaftigkeit ist an der Antike geschult, an einem Menschenbild, das der Republik Pisa entgegenkam und der Kunst der Toskana die Richtung weisen sollte.

Campanile (Schiefer Turm)

• Campo dei Miracoli. • Glockenturm des Pisaner Domes. • Begonnen 1173, 1275 korrigiert fortgesetzt, 1301 vorläufig abgeschlossen. • Glockenstube 1350 – 1372. • Baumeister Gherardo di Gherardo, Giovanni di Simone, Tommaso Pisano.

▲ *Pisa: Campanile (Schiefer Turm).*

Laut der Inschrift rechts vom Portal wurde der Campanile 1173 begonnen. Vasari nannte Bonanus als Architekten, nach neueren Untersuchungen wird Gherardo di Gherardo als Baumeister angenommen. Ab dem dritten Geschoss musste der Bau wegen der beginnenden Neigung eingestellt werden. Ab 1275 versuchte Giovanni di Simone die Neigung durch einen Höhenausgleich zu korrigieren, daher sind die Säulen im Süden höher als im Norden. Damit geriet der Turm nicht nur schief, sondern zusätzlich auch noch krumm. 1301 wurden die Glocken im sechsten Geschoss des Turmes aufgehängt. Tommaso Pisano schloss 1350 – 1372 den Turmbau mit der Errichtung des wiederum auf einen Höhenausgleich angelegten Glockengeschosses endgültig ab.

Ende des 20. Jh. konnte der drastisch zunehmenden Neigung erfolgreich entgegengewirkt werden. Der Turm wurde um 40 cm aufgerichtet und für die kommenden Jahrzehnte gesichert. Die Dekoration des zylindrischen Turmes greift die Elemente der Domfassade auf: Arkaden über Rhomben im Untergeschoss, darüber Säulenloggien, die dem Bau optisch größere Leichtigkeit und Eleganz verleihen als die eckigen, gemauerten Türme der übrigen Dome sie aufweisen. Die Anhäufung der Marmorsäulen macht den Pisaner Glockenturm zum aufwändigsten Bauwerk seiner Art, dem erst Giotto mit dem Florentiner Campanile ein gleichwertiges Gebäude entgegensetzte. Türme erreichen durch ihre Höhe ein immenses Gewicht auf kleinem Grundriss, die Mauern sind daher verhältnismäßig massig. Der Schiefe Turm senkte sich bereits während der Bauzeit auf dem nachgiebigen Schwemmland. Auf weichem Boden geraten im Übrigen wegen des hohen Gewichtes und der geringen Möglichkeit des Druckausgleichs viele Türme von Bologna bis Lübeck schief. Der Campanile von Pisa wurde aufgrund des Spotts, mit dem die in der Baukunst rivalisierenden toskanischen Stadtstaaten das ambitionierte Bauwerk bedachten, so berühmt.

Campo dei Miracoli

- Bedeutendste Platzanlage der Romanik mit herausragenden Bauten.
- Begonnen mit Grundsteinlegung des Domes 1063.

Der Aufstieg Pisas zur Seemacht und seine Erhebung zum Erzbistum wurden durch repräsentative Bauten betont. Für die einzigartige Akkumulation mittelalterlicher Bauten in Italien musste die Stadtmauer erweitert werden. Die toskanischen Städte des Mittelalters sind Kunstwerke, deren Schönheit sich die Zeitgenossen durchaus bewusst waren. Dome, Pfarrkirchen und Platzanlagen waren monumentale Errungenschaften der Städte, errichtet zur Repräsentation der selbstbewussten Gemeinschaften. Die Pisaner Großbauten konnten aufgrund ihrer Maße nur am Rande der Stadt Raum finden. Fasziniert schilderte der Pisaner Chronist Bernardo Maragone 1163 die Errichtung der mächtigen antiken Säulenmonolithe für das Baptisterium. Kostbare Materialien und schmuckvolle Formen erhöhten die Würde sakraler Bauten, mit denen sich die

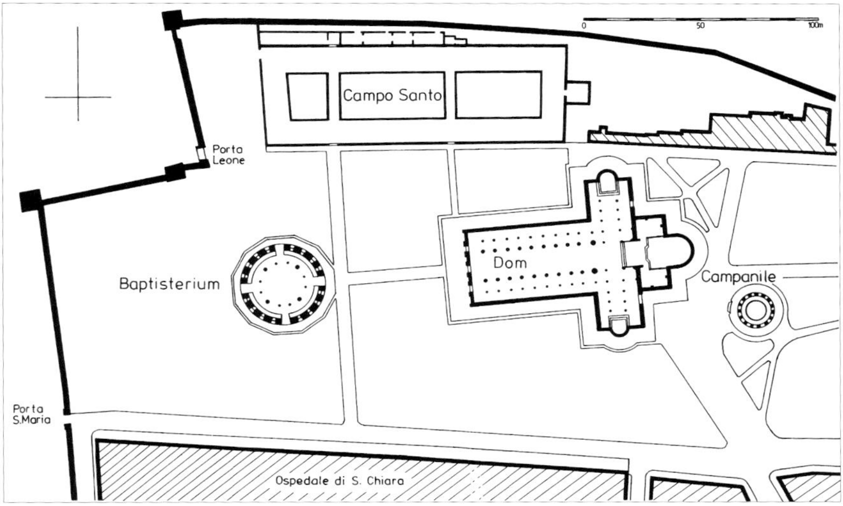

▲ *Pisa: Campo dei Miracoli, Grundrisse nach Braunfels.*

Bürger der Städte identifizierten, und Schönheit galt als Spiegel der Ordnung der Kommunen. Der außergewöhnlich weitläufige Platz hebt mit den grünen Rasenflächen die Bauten aus perfektem Carraramarmor in einem für die Zeit sonst ungekannten Schönheitsempfinden zu einem einzigartigen Beispiel mittelalterlicher Stadtplanung hervor. Zur originalen Anlage gehören Dom, Campanile (Schiefer Turm) und Baptisterium, später kamen der Camposanto und das Hospital Alexanders IV. mit Pilgerheim, in dem heute das *Museo delle Sinopie* untergebracht ist, hinzu. Dom und Baptisterium liegen auf einer Achse, öffnen einander die Portale, der Camposanto begrenzt den Platz nach Norden, während der Campanile der Stadt zugewandt steht, deren Bewohner er mit seinen Glocken ruft. Die sakralen Bauten zeigen in ihrem Dekorationsschema einen neuartigen Zusammenhang. Der Campo dei Miracoli stellt damit einen Auftakt zu den sorgsam geplanten und komponierten toskanischen Platzanlagen z.B. in Siena oder Pienza dar, die im Unterschied zu den dicht bebauten Innenstädten einen freien Blick auf die repräsentativen Bauten erlauben.

Auf dem planen, unbebauten Terrain konnte der Dom nahezu perfekt geostet werden. Nach dem Ordo Romanus I. aus dem 5. Jh. sollen die Priester sich während der Messe nach Osten ausrichten, d.h., der Altar soll sich dort befinden, damit der Gläubige während der Messe nach Osten blickt. Christus wird mit der Sonne identifiziert, als *Sol Iustitiae* (Sonne der Gerechtigkeit) bezeichnet. Daher sind die Kirchen vielfach mit der Apsis nach Osten ausgerichtet auf den Punkt, an dem bei der Tag-und-Nacht-Gleiche von Frühling und Herbst die Sonne aufgeht. Oft war die Ostung aufgrund topographischer und urbanistischer Gegebenheiten jedoch nicht einzuhalten, z.B. beim Siener Dom.

Dom Santa Maria Assunta

• Gründungsbau der toskanischen Romanik. • Begonnen 1063, ca. 1150 Verlängerung des Langhauses, ca. 1200 Fertigstellung der Fassade und der Chorapsis. Zwerggalerie am Kuppeltambour um 1380. 1595 durch Brand beschädigt und restauriert. • Architekten Buscheto und Rainaldo.

▲ *Pisa: Dom Santa Maria Assunta mit Campanile.*

Der Dom wurde von dem wahrscheinlich heimischen Baumeister Buscheto begonnen. Nach der Befreiung Palermos von den Sarazenen im Jahre 1062 war die Finanzierung durch sechs aufgebrachte sarazenische Schatzschiffe gewährleistet. 1118 erfolgte eine Teilweihe durch Papst Gelasius II., doch sollte der Dom erst in der zweiten Hälfte des 12. Jh. unter der Leitung der Bauhütte durch den Dombaumeister Rainaldo vollendet werden.

Der Dom Buschetos ist eine fünfschiffige Basilika mit dreischiffigen, in Apsiden endenden Querarmen, überkuppelter Vierung, Chorjoch und Apsis. Mit ihm entstand der erste kreuzförmige Großbau des Mittelalters in Italien. Rainaldo verlängerte den Dom um 2 ½ Joche nach Westen und fügte die Fassade an. Der Kirchenbau ist nahezu ganz von weißem Marmor mit schmalen grauen Bändern verkleidet, die komplette Inkrustation der Wand sowie die geänderten Proportionen der Arkaden zeigen die Verlängerung des Langhauses nach Westen an. Das Untergeschoss ist von Blendarkaden umstellt, in die polychrom inkrustierte Rhomben und Rosetten eingelassen sind. An der Fassade wie an den Apsiden tragen Vollsäulen statt der Lisenen die Arkaden und erhöhen die plastische Schmuckwirkung. Über diesem Arkadengeschoss errichtete Rainaldo vier Säulenloggien mit glatten Schäften. Das Motiv der Loggien wird an der Chorapsis aufgegriffen und an der ovalen Kuppel mit einer von Dreipässen und Wimpergen bekrönten Säulengalerie in gotischen Formen wiederholt. Durch die Arkaden und Loggien wird somit der riesige Bau vereinheitlicht. Die repräsentativsten Formen finden sich an der Fassade, wo das Hauptportal von Rankensäulen flankiert ist, die Rhomben besonders reich und präzise gearbeitet, die Marmorintarsien über den Säulenloggien eingelassen sind. An der Fassade des Domes erinnern Inschriften auch an die Baumeister Buscheto und Rainaldo sowie den Bildhauer Guilielmus (Guglielmo), der als Schöpfer der ersten Domkanzel gerühmt wird. Größe und Weite des kreuzförmigen Baus gehen auf die konstantinischen Bauten des frühchristlichen Rom (San Giovanni in Laterano, Alt-Sankt Peter) zurück. Die zweifarbigen Spitzbögen und polychromen, unfigürlichen Marmorinkrustationen der Rhomben und Rosetten haben ihren Ursprung in der byzantinischen wie in der islamischen Architektur, die den Pisanern durch die Seefahrt bekannt war, während die Blendbögen in der lombardischen Architektur vorkamen. Die elliptische Kuppel und der Stützenwechsel in der Empore im Innenraum haben in Italien keine Parallele. Diese ungewöhnlichen, architektonisch aufwändigen und dekorativ-kostbaren Elemente verband der Baumeister Buscheto zu einem „marmornen Tempel, der seinesgleichen nicht hat“, wie es auf der Inschrift in der linken Arkade der Domfassade heißt. Einzelelemente wie die Arkaden und die Rhomben treten zwar schon in älteren Bauten (San Zeno, San Piero a Grado) in Erscheinung, das Gesamtschema der Dekoration aber verbreitet sich vom Pisaner Dom aus in der Toskana. Die Marmorsäule als kostbares Bauglied der Antike wird in Pisa in Arkaden und Loggien zur Schmuckform der Kirchenfassade. Sie dient der Repräsentation des Heiligen sowie der Nobilitierung des Kirchenbaus und bleibt als Würdeformel *ad maiorem Dei gloriam* (zur höheren Ehre Gottes) zunächst den sakralen Bauten vorbehalten.

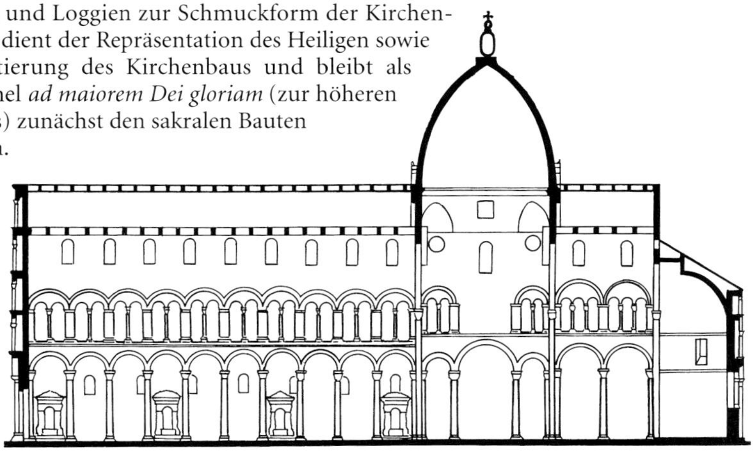

▶ *Pisa: Dom Santa Maria Assunta, Schnitt.*

▲ *Pisa: Dom Santa Maria Assunta, Bonano Pisano, Porta Rainieri, Geburt Christi mit Verkündigung an die Hirten.*

Die hier noch auftretende Schwierigkeit der an den Dachschrägen zu kurzen Schäfte wird bei den Nachfolgebauten (vgl. Lucca, San Martino und San Michele in Foro) vermieden und das Dekorationsschema immer wieder variiert. Die mittelalterlichen Fassadenportale des Bonano Pisano wurden beim Brand zerstört, ihren Platz nehmen Bronzetüren des frühen 17. Jh. aus der Florentiner Giambologna-Werkstatt ein. Erhalten ist das Bronzeportal des Bonano am südlichen Querhaus von ca. 1180. Die Porta di San Ranieri gehört zu den ältesten Figurenportalen Italiens und stellt das erste erhaltene größere Werk Pisaner Plastik nach den romanischen Holzkruzifixen dar. Das dem Stadtheiligen geweihte Portal war der übliche Zugang für den vom Zentrum am Arno her eintretenden Besucher und wurde daher mit den kostbaren Türflügeln ausgestattet. Die Reliefs wurden einzeln gegossen und auf Holz montiert. Sie zeigen Szenen des Neuen Testaments wie z.B. die Geburt Christi mit der Verkündigung an die Hirten, die trotz der Reduktion auf das Wesentliche große Eindringlichkeit und Lebendigkeit aufweisen, nur die oberen Triumphszenen bleiben hieratisch streng.

Den Innenraum des Domes prägt ein Erscheinungsbild von feierlicher Grandiosität und auffallender Helligkeit, bewirkt durch die Marmorverkleidung der Wände. Das fünfschiffige Langhaus durchdringt ein dreischiffiges Querhaus, die Vierung schließt eine elliptische Trompenkuppel. Horizontal wird der Bau durch Emporen gegliedert, die sich in den Querhäusern und dem Chorjoch fortsetzen. Die untere Wandzone wird von Granitmonolithen, meist antiken Spolien, gestützt, in den Seitenschiffen tragen Spitzbögen die Kreuzgratgewölbe. Der Spitzbogen in romanischer Zeit wie auch der Gesteinswechsel im Bogen sind Elemente der islamischen Architektur. Die Kapitelle des Mittelschiffs sind hingegen von klassischen Formen geprägt, die bis Mitte des 12. Jh. in Pisa vorherrschen. Später treten Blattformen, Tier- und Menschengestalten hinzu, die sich an den Säulchen der Biforienarkaden der Empore zeigen. Den obe-

▲ *Pisa: Dom Santa Maria Assunta, Innenraum nach Osten.*

ren Abschluss bildet eine Kassettendecke, die seit dem Brand den offenen Dachstuhl ersetzt. Auf dem Hochaltar befindet sich ein Bronzekruzifix zwischen Kandelaberengeln von Giambologna, darüber in der Apsiskalotte das berühmte Apsismosaik mit der Deesis. Der thronende Christus zwischen Maria und Johannes dem Täufer als Fürbittern gehört zu den Darstellungen des Jüngsten Gerichts. Johannes ist einzige Figur, die als Werk Cimabues belegt ist. Giorgio Vasari begann seine Künstlerviten mit der Lebensbeschreibung dieses Malers. Der Florentiner ist zwischen 1272 und 1302 dokumentiert und wurde vom Zeitgenossen Dante als unmittelbarer Vorgänger Giottos genannt. Er überwand nach Vasari die *Maniera greca*, indem er alles „lebendiger, natürlicher und weicher machte", die griechische, also byzantinische Malerei sei hingegen naturfern und voller Ecken. Cimabue gab den ersten Anstoß zur neuen, abendländischen, d.h. mimetischen Malerei, sein Schüler Giotto, nach Vasari „vom Himmel und der Natur unterstützt", stieß das Tor zur Wahrheit auf. Sichtbar ist beim Johannes die gegenüber der Marienfigur deutlich naturalistischere Linienführung in den Gesichtszügen und die körperhafte Plastizität. *Maniera greca* ist ein von Vasari u. a. in der Vita Cimabues genannter Terminus für den Einfluss byzantinischer Kunst in Italien im 13. und 14. Jh. und bezeichnet eine symbolische, naturferne sowie an vorgegebene, sanktionierte Typen gebundene Malerei. Der die mittelalterliche Kunst zunächst modernisierende Faktor kam aus Byzanz über Pisa und Venedig in Italien zur Wirkung, wohin er durch die Kreuzfahrer vermittelt worden war, die im östlichen Mittelmeerraum illuminierte Codices und Ikonen erworben hatten.

Die Kanzel schuf Giovanni Pisano in den Jahren 1302–1311 und signierte sie in einer für Künstler typischen, affektierten Bescheidenheit am oberen Gesims des Kanzelkorbes. 1599 wurde sie abgebrochen und erst 1926 erneut aufgestellt, Teile der Architektur gingen verloren. Giovannis Domkanzel ist die letzte und programmatisch weiteste der Pisani-Kanzeln. Der polygonale Kanzelkorb steht frei auf Säulen und figürlichen Trägern. Die Mittelstütze bilden die Verkörperungen der Theologischen Tugenden über den Personifikationen der *Artes Liberales* am Sockel. Die äußeren Säulen werden z. T. von reißenden Löwen gestützt, die hier in den Dienst der Kirche gezwungen wurden. Als Atlant tritt der Erzengel Michael hinzu, ferner die berühmte Aktfigur des Herkules. Der Halbgott wurde aufgrund seiner Tugendhaftigkeit in den Olymp aufgenommen und gilt daher als Präfiguration Christi. Dem mittelalterlichen Künstler gab er eine Möglichkeit zur Aktdarstellung, gerade in der Konfrontation mit dem Werk seines Vaters Nicola Pisano (vgl. die Baptisteriumskanzel). Weitere figürliche Stützen bilden die Statue Christi mit den Evangelisten sowie eine der Ecclesia, der Kirche, die das Alte und das Neue Testament in Gestalt von Kindern nährt, über einer Gruppe der Kardinaltugenden. Auch hier findet sich in der Temperantia, der Mäßigung, eine Aktfigur. Den Kanzelkorb tragen Propheten und Sibyllen an den Zwickeln, die Reliefs trennen Aposteln an den Eckpfeilern. Auf den Bildfeldern sind mehrere Szenen zusammengefasst von der Verkündigung Mariens bis zum Jüngsten Gericht. Wie bereits in Siena zu beobachten ist, lösen zeitgenössische Gestalten die

▲ *Pisa: Dom Santa Maria Assunta, Giovanni Pisano, Kanzel, Anbetung der Heiligen Drei Könige.*

antiken Vorbilder ab, was besonders bei der Darstellung der Anbetung der Könige auffällt. Im Unterschied zum antikisierenden, monumentalen Stil seines Vaters suchte Giovanni expressive, kleinteilige Formen eines höfischen Stils. Durch Bewegungsrichtungen schuf er räumliche Tiefen und zeitliche Abfolgen. Die tiefen Perforationen, die z. T. Details wie Köpfe und Arme à jour völlig vom Reliefgrund freilegen und somit zu starken Hell-Dunkel-Effekten führen, unterstützen die Expressivität.

▲ *Pisa: Dom Santa Maria Assunta, Tino di Camaino, Grabmal Kaiser Heinrichs VII.*

Der Sarkophag mit der Liegefigur Heinrichs VII. von Tino di Camaino, um 1315 entstanden, ist ein Rest des kaiserlichen Grabmals. Es wurde beim Brand des Domes schwer beschädigt und in reduzierter Form rekonstruiert, weitere Figuren befinden sich im *Museo dell'opera del duomo.* Heinrich VII. sollte die Politik der Staufer fortsetzen und war die Hoffnung der Ghibellinen. Der Luxemburger starb jedoch 1313 bei Siena an der Malaria. Die Pisaner setzten ihn im Dom bei und beauftragten Tino di Camaino mit dem Grabmal. Tino zeigt den jungen Kaiser im imperialen Adlermantel auf dem reich verzierten Bahrtuch liegend, an Tuch und Mantel lassen sich noch Reste der Bemalung erkennen und die ehemalige Prunkwirkung erahnen. In einer für das gotische Grabmal typischen Haltung neigt Heinrich VII. den Kopf leicht zur Seite und verschränkt die Hände vor der Brust. Ungewöhnlich sind die Apostel auf dem Sarkophag eines Kaisers, die den Anspruch der Ghibellinen auf dessen Vorrangigkeit gegenüber dem Papst deutlich machen. Ursprünglich hatten Engelsfiguren einen Vorhang geöffnet, der den Blick in die Totenkammer auf den bis zum Jüngsten Gericht Ruhenden freigab. Im Kontrast dazu standen die energischen Gestalten des lebenden Kaisers und seiner Berater als Sinnbilder politischer Aktivität über dem Sarkophag (heute im *Museo dell'opera del duomo*). Die voluminösen, blockhaften Gestalten Tinos betonen die Selbstständigkeit des Künstlers gegenüber dem kleinteiligen, nervösen Figurenstil Giovanni Pisanos. Das heute nur in Fragmenten zu besichtigende Kaisergrabmal war ein herausragendes Werk der Grabmalskunst in Italien und hatte einen maßgeblichen Einfluss.

Museo nazionale di San Matteo

• Lungarno Mediceo • Ehemaliger Benediktinerkonvent, 11.–13. Jh., um 1610 umgebaut, 1866 säkularisiert. • Wichtigstes Museum der Toskana nach den Florentiner Museen und der Pinakothek von Siena. Bedeutendste Sammlung von Tafelkreuzen.

Das Großkruzifix Nr. 15 vom Typus des *Christus triumphans* stammt aus dem frühen 13. Jh. Der schematisch wiedergegebene Körper wird flankiert von narrativen Szenen des Luccheser Typs, auch an den Enden der Kreuzbalken. Kruzifix Nr. 20 ist die früheste erhaltene Darstellung des *Christus patiens* mit s-förmig gebogenem, schmerzverzerrtem Körper. Das Bild entwickelt die abendländische Lösung des byzantinischen Sterbenden. An den Enden des horizontalen Kreuzbalkens erscheinen Johannes Evangelist und die trauernden Marien, am oberen Teil der Auferstandene über den Engelschören. Auf der Tafel sind äußerst expressive Passionsszenen gezeigt, die das Thema des Leidenden verstärken. Das Kreuz gehörte ursprünglich zum Konvent von San Matteo.

Giunta Pisano schuf unter dem Einfluss der neuen franziskanischen spirituellen Innigkeit das neue Kreuzmodell mit der weinenden Maria und dem trauernden Johannes an den Enden des Kreuzbalkens. Das erste Kreuz dieses Typus entstand in Assisi. Am oberen Kreuzarm erscheint der triumphierende Christus, am unteren Ende die Signatur: JUNCTUS PISANUS ME FECIT. Die Darstellung ist auf den Corpus und die Trauernden reduziert, das narrative Beiwerk auf der Tafel entfällt. Der Corpus ist bereits weniger stilisiert, der Kopf herabgesunken, der Nimbus bleibt jedoch noch zentriert. Im Gesicht des toten Christus treten nun Spuren des Schmerzes auf. Auch im Brustbereich zeigen sich Elemente der Anspannung wie das Heraustreten der Rippen. Insgesamt wird die Darstellung des gekreuzigten Christus realitätsnäher, dabei gleichzeitig pathetischer.

Ein kleines Vortragekreuz, beidseitig bemalt und von transportablen Proportionen, war für Prozessionen bestimmt. Berlinghiero Berlinghieris Tafelkreuz aus San Salvatore di Fuchecco (ca. 1240) ist definitiv später als die ersten Arbeiten Giunta Pisanos entstanden, auch von dessen Körperdarstellung geprägt, dennoch dem älteren Luccheser Typus des Lebenden verhaftet. Die Darstellung wird auf den Corpus konzentriert, die Trauernden sind vom Kreuzbalken auf die Tafel versetzt, die narrativen Szenen entfallen. Enrico da Tedicos Tafelkreuz ist äußerst stilisiert, weit entfernt von der Auffassung Giunta Pisanos und weiterhin der byzantinischen Tradition verhaftet (um 1250). Ein Kreuz aus S. Marta von 1310 gibt ein spätes und schlechtes Beispiel für die anhaltende Tradition des lebenden Christus am Kreuz in Pisa.

Der Maestro di San Martino bezog seinen Notnamen von der Tafel der Madonna mit Kind und der Geschichte von Anna und Joachim; die Mantelteilung des heiligen Martin unter dem Thron verweist auf die Provenienz. Der Maestro von San Martino kann als Vorläufer von Cimabue angesehen werden, daher kommt ihm besonderes Interesse zu. Das Werk steht der Madonna von Cimabue aus der Franziskanerkirche von Pisa

▲ *Pisa: Museo nazionale di San Matteo, Giunta Pisano, Tafelkreuz.*

nahe, vergleichbar sind die gedrängten Formen in den Nebenszenen, die Chrysographie, Intensität und Qualität der Farbigkeit sowie der im Ansatz perspektivische Thron. Vom gleichen Meister stammt die Tafel der heiligen Anna mit dem Marienkind. Die Körperlichkeit ist hier ganz von der Chrysographie überdeckt.

Die Franziskustafel gehört zu den interessanten Gemälden aus der Mitte des Trecento, die erstmals einen Heiligen ähnlich wie Christus oder Maria wiedergeben und ihn mit begleitenden Szenen aus der Vita zeigen. Franziskus empfing die Stigmata und wurde daher als Christus ähnlich verehrt. Auch die Szenen der Pisaner Tafel zeigen Wunder, die Heilung von Lahmen und Blinden analog der Vita Christi. Die Zuschreibung an

Giunta Pisano lässt sich nicht aufrechterhalten. Weitere sehenswerte Exponate stammen aus der Renaissance: Donatellos Bronzereliquiar des San Rossore von 1427, Masaccios Paulus und Gentile da Fabrianos Maria mit Kind.

Das Tafelkreuz

Croce dipinta (bemaltes Kreuz) bezeichnet einen Bildtypus des gemalten Kruzifixes, der vom 12. – 16. Jh. verbreitet war und zwischen 1250 und 1330 seine Blütezeit hatte. Den Malgrund bildet dabei ein technisch aufwändig konstruiertes Kreuz aus massiven Holzbalken, das nicht selten sehr raumgreifende Dimensionen erreicht. In den Kirchenräumen hingen die monumentalen Kreuze weit sichtbar über dem Hauptaltar im Chor, waren auf den Lettner montiert oder über dem Kreuzaltar vor dem Lettner angebracht.
Die romanische Tafelmalerei nahm in Italien ihren Anfang mit den *Croci dipinte* in Pisa und Lucca. Zunächst erkennt man in beiden Städten Darstellungen des lebenden Christus als Überwinder des Todes (*Christus triumphans*). Seit dem frühen, so genannten Luccheser Typ aus dem 12. Jh. erscheinen Episoden der Passion auf der Tafel. Ab Mitte des 13. Jh. verbreitet sich der Typus des *Christus patiens*, des Toten als Opfer für die Menschheit. Der Körper Christi ist zunächst noch aufrecht vor dem Kreuz abgebildet, der plastische Nimbus befindet sich symmetrisch über dem Schnittfeld der beiden Kreuzarme. Mit der zunehmend drastischeren Darstellungsweise des Toten sinkt dessen Körper stärker zusammen, nimmt eine s-förmige Krümmung an, der Kopf sinkt nach vorn, der Nimbus verschiebt sich asymmetrisch nach links.

Museo dell'opera del duomo

• Piazza Arcivescovado. • Museum der von den Bauten des Campo dei Miracoli abgenommenen Skulpturen und Ornamente.

Das Museum wurde 1982 in einem mehrfach umgebauten Kapuzinerinnenkonvent eingerichtet. Zu den ältesten Stücken gehören ein Bronzegreif, arabisch, 11. Jh., ehemals auf dem Apsidengiebel des Domes, dort durch eine Kopie ersetzt; Platten eines Taufbeckens von Guilielmus (Guglielmo), erste Hälfte 12. Jh.; Kapitell, islamisch, signiert vom Bildhauer Fath, ehemals am nördlichen Querhaus; Kapitelle des Guglielmo und des Rainaldo, 12. Jh., ehemals im Dom; Teile eines Kanzelbeckens von Rainaldo, zweite Hälfte 12. Jh., ehemals im Dom. Tino di Camainos Figuren Heinrichs VII. und seiner Berater stammen vom Grabmal des Kaisers, ehemals im Dom. In Pisa war mit Heinrich VII. erstmals ein mittelalterlicher Herrscher vollplastisch auf seinem Grabmal wiedergegeben worden. Die Figur des Kaisers ist im Bedeutungsmaßstab vergrößert. Man unterscheidet einen geistlichen und drei weltliche Berater an den

Gewändern, die weltlichen Herren tragen zudem modische Trachten und Frisuren. Ihre blockhaften Köpfe mit den mächtigen Kinnbacken setzen sich vom Stil Tinos ab und lassen an ein Mitglied seiner Werkstatt denken. Weitere bedeutende Stücke: Verkündigungsgruppe von Tino di Camaino; Holzkruzifix, farbig gefasst, 12. Jh., ehemals im Dom. Giovanni Pisano, Madonna del Colloquio, die früheste Madonnenfigur des Künstlers, ehemals über dem Domportal, der intensive Blickkontakt zwischen Mutter und Kind kommt aus der französischen Kathedralplastik und bringt eine neue Menschlichkeit in die vorher sehr repräsentativen Madonnenbilder, die etwas grobe Bearbeitung weist die Figur als Bauplastik aus. Giovanni Pisano, Elfenbeinmadonna, 1298, die Krümmung des Stoßzahns kommt dem gotischen Schwung der Figur entgegen; Giovanni Pisano, Holzkruzifix; Werkstatt des Nicola Pisano, Segnender Christus zwischen Maria und Johannes dem Täufer (Deesis); Giovanni Pisano, Wimpergfiguren vom Baptisterium, ca. 1280–1285; Johannes der Täufer, Maria mit Kind, Markus, David, weitere Wimperg- und Fialenfiguren aus der Werkstatt; Nino Pisano, Grabmäler der Bischöfe Giovanni Scherlatti und Francesco Moricotti, 14. Jh.

San Frediano

• Piazza San Frediano. • 1061 erwähnt, im 12. Jh. ausgebaut. Innenraum 1675 nach einem Brand barockisiert.

Die Fassade ist eine erneute Variante der Pisa-Luccheser Romanik mit Blendarkaden über eingetieften Rhomben als Dekoration im unteren Bereich. Anstelle der Loggien treten im Obergeschoss weitere Blendbögen, die ein Biforienfenster rahmen, auf. Der Innenraum wurde nach einem Brand im 17. Jh. neu gestaltet. Sehenswert ist vor allem das Tafelkreuz, das neben dem Kreuz Nr. 15 aus dem *Museo di San Matteo* zu den ältesten Zeugnissen der Pisaner Tafelmalerei gehört, also noch aus dem 12. Jh. stammt. Es gehört dem Typus des *Christus triumphans*, des Siegers über den Tod, an. Auf der Tafel seitlich des Corpus sind Szenen aus der Passion dargestellt, über dem Titulus die Himmelfahrt.

San Paolo a Ripa d'Arno

• Piazza San Paolo a Ripa d'Arno. • Gegründet 805, Neubau aus dem 11. und 12. Jh. Nach Kriegsschäden radikal rekonstruiert.

Der Neubau der Kirche erfolgte parallel zum Dom. Schon 1148 weihte sie Papst Eugen III., doch wurde sie erst um 1200 fertiggestellt. Die Fassade übernimmt das Dekorationsschema des Domes und variiert es bereits. Die in Streifen polychrom inkrustierte Fassade mit Blendbögen und abschließenden Loggien zeigt in dem Zackenfries der südlichen Arkaden ein normannisch-sizilianisches Ornament, die Rhomben werden teilweise durch ein mehrfach profiliertes Okulus und Vierpässe ersetzt. Im Tympanon des nördlichen Querhausportals ist eine ornamentale Cosmatenarbeit eingelassen, darüber ein römischer Sarkophag aus dem 3. Jh. Das Relief zeigt geflügelte Todesgenien, die den Clipeus mit dem Porträt des Verstorbenen tragen. Der kreuzförmige Innenraum mit Vierungskuppel ist nach Kriegsschäden beeinträchtigt.

San Piero a Grado

• Bedeutender Bau der toskanischen Romanik, 5 km südwestlich von Pisa gelegen. • Gründungsbau 6. und 7. Jh., Neubau um 1050. Campanile 1944 zerstört.

▲ *Pisa: San Piero a Grado, Ansicht von Osten.*

► *Pisa: San Piero a Grado, Grundriss.*

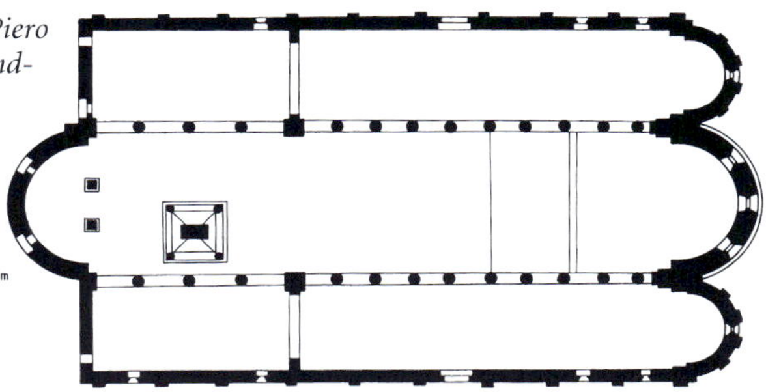

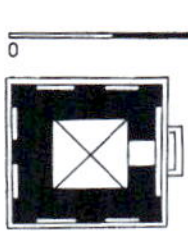

▲ *Pisa: San Piero a Grado, Deodato Orlandi, Papst Sylvester zeigt Konstantin das Bild der Apostel Petrus und Paulus.*

Der spätantike Gründungsbau wurde an der Stelle, an welcher Petrus nach seiner Landung in Italien die erste Stufe (ital. *grado*) betreten haben soll, errichtet. Die heutige romanische Kirche entstand vermutlich noch vor dem Pisaner Dom.

Der hohen Bedeutung des Ortes als Pilgerstation auf dem Weg nach Rom entsprechen die Ausmaße und die reiche Dekoration des Außenbaus. Die Kirche ist eine querschiffslose, doppelchörige Basilika mit einem

Petrusaltar im Westen. Die Westseite ist auch durch den Drei-Apsiden-Schluss gegenüber dem Ostabschluss mit nur einer Apsis hervorgehoben. Lisenen stützen einen Rundbogenfries, in den profilierte Rhomben und Kreise eingelassen sind. Diese Motive wurden in die Pisaner Romanik übernommen, nicht aber die zum Schmuck in das Tuffmauerwerk eingelassenen Majoliken.

Den weitläufigen Innenraum trennen als Spolien wiederverwendete antike Säulen und Kapitelle in drei Schiffe. Die Langhausfresken an der Hochwand des breiten Mittelschiffes stammen von verschiedenen Meistern unterschiedlicher Qualität unter der Leitung des Deodato Orlandi aus Lucca. Um 1300 wurden sie von der Familie Papst Bonifaz' VIII. in Auftrag gegeben. Sie sind römisch beeinflusst und zeigen die ausführlichste Vita Petri des Mittelalters, inklusive der Baugeschichte sowie der Weihe von Alt-Sankt Peter. Die anschließende Konstantinslegende nimmt Szenen aus der römischen Sylvester-Kapelle auf. U. a. ist dargestellt, wie Papst Sylvester dem Kaiser Konstantin das Bild der Apostelfürsten zeigt und dieser sich daraufhin zum Christentum bekennt. Unter den narrativen Fresken erscheint die Abfolge der Papstporträts. Damit wurde nahe dem ghibellinischen Pisa wenige Jahre von dem Exil der Päpste in Avignon ihre Herrschaft in der Nachfolge Petri demonstriert.

San Sepolcro

• Piazza San Sepolcro. • Gegründet 1153. Kirche der Tempelritter. • Architekt Diotisalvi.

Das außen schmucklose Oktogon wurde vom Baumeister des Baptisteriums errichtet, wie eine Inschrift am Campanile belegt. Der Name und die Anlage der Kirche als Zentralbau verweisen auf das Heilige Grab in Jerusalem und damit auf die überseeischen Verbindungen Pisas sowie die Bestimmung des Baus als Kirche der Ritter vom Jerusalemer Templerorden. Sehr schlanke spitzbogige Arkaden tragen die steile oktogonale Kuppel und schaffen den Eindruck extremer Höhe.

San Zeno

• Via San Zeno. • Älteste erhaltene Kirche Pisas. • Errichtet 10. – 11. Jh., Blendbögen 12. Jh., Giebel und Glockenstuhl 15. Jh. Restauriert.

Die Kirche ist eine benediktinische Klostergründung aus dem 10. Jh. an der Stelle eines römischen Tempels. Die baugeschichtlich wichtige Fassade weist charakteristische Elemente der Pisaner Romanik mit Lisenengliederung und Rhomben auf. Die Anordnung ist jedoch noch von einer vorromanischen Asymmetrie. Der nach einer radikalen Restaurierung 1972 puristisch überarbeitete dreischiffige Innenraum ohne Apsis zeigt den in Italien seltenen Stützenwechsel von antiken Säulen und Pfeilern.

Pistoia (PT)

Das römische oppidum Pistoria wurde unter langobardischer Herrschaft zur Königsstadt. Nach dem Tod der Markgräfin Mathilde 1115 gab sich die Gemeinde 1177 als eine der ersten Städte Italiens eine Verfassung unter der Führung von zwei Konsuln. Seit dem Ende des 12. Jh. wurde Pistoia von Konsuln und einem Podestà regiert, ab 1216 hatte Letzterer die höchste exekutive und judikative Gewalt inne, die dann auf die judikative Gewalt beschränkt wurde. Die Amtszeit begrenzte man auf sechs Monate. Durch Tuchweberei und -handel gelangte Pistoia zu Wohlstand, von dem die Bauten des 12.–14. Jh. zeugen. Dennoch konnte sich die ghibellinische Stadt nicht gegen den politischen Druck von Florenz behaupten und fiel 1324 unter Florentiner Herrschaft. Nach einem Friedensschluss 1329 erreichte Pistoia wieder eine relative Unabhängigkeit, die nun nur noch formal weiterbestehen sollte, politisch spielte die Stadt keine Rolle mehr. Zahlreiche Florentiner Kunstwerke machen den Einfluss der fremden Herrscher in der Stadt deutlich. 1530 wurde sie dem Herzogtum Florenz unter Alessandro Medici angegliedert.

Campanile

• Piazza del Duomo. • Ehemaliger Wohnturm des Capitano del Popolo. • Begonnen 1199, Obergeschosse 13. Jh., Glockengeschoss 15. Jh., Turmhelm 16. Jh.

Der Bau wurde als Sitz des Capitano del Popolo auf den Fundamenten eines langobardischen Wachturms errichtet. Über dem nahezu geschlossenen, wehrhaften Untergeschoss öffnen sich erst in großer Höhe die Biforienfenster aus dem 13. Jh. Der gotische Aufbau der Loggiengeschosse mit Inkrustation aus weißem und grünem Marmor ist mit wehrhaften Zinnen des Wohnturms bestückt, zeigt aber auch Schmuckformen im Pisanischen Stil, was auf den Funktionswechsel zum Kirchturm des Domes hinweist.

Dom San Zeno e San Jacopo

• Piazza del Duomo. • Errichtet 1108 bis Ende des 13. Jh., Portikus 16. Jh., Chor 17. Jh.

Der Bau wurde nach einem Brand des alten Domes begonnen. Die Fassade des späten 12. Jh. zeigt die Formen des Pisa-Luccheser Stils, jedoch mit einfacheren, strengen Säulenloggien. Die Säulen sind kräftiger als in Pisa, auf Marmorintarsien wurde verzichtet und an den Dachschrägen werden die Arkaden gemieden. Die Vorhalle aus dem 16. Jh. greift hingegen den Inkrustationsstil der Florentiner Romanik auf, wenn auch nur gemalt. Somit passt sie sich im Material der romanischen Fassade an, zeigt aber die Formen der Herrscher aus der Arno-Stadt. Die weiten Arkaden mit den Zugankern nehmen die Bauweise der Florentiner Frührenaissance auf. Die Terrakotta-Kassettierung über dem Hauptportal stammt von Andrea della Robbia, der auch das Tympanonfeld mit Madonna und Kind gestaltete (1505).

▲ *Pistoia: Dom San Zeno e San Jacopo, Fassade.*

Der Innenraum wurde bis auf den barocken Chor in den Zustand des 13. Jh. zurückversetzt. Die dreischiffige Basilika ist von Säulenarkaden gestützt und von einem offenen Dachstuhl geschlossen. An den Mittelschiffswänden finden sich Reste der Bemalung aus dem 13. und 14. Jh. Das Grabmal des Cino da Pistoia nach Entwurf von Cellino di Nese von 1337 zeigt den lehrenden Juristen lebend zwischen den Kirchenpatronen Zeno und Jakobus. Das monumentale Tafelkreuz entstand um 1275, gemalt von dem Florentiner Coppo di Marcovaldo und seinem Sohn Salerno di Coppo, der, so die Dokumente, das Gefängnis verlassen durfte, um seinem Vater bei der Fertigstellung des Kreuzes zu helfen. Dieses zeigt den Typus des toten Christus, der Körper aber bleibt schematisiert. Auf der Tafel sind die Szenen der Passion wiedergegeben. Die Enden der Kreuzbalken, auf denen üblicherweise die trauernden Maria und Johannes sowie die Auferstehung dargestellt wurden, sind beschnitten. Der Silberaltar des heiligen Jacobus maior in der Cappella di San Jacopo birgt die Reliquien des Apostels, die Pistoia seit dem 12. Jh. zu einem Pilgerzentrum machten. Den Altar gestalteten mehrere Künstlergenerationen von 1287 bis zur Mitte des 15. Jh. mit 628 Figuren zu einem der reichsten Werke italienischer Goldschmiedekunst. Die Madonna di Piazza in der nördlichen Seitenschiffskapelle stammt von den Florentiner Malern Andrea del Verrocchio und Lorenzo di Credi (nach 1475). Die Kapelle war ursprünglich zum Platz geöffnet, so dass die Madonna mit Kind und dem heiligen Donatus sowie Johannes dem Täufer in das öffentliche Geschehen einbezogen wurde.

Sant'Andrea

• Via Sant'Andrea. • Vorgängerbau aus dem 8. Jh. Heutige Kirche Mitte des 12. Jh. begonnen, Fassade von Gruamons (Gruamonte) 1160–1170. Restauriert.

Die reich dekorierte Fassade Pisaner Typs wurde nur im Untergeschoss fertiggestellt. Steile, ungleich hohe Blendarkaden über Rhomben sind in weiß-grünem Streifenmuster gefasst und mit den für Pistoia typischen kleinteiligen, geometrischen Inkrustationen dekoriert. Sie sind charakteristisch für den Baumeister und Bildhauer Gruamons. Das äußerst fein gearbeitete Relief auf dem Türsturz des Hauptportals zeigt den Zug und

▲ *Pistoia: Sant'Andrea, Fassade.*

▲ *Pistoia: Sant'Andrea, Gruamons, Türsturz und Tympanon.*

die Anbetung der Heiligen Drei Könige von Gruamons und seinem Bruder Adeodato von 1166, signiert und im 16. Jh. (!) datiert. Kennzeichnend für Gruamons sind Rhythmus und Ebenmäßigkeit der Komposition, die Parallelität der Figuren sowie der Gewandfalten, die den Eindruck zeremonieller Feierlichkeit erzielen. Die Bogenläufe über den Seitenportalen sind mit romanischen Bestienornamenten geschmückt.

Die dreischiffige Säulenbasilika ist im Innenraum stark überarbeitet. Sie zeigt die steilen Proportionen der Pistoieser Architektur Gruamons'. Die Kanzel des Giovanni Pisano ist ein Hauptwerk der italienischen Skulptur der Gotik, datiert 1298 – 1301. Unmittelbar an diese Arbeit schloss sich der Auftrag für die Pisaner Domkanzel an. Aufbau und Programm gehen von der Pisaner Baptisteriumskanzel des Nicola Pisano aus: Auf die Trägerfiguren von Löwen und Atlant bzw. einer mehrfigurigen Mittelgruppe fußen sieben Porphyrsäulen, die das polygonale Kanzelbecken tragen. Die Reliefs zeigen die Verkündigung und die Geburt Christi, die Anbetung der Könige mit dem Gebot zur Flucht, als neues Thema den Bethlehemitischen Kindermord, die Kreuzigung und das Jüngste Gericht. Sibyllenstatuen trennen die Reliefs, in den Zwickeln darunter erscheinen die Propheten. Die ungewöhnliche Expressivität Giovanni Pisanos gegenüber der monumentalen Klassik seines Vaters Nicola wird an der neu ins Programm aufgenommenen Szene des Kindermordes, der berühmten Atlantenfigur mit den frei gearbeiteten Armen sowie den plastisch herausgearbeiteten Figuren der Reliefs deutlich. Die Gestalten sind schlanker und beweglicher als die des Nicola, was an dem

▲ *Pistoia: Sant'Andrea, Giovanni Pisano, Atlant.*

Atlanten sowie der Trägerlöwin und ihrem Jungen besonders offensichtlich wird. Der Atlant gehört zu den berühmtesten Figuren der italienische Skulptur des Mittelalters. In der griechischen Mythologie war Atlas der Titan, der das Himmelsgewölbe tragen musste. Nach ihm sind die männlichen Trägerfiguren Atlanten genannt, die anstelle von tektonischen Baugliedern Stützfunktionen übernehmen. Nach dem altrömischen Baumeister Vitruvius sollen sie die besiegten Feinde darstellen. Im Falle einer Kanzel wäre der Atlant also ein vom Wort Gottes unterjochter Sünder. Die starke Schattenwirkung der tief, zum Teil à jour ausgebohrten Figuren steigert die dramatische Wirkung, vor allem der drastischen Szenen wie Kindermord, Kreuzigung und Weltgericht. Ähnliches lässt sich an Giovanni Pisanos Holzkruzifix in einem Tabernakel des 15. Jh. beobachten.

San Bartolomeo in Pantano

• Piazza San Bartolomeo. • Benediktinerkirche. • Begonnen 1159. Stand ursprünglich im Sumpfgelände (ital. *pantano* = Sumpf), Giebel 16. Jh. Restauriert.

Die ursprünglich frei stehende Kirche ist eine dreischiffige romanische Säulenbasilika mit offenem Dachstuhl und Apsis. Die unvollendete Fassade folgt dem Pisaner Typus mit Blendarkaden über eingetieften Rhomben, zeigt zudem die feinen geometrischen Marmorintarsien Pistoieser Prägung. Das Relief auf dem Türsturz stammt aus der Werkstatt Gruamons, wurde im 16. Jh. in das Jahr 1167 datiert und zeigt Christus mit den Aposteln. Die Figuren sind von der Sarkophagplastik hergeleitet, die Apostel treten in Tuniken wie römische Konsuln auf. Die Kanzel stammt von Guido da Como aus dem Jahre 1250. Die ursprünglich nicht frei stehende, rekonstruierte Kanzel gehört in ihrem lebendigen Erzählstil zu den bemerkenswerten Stücken toskanischer Skulptur vor Nicola Pisano und stammt wohl aus der Werkstatt des Pisaner Dombildhauers Guglielmo. Löwen und Atlanten stützen die Säulen, die den rechteckigen Korb tragen. Die Reliefs zeigen Szenen der Jugend und Passion Christi. Die Evangelistensymbole sowie die Figuren der Evangelisten selbst an den Lesepulten sind in ihrer aufkommenden Klassizität fortschrittlich.

San Giovanni Fuorcivitas

• Via Cavour. • Vorgängerbau 8. Jh. Heutige Kirche um 1150 begonnen, im 13. und 14. Jh. ausgebaut. Restaurierung nach Kriegsschäden. • Versammlungsort des Ältestenrates der Stadt im 13. Jh.

Der Vorgängerbau lag außerhalb des frühmittelalterlichen Mauerrings, was ihm den Namen gab: *fuor civitas* = außerhalb des Ortes. Fehlender Raum an der Westseite der romanischen Kirche führte zur Gestaltung der stadteinwärts gewandten Nordflanke als reich mit weißem und grünem Marmor dekorierter Fassade. Das Untergeschoss gliedern hohe Blendarkaden, darüber öffnen sich zwei flache Säulenloggien. Alle Geschosse sind zudem mit eingetieften Rhomben und kleinteiligen Marmorintarsien dekoriert. Das Hauptportal liegt im Zentrum der Flanke. Gruamons (Gruamonte) signierte den Türsturz, der eine hieratisch strenge Abendmahlsszene zeigt (nach 1162). Die rhythmische Reihung der Figuren und die Parallelität der Gewandfalten erzielen eine perfekte Stilisierung, die nur durch den Lieblingsjünger Johannes, der bei der Ankündigung des Verrats an der Schulter Jesu lehnt, und durch Judas,

▲ *Pistoia: San Giovanni Fuorcivitas, Gruamons, Türsturz und Tympanon.*

der verkleinert unter dem Tisch gezeigt ist, gelockert wird. Die Lünette schmückt eine Statue des Kirchenpatrons Johannes' des Täufers aus der Pisaner Schule (1345).

Der Innenraum ist ein Saal, mit offenem Dachstuhl gedeckt, das erhöhte, flach geschlossene Presbyterium ist von drei gotischen Lanzettfenstern durchbrochen. Hervorzuheben ist die Kanzel von Fra Guglielmo da Pisa, einem Schüler Nicola Pisanos (ca. 1270). Der Aufbau folgt dem älteren quadratischen Kanzeltypus, der Figuren- und Kompositionsstil aber ist von Nicola geprägt. Dargestellt sind die Passion und der Triumph Christi sowie der Marientod. Das Weihwasserbecken mit einem Bildprogramm der Tugenden im Zentrum der Kirche ist ein Jugendwerk Giovanni Pisanos, der hier noch dem antikisierenden Stil seines Vaters Nicola folgt. Zur weiteren Ausstattung gehörten ein glasierter Terrakotta-Altar von Luca della Robbia oder seinem Neffen Andrea mit der eindringlichen Darstellung der Heimsuchung Mariens sowie ein Madonnentondo aus der Schule Botticellis.

Romena (AR)
Pieve di San Pietro

• Bedeutendste Landpfarrkirche der Toskana. • Begonnen 1152. • Nach Einsturz 1678 und Erdbeben 1729 im Westen um zwei Joche gekürzt.

▲ *Romena: Pieve di San Pietro, Ansicht von Osten.*

Der wehrhafte, geschlossene Außenbau ist gut als dreischiffige, querschiffslose Basilika mit Apsis und an der Fassade angebautem Campanile zu erkennen. Die Kirche steht stilistisch in enger Verbindung mit Gropina und wirkt durch das präzise, heute stark verwitterte Mauerwerk am gesamten Bau. Einziger Schmuck sind außen die doppelten Blendarkaden an der Apsis und den Stirnwänden der Seitenschiffe. Im Chorscheitel öffnet sich ein Triforienfenster zwischen Biforien. Im Innenraum tragen antikisierende Säulen mit Entasis die Mittelschiffswände. Die Seitenschiffe sind zur Apsis hin tonnengewölbt, die Apsis ist wie am Außenbau mit Blendarkaden versehen. Die Kapitelle sind wie der plastische Schmuck von Gropina archaisierend, teils rein geometrisch, teils aber auch figural.

San Bruzio di Magliano (GR)
Ruine einer Benediktinerabteikirche

• Begonnen um 1000, Ende des 12. Jh. vollendet. I

▲ *San Bruzio di Magliano: Ruine der Benediktinerabteikirche.*

Nur die Vierung mit dem achteckigen Tambour der Vierungskuppel über Trompen und die Apsis der abgelegenen Klosterkirche sind noch erhalten. Es schloss ehemals ein gewölbtes, einschiffiges Langhaus an. Die Ruine lässt noch in den klaren architektonischen Formen, der Kapitellplastik und dem präzisen Mauerwerk die hohe Qualität der ehemaligen Anlage erkennen.

San Giorgio di Brancoli (LU)
Landpfarrkirche

• Errichtet im 11. und 12. Jh.

Die Pieve ist ein bemerkenswerter Bau der Luccheser Romanik. Dominierend ist der mächtige, von Zinnen bekrönte Campanile mit den nach oben zunehmenden Schallarkaden, der dem Typus von San Frediano in Lucca folgt. Er verstellt teilweise die von Lisenen gegliederte Fassade. Der Innenraum wird in weit gespannten Arkaden durch Säulen mit reichen Kapitellen in drei Schiffe unterteilt. Der Chorbereich mit der abtrennenden Schranke gibt die mittelalterliche Situation wieder. Der auf zwei Löwen gestützte Ambo davor ist 1194 datiert und stammt aus dem Umkreis des Guidetto da Como. Zur Ausstattung gehören ferner ein Weihwasserbecken aus dem 12. Jh. und ein Tafelkreuz aus dem 13. Jh. über dem Altar.

San Quirico d'Orcia (SI)
Collegiata Santi Quirico e Guiditta

• Pilger- und Kollegiatskirche. • Gegründet im 8. Jh. • Heutige Kirche 12. Jh., im 13. Jh. ausgebaut. 1653 Chor barockisiert. Campanile 1798–1806. Im Zweiten Weltkrieg beschädigt und restauriert.

Der Ort San Quirico d'Orcia war einst Sitz der kaiserlich-staufischen Vikare und gelangte 1256 unter die Herrschaft Sienas. Er hat ein mittelalterliches Stadtbild bewahrt.

Die Pilgerkirche an der Via Francigena wurde als eine romanische Saalkirche mit offenem Dachstuhl errichtet, um 1300 mit den gewölbten Querarmen und Apsiden versehen, schließlich im Chor barockisiert. Romanisch ist das von einem fünffach gestuften, flachen Gewände eingefasste Westportal (um 1080). Die kleine Vorhalle wird von Knotensäulen Luccheser Typs gestützt, die auf ruhenden Löwinnen aufsetzten. Ein Relief auf dem Architrav zeigte einen Bestienkampf. Weitere Frat-

◄ *San Quirico d'Orcia: Collegiata Santi Quirico e Guiditta, Südportal.*

zen und Tierschädel der Vorhalle stützen in diesem Falle eine apotropäische, Unheil abwehrende Funktion der Bauskulptur. Der mächtige Wimperg des Südportals ist auf expressiv bewegten Atlanten über Löwenstützen gelagert, zeigt somit die Verbindung romanischer Traditionen und neuer gotischer Figuren. Diese Skulpturen stammen aus dem 13. Jh. und wurden von Bildhauern aus dem Umkreis des Giovanni Pisano geschaffen. Eine mögliche Datierung gibt die Bauinschrift am zweiten Portal der Südflanke, die im Architrav die Jahreszahl 1287 nennt. Im Innenraum befinden sich ein Marienaltar des Sienesen Sano di Pietro (um 1470) sowie ein Chorgestühl von Antonio Barili (um 1500).

Volterra (PI)

Velathri war eine der bedeutendsten etruskischen Städte und besaß im 5. Jh. v. Chr. bereits einen Mauerring. Nach 200 v. Chr. wurde es römisch, hatte als Provinzstadt jedoch nur geringe Bedeutung, so dass die einstige Etruskermetropole auf ein Viertel ihrer ursprünglichen Größe schrumpfte. Im 5. Jh. wurde Volterra Bischofssitz. Das Bischofsamt wurde im 11. und 12. Jh. in der Familie Pannocchieschi vererbt. Schon im 11. Jh. aber wählten die Bürger von Volterra Konsuln zu ihren Regenten, seit 1218 gab es das Amt des Podestà. Die Stadt war eine freie Kommune, die ihrer Regierung erste Repräsentationsbauten errichtete, doch hielt die Auseinandersetzung mit den Bischöfen an. Zusätzlich geschwächt durch die internen Auseinandersetzungen von Guelfen und Ghibellinen sowie den Krieg gegen San Gimignano, gelangte Volterra 1361 unter Florentiner Herrschaft. Ein Aufstand gegen die fremden Regenten wurde 1426 niedergeschlagen, nach einer zweiten Rebellion im Jahr 1472 ließ Lorenzo de' Medici die Stadt belagern und schließlich plündern. Die Rocca nuova, die Festung über der Stadt, gibt ein eindrucksvolles Zeugnis von der Herrschaft des kunstliebenden Philosophen aus Florenz. 1530 wurde nach einem letzten Aufstand auch Volterra Teil des Herzogtums Toskana.

Baptisterium San Giovanni

• Piazza San Giovanni. Begonnen ca. 1250, im 16. Jh. eingewölbt.

Der achteckige, zweigeschossige Bau ist an der Eingangsseite mit einer weiß-grünen Marmorinkrustation versehen, die dem Domportal antwortet. Das Portalgewände trägt einen Architrav mit den Büsten von Christus, Maria und elf Aposteln – Judas wurde nicht aufgenommen, ebenso wenig sein Nachfolger Matthias. Der Innenraum ist schlicht, nur von eingetieften Nischen strukturiert, das Klostergewölbe ist eine Ergänzung des 16. Jh. und ersetzt die ursprüngliche Kuppel. Das Taufbecken von Andrea Sansovino stammt aus dem Jahre 1502.

Dom Santa Maria Assunta

• Piazza San Giovanni. • Begonnen im 12. Jh., unteres Fassadengeschoss um 1180, im 13. Jh. überarbeitet. Campanile 1493. Umgestaltung des Innenraumes 1580 – 1584.

Die Blendarkaden und Rhomben im Pisaner Stil auf der nur am Portal polychrom verkleideten, sonst bescheidenen Fassade weisen erstaunliche Unregelmäßigkeiten auf, die sie im Vergleich zur technischen Perfektion der Bauten von Pisa und Lucca provinziell erscheinen lassen. Das obere Fassadengeschoss stammt trotz der romanischen Formen von Lisenen mit Rundbogenfriesen aus der Zeit des gotischen Umbaus ab 1254.

Im Inneren lösen sich die verschiedenen Baustile ab. Romanisch sind die Säulen der dreischiffigen Basilika und die Mittelschiffswände, gotisch der flache Chorschluss zwischen den Querhauskapellen, die sich von den Bettelordenskirchen herleiten lassen. Aus dem 16. Jh. stammen die Stuckverkleidung der Säulen sowie die Kassettendecke. Bedeutend und einem Dom angemessen ist die Ausstattung. Die farbig gefasste Gruppe der Kreuzabnahme entstand um 1260. Holzskulpturen sind äußerst anfällig, mehrfigurige romanische Großplastiken wie diese stellen daher eine Rarität dar, in Italien vergleichbar nur mit einer weiteren vollständig erhaltenen Kreuzabnahme in Tivoli (Latium). Nach ihrer Restaurierung in den 80er Jahren des letzten Jahrhunderts hat die Gruppe die Leuchtkraft ihrer farbigen Fassung wieder erlangt. Die monumentale Gruppe zeigt Joseph von Arimathia und Nikodemus, die Christus vom Kreuz lösen, sowie Maria und den Lieblingsjünger Johannes. Die Gruppe ist expressiv, jedoch streng in ihrem Ausdruck inniger Anteilnahme am Opfer des Gottessohnes. Die Kanzel wurde im 17. Jh. aus Fragmenten des späten 12. Jh., rekonstruiert. Die Reliefs zeigen die Verkündigung mit der Heimsuchung, das Abendmahl und das Opfer Isaaks. Von Interesse sind die spannungsvollen Kompositionen, die Künstlern aus der Werkstatt des Pisaner Dombildhauers Guglielmo zuzuschreiben sind. Den Altar betont ein Ciborium von Mino da Fiesole, signiert und 1471 datiert. Das Taufbecken stammt von Andrea Sansovino.

◄ *Volterra: Dom Santa Maria Assunta, Fassade.*

▲ *Volterra: Dom Santa Maria Assunta, Kreuzabnahme.*

Palazzo dei Priori

• Piazza dei Priori. • Errichtet 1208 – 1254. • Gründungsbau des toskanischen Stadtpalastes.

Der Palazzo dei Priori von Volterra ist der älteste kommunale Palast der Toskana und wurde zum Vorbild für den Florentiner Bargello und den Palazzo Vecchio. Die Fassade des monumentalen, viergeschossigen Baues war einer bürgerlichen Regierung entsprechend betont schlicht, erst im 14. Jh. wurden Marmorsäulchen in die Biforienfenster eingestellt. Von der Offenheit dieses frühen öffentlichen Gebäudes zeugten auch die Ladenarkaden im Untergeschoss, die auf Befehl der Medici vermauert werden mussten. Balkenlöcher und Konsolen zeigen die ehemals umlaufenden Holzgalerien an.

◀ *Volterra: Palazzo dei Priori.*

Piazza dei Priori

• Profanes Stadtzentrum. • 13. Jh.

Die Piazza ist eine geschlossen erhaltene Platzanlage, die *platea communis* des mittelalterlichen Volterra. In den von einem Mauerring umgebenen Städten des Mittelalters sind große Freiflächen relativ selten. In den Stadtstaaten der Toskana fällt hingegen die Häufigkeit großzügiger Platzanlagen auf, so in Arezzo, Siena und San Gimignano. Sie dienten dem Markt und Handel, jedoch in erster Linie den Bürgerversammlungen und Gesetzesverkündungen durch den Podestà, sind somit Ausdruck städtischer Freiheit. Selbst wenn die antiken Zentren überbaut wurden, so boten sie doch einen systematisierenden Maßstab und ein Ideal der *civitas* als einer städtischen Gesellschaftsordnung, das den mittelalterlichen Neugründungen in Nordeuropa zumeist fehlte. Diese Gesellschaftsordnung aber prägte die Stadtbilder in der Toskana, neben den Domen entstanden ab dem 13. Jh. monumentale Stadtpaläste. Die politischen Zentren mit den Profanbauten bildeten fortan ein Gegengewicht zu den Kirchen, die vordem die einzigen öffentlichen Gebäude waren. Zahlreiche Bauten in den historischen Stadtzentren der Toskana dienten den politischen Ämtern. Die Kommunen selbst befassten sich seit dem 12. Jh. mit den öffentlichen Bauaufgaben, wie es die Statuten vieler Städte belegen. Seit dem 13. Jh. bestand in der Region eine detaillierte Baugesetzgebung, die sich mit der Verschönerung der jeweiligen Stadt beschäftigte. Um die Pracht der Bauten genießen zu können, wurden störende Gebäude eingerissen, denn frei stehende Monumente entsprachen dem Schönheitsideal und den Zielen der Stadtplanung in der Toskana seit dem 12. Jh.

Außer dem Palazzo dei Priori befindet sich an der Piazza der Palazzo Pretorio, ein stark restauriertes Konglomerat aus Gebäuden des 12. und 13. Jh., das dem Capitano del Popolo als Amts- und Wohnsitz diente. Die Gebäude wurden ab 1224 von der Kommune angekauft. Im Zentrum steht der Turm des Podestà. Somit stellen die Bauten um die Piazza das politische Zentrum der Stadt dar und bilden damit einen Gegenpol zum sakralen Zentrum um Dom und Baptisterium.

Der Stadtpalast

Die mittelalterlichen Paläste der kommunalen Regierungen toskanischer Städte (Palazzi dei Priori; Palazzi del Comune; Palazzi Comunale; Palazzi Pubblico) dienten der Repräsentation bürgerlicher Freiheit. Trafen sich die Stadträte, meist die gewählten Prioren der Zünfte, zunächst in Wohntürmen, dann in Kirchen oder in der Kathedrale als den einzigen überdachten Versammlungsorten, so ließen sie ab dem frühen 13. Jh. eigene Gebäude für diesen Zweck errichten. Damit entwickelte die Profanbaukunst eine erste bedeutende Aufgabe, nämlich einen Sitzungssaal und Wohnungen für die Stadträte, die während ihrer Amtszeit sicher und unbeeinflussbar bleiben sollten, zu schaffen. Der Große Saal hatte eine politische und eine juristische Funktion als Tagungsort der Räte und Raum der Gerichtssitzungen. Zudem lagen in der Sala grande die Statuten der Regierung aus, die jederzeit für den Bürger einsehbar waren. Die Türme trugen die Glocken der Kommune. Von der Freitreppe oder einer Brüstung des Palastes aus wurden den Einwohnern die Ratsbeschlüsse und Verordnungen verlesen.
Der urbane, bürgerliche Charakter der Bauten verbot eine Orientierung an der Festungsbauweise. Nahe liegender war ein Rückgriff auf den Kirchenbau, in dem die Räte früher getagt hatten, in Verbindung mit dem mittelalterlichen Wohnturm. Somit wurden die Säle wie im Kirchenbau mit gewölbten Jochen geschlossen und mit Türmen versehen. In die Fassaden wurden die Wappen der jeweiligen Stadtherren eingelassen wie bei einem Familiensitz. In der Gotik verselbstständigte sich der neue Bautyp und wurde die vorrangige Bauaufgabe der Kommunen.

II. Die Gotik – Die führende Rolle Sienas

Das Trecento, das 14. Jh., war die Epoche der freien Kommunen, der versuchten Tyranneien und beginnenden Signorien, also der Alleinherrschaft einer Person bzw. einer Dynastie. Die Konzentration politischer, wirtschaftlicher und kultureller Macht auf engem Raum in der Region führte während der Gotik (ca. 1250 – 1400) zu Hegemoniebestrebungen sowohl von Städten wie auch von einzelnen Personen. In ganz Italien wurde die Epoche von der Auseinandersetzung zwischen den Anhängern von Papst und Kaiser, den Guelfen und den Ghibellinen, wie diese ab 1240 in Dokumenten genannt wurden, beherrscht. Florenz und Lucca stellten sich auf die Seite der Päpste, Siena, Pisa und Pistoia gaben sich ghibellinisch, wurden daher auch von den Kaisern mit ihrem Gefolge aufgesucht. Dabei ging es jedoch weniger um die politische Einheit Italiens unter der Regierung des Papstes bzw. des Kaisers als um einen vorgeblichen Grund für die Konkurrenz unter den Städten sowie auch innerstädtisch unter den Familien. Dies zeigt sich u. a. daran, dass sich der Zwist in der Toskana auch nach dem Ende der antipäpstlichen Stauferherrschaft durch die Hinrichtung des letzten Staufers Konradin im Jahre 1268 in Neapel fortsetzte. Die historisch bedeutenden Schlachten von Montaperti 1260, aus der Siena siegreich hervorging, und von Colle Val d'Elsa 1269, bei der Florenz erfolgreich blieb, entschieden daher auch nicht über die Hegemonie von Papst oder Kaiser, sondern über die Vorherrschaft der jeweiligen Stadt in der Toskana. Schließlich errang Florenz den Primat unter den toskanischen Metropolen, wozu insbesondere die verheerende Pest von 1348 beitrug, die ein Drittel der Bevölkerung tötete und von der sich kleinere Kommunen nicht mehr erholen konnten. Pisa, Lucca und Siena waren zwar Ende des 14. Jh. noch unabhängig, aber keine ernst zu nehmenden Rivalen um die politische wie künstlerische Vorherrschaft in der Toskana mehr.

Die Konkurrenz von Florenz und Siena zeigte sich in den Neubauten der Dome beider Städte, wobei der letztlich nicht durchführbare Ausbau der Sieneser Kathedrale auch für die politische Niederlage der Stadt symptomatisch war. Neben den gotischen Domen verbreiteten sich die Kirchen der Bettelorden, die dank herausragender Aufträge der bürgerlichen Bank- und Kaufleute in bedeutenden Ausmaßen errichtet und reich ausgestattet wurden. Die Prinzipien der französischen Kathedralgotik wie Vertikalismus und Diaphanie setzten sich aber in der Toskana nicht durch. In den Zentren etablierten sich die städtischen Repräsentationsbauten, vor allem die Stadtpaläste, als Symbole der bürgerlichen Freiheit. Ferner zeugten weiterhin bedeutende Familienresidenzen von Wohlstand und Selbstbewusstsein des Patriziats. Die von den Ghibellinen rezipierte staufische Hinwendung zum Naturalismus der Antike sowie die franziskanische Lebensbejahung und Innerlichkeit schlugen sich in den Bildkünsten nieder. In der Plastik hatte sich Giovanni Pisano den eleganten und bewegten Formen der Kathedralplastik zugewandt, Perspektive und Tiefenstaffelung sind jedoch eine italienische Besonderheit. Mit seinen Kanzeln in Pisa, Pistoia und Siena wie mit der monumentalen Sieneser Fassadenskulptur schuf er die herausragenden Werke der italienischen Gotik. Aus der Schule Giovanni Pisanos gingen Arnolfo di Cambio und Tino di Camaino hervor, die mit eigenen Werkstätten auch in Mittel- und Süditalien arbeiteten und die Errungenschaften der toskanischen Kunst verbreiteten.

Der künstlerische Wettstreit der Kommunen und das in Kunststiftungen investierte Geld der Kaufleute schufen einen Stilpluralismus auf hohem Niveau, der auch die Erneuerung der Malerei begründete, und zwar durch Toskaner, insbesondere Florentiner und Sienesen, die nun die politische und künstlerische Vormachtstellung in der Region beanspruchten. Die eigentliche Begründung der westlichen Malerei setzt die Trennung von der *Maniera greca* voraus. Die mimetische, an der Natur orientierte Malerei überwand schließlich den Schematismus sanktionierter Formen der byzantinischen Kunst. Der neue Stil wird vor allem in den Fresken, die im Trecento technisch entwickelt wurden, vollzogen. Sie lösen die byzantinischen Mosaiken ab. Diese technische wie stilistische Entwicklung wird nach den Angaben Giorgio Vasaris meist mit dem Florentiner Giotto di Bondone in Verbindung gebracht. Man kann jedoch weder von der „Erfindung" der Freskomalerei noch von der „Entdeckung" der Natur durch eine einzelne Person ausgehen, vielmehr sind dies Neuerungen, die während der Gotik in der gesamten Region auftreten. Toskanische Inventionen und Innovationen in der Malerei des Trecento sind die Porträtmalerei sowie die Entwicklung von Raum und Landschaft, die Marientypen der Maestà und Umiltà. Zu den monumentalen Kompositionen Giottos schufen die Sienesen Duccio, Ambrogio und Pietro Lorenzetti sowie Simone Martini die elegante Variante. Mit einem sehr aufwändigen und schönlinigen Stil prägten sie eine Gegenposition zur Florentiner Malerei, läuteten jedoch mit der Hinwendung zur Natur ein neues Zeitalter ein. Auch die toskanischen Maler waren über die Region hinaus gefragt. Der Florentiner Giotto arbeitete in Rom und Neapel, der Sienese Simone Martini ging als Hofmaler der Päpste nach Avignon. Das Ende der Epoche kennzeichnet hingegen eine Stagnation. Nach der Zeit innerer Konflikte und Hegemoniekämpfe und nach der Pestkatastrophe blieben keine finanziellen Mittel und künstlerischen Energien für kulturelle Leistungen übrig. Nach einem schwachen Epigonentum war die Zeit reif für den grundlegenden Wandel zur Renaissance.

Abbazia di San Galgano (SI)
Zisterzienserabtei

• Galgano Guidotti geweiht. • 1201 gegründet, Kirche errichtet 1224 – ca. 1288. 1786 Einsturz, danach Steinbruch. Im 20. Jh. als Ruine konserviert. • Baumeister ab 1227 Fra Giovanni da Casamari, ab 1274 Fra Ugolino da Maffeo.

Die Abtei wurde von Bischof Ugo Saladini von Volterra als Filiation der Abtei Casamari in Latium, die wiederum von Clairvaux abhängig war, gegründet. Im 13. und 14. Jh. war San Galgano eine mächtige Abtei, die trotz des Armutsgebotes weite Ländereien besaß und ein Zentrum des kulturellen Lebens sowie Sitz der Rechtsprechung war. Als das Kloster 1376 von dem Florentiner Condottiere John Hawkwood (ital.: Giovanni Acuto) angegriffen und geplündert wurde, setzte der Niedergang ein. Ab dem 15. Jh. verlor das Kloster an Bedeutung. Deutliche statische Probleme machten zudem im 16. Jh. Sicherungen der Dachkonstruktion notwendig, schließlich aber stürzten der Dachreiter und die Gewölbe ein. In den 30er Jahren des 20. Jh. wurde die Kirche als Ruine konserviert.

▲ *Abbazia di San Galgano: Ansicht von Süden.*

▲ *Abbazia di San Galgano: Schnitt.*

▲ *Abbazia di San Galgano: Innenraum nach Osten.*

Die im unteren Teil mit Travertin verkleidete Fassade wurde nie vollendet. Drei Portale öffnen sich zu den drei Kirchenschiffen, das Hauptportal ist mit einem Architrav mit klassischen Akanthusranken versehen. Zwei große Lanzettfenster durchbrechen die Wand darüber. Das Langhaus war an der Südseite im unteren Teil vom Kreuzgang verdeckt, über dem nur kleine Öffnungen das Seitenschiff beleuchten konnten. Das Mittelschiff ist von Strebepfeilern verstärkt, zwischen denen sich große Fenster öffnen. An den östlichen Jochen wie am Querhaus sind noch die Lanzettfenster mit Okulus der älteren Bauweise zu erkennen. Ab dem dritten Joch waren zwei Lanzette mit einem Vielpass zu echten Maßwerkfenstern zusammengefasst, von denen nur eines den Vielpass und die Marmorsäule als Mittelstütze bewahrt hat.

Der Innenraum der Klosterkirche ist dreischiffig, das Querhaus springt um die Breite eines Seitenschiffes vor, der Chor ist flach geschlossen und von Kapellen flankiert. Damit folgt der Grundriss dem Vorbild von Clairvaux. In den Ostteilen zeigt sich der ältere vierzonige Aufriss mit spitzbogigen Arkaden, Laufgang, Obergadenfenstern und Okuli, im Langhaus der Übergang zur Dreizonigkeit neueren Typs. Die Kreuzrippengewölbe der querrechteckigen gotischen Traveen wurden von Diensten gestützt, die auf hoch angesetzten Konsolen auflagen. Kein figürlicher Schmuck ziert den Bau, nur ein Kapitell ist mit einem Kopf, vermutlich dem Porträt des Steinmetzen, geschmückt. Auch die übrigen Kapitelle sind von hoher Qualität. Neben einfachen vegetabilen Formen kennzeichnen vor allem Blattkapitelle und die Hakenkapitelle mit sich nach oben öffnenden Akanthusblättern den elaborierten gotischen Stil, der auf Nicola Pisano zurückgeht.

Die Klostergebäude wurden meist abgebrochen oder zum Bauernhof umgebaut, nur der Kapitelsaal ist noch hervorzuheben. Das spitzbogige Portal und die rundbogigen Biforien bzw. Monoforien sind durch raffinierte Muster im Ziegelmauerwerk betont. Der große, zweischiffige Raum wird von zwei kräftigen Säulen dominiert, die ein flaches Kreuzrippengewölbe tragen. Kapitelsäle dienten den nicht liturgischen Ver-

Die Zisterzienser

Der Reformorden wurde 1098 als Gegenbewegung zu den Benediktinern von Cluny gegründet und berief sich auf die Ordensregel Benedikts. Die Armut und die Arbeit der Apostel waren den Zisterziensern das Vorbild echter Frömmigkeit, sie gaben der körperlichen Arbeit den Vorzug vor der geistigen. Der straff organisierte Orden verbreitete sich rasch über ganz Europa, insgesamt entstanden ca. 600 Niederlassungen. Der Weltabgewandheit des Ordens gemäß liegen die Klöster der Zisterzienser isoliert. Mit den Klöstern verbreiteten sich auch die Frühformen der Gotik nach dem Vorbild von Clairvaux. Es entstand keine eigene Bauhütte, sondern bereinigte Bauformen im Hinblick auf Zweckmäßigkeit und Askese. Die Zisterzienserarchitektur ist die schmuckloseste der Christenheit. Charakteristisch sind ein gestrecktes Langhaus ohne Emporen und Triforien und mit flachem Chorschluss sowie Verzicht auf Türme und Krypten. Die Dienste enden auf Konsolen, so bleibt die reine Form der Stützen sichtbar. An der Ostseite des Querhauses befinden sich meist Kapellenreihen für mehrere Altäre, die dem Bedürfnis der Mönche zum Lesen der Messen dienen. Jede figürliche Darstellung wurde abgelehnt, auch farbige Glasfenster. Bernhard von Clairvaux verdammte den Bauluxus: „So wunderbare Mannigfaltigkeit erscheint überall, dass man eher in den gemeißelten als in den geschriebenen Werken liest." Einziges Inventar in Zisterzienserkirchen war ein Tafelkreuz. Die Schmucklosigkeit aber bewirkte eine äußerst präzise Architektur.

sammlungen der Mönche. Darüber liegt der in Zellen unterteilte Schlaftrakt. Die Reste vom Kreuzgang gegenüber bestätigen mit den in profilierte Arkaden eingestellten Marmorsäulchen mit variationsreichen Blattkapitellen das hohe Niveau einer Klosterkunst, die im Zeitalter der Wandmalerei und Architekturplastik Farben und figürliche Darstellungen strikt ablehnte.

Arezzo (AR)
Dom San Donato

• Piazza della Libertà. • Begonnen 1277, Unterbrechungen ab 1328 nach dem Tod Bischof Tarlatis, westliche Joche 1471. Cappella del Conforto 18. Jh., Campanile 1857 – 1860, Fassade 1901 – 1914, Turmhelm 1937.

Der Titelheilige Donatus war der zweite Bischof von Arezzo, der im Jahre 304 das Martyrium außerhalb der Stadt erlitt. Dort wurde der erste frühmittelalterliche Dom errichtet, der im 12. Jh. beschädigt wurde, weshalb man beschloss, im Stadtzentrum eine neue Kathedrale zu bauen. 1561 ließ Cosimo I. Medici den alten Dom abbrechen. Die heutige Basilika in der Stadt ist von der Schlichtheit der im Trecento zeitgemäßen Franziskanerkirchen geprägt, d. h., sie hat weder Querschiff noch Kuppel, jedoch im Unterschied zu den Bettelordenskirchen ein gewölbtes Langhaus und einen polygonalen Chorschluss. Die gotischen Maßwerkfenster sind mit den in der südlichen Toskana weniger verbreiteten Marmorinkrustationen geschmückt. Hervorzuheben ist das Seitenportal aus dem 14. Jh. mit einem Relief des lokalen Künstlers Niccolò Aretino, dem Bruder des bekannten Malers Spinello. Der übrige Schmuck am Außenbau ist neugotisch, die Fassade wurde noch 1914 von Daniele Viaviani in gotischen Formen errichtet.

Der dreischiffige Innenraum ist von Pfeilern mit Spitzbogenarkaden gegliedert und von gotischen Kreuzgratgewölben geschlossen. Eine Besonderheit in Italien sind die farbigen Glasmalereien von Guillaume de Marcillat, dem ersten Lehrer von Giorgio Vasari (um 1515). Er malte auch die schlecht sichtbaren Gewölbefresken des Mittelschiffs, deren Figuren von Michelangelos Decke der Sixtinischen Kapelle beeinflusst sind. Über dem Hochaltar befindet sich die so genannte Arca di San Donato, ein Monument für den Kirchenpatron und Stadtheiligen, geschaffen von Aretiner, Sieneser und Florentiner Künstlern des 14. Jh. Die heilige Maria Magdalena von Piero della Francesca (ca. 1460) ist eine Figur von eindrucksvoller Monumentalität. Die statuarische Gestalt wirkt durch ihre plastische Präsenz sowie die Farbflächen ihres Gewandes. Die Farben symbolisieren die Kardinaltugenden Glaube (weiß), Hoffnung (grün), Liebe (rot). Seine malerische Virtuosität demonstrierte Piero am Lichteinfall auf dem Salbgefäß. Das Grabmal des Guido Tarlati (1330) stammt von Agostino di Giovanni und Angelo di Ventura. Das Wandgrab zeigt die Liegefigur hinter dem von Engeln geöffneten Vorhang. Darüber ist eine Sitzstatue des ehemaligen Herrschers von Arezzo zu rekonstruieren. Darunter stellen 16 Flachreliefs die Vita des Bischofs dar. Die ehemalige

▲ *Arezzo: Dom San Donato.*

Statue des Thronenden wie auch die ausführliche Darstellung der Vita mit Guido Tarlatis Berufung zum Signore von Arezzo und seinen Verdiensten um die Stadt erheben das Grabmal zum Herrschermonument; diese irdische Thematik ist im Frühhumanismus begründet. Die Reliefs sind z. T. stark restauriert, da nach der Vertreibung der Familie beschädigt, die Statue wurde zerstört. Die dreischiffige, überkuppelte Cappella della Madonna del Conforto am nördlichen Seitenschiff stammt aus dem 18. Jh. und

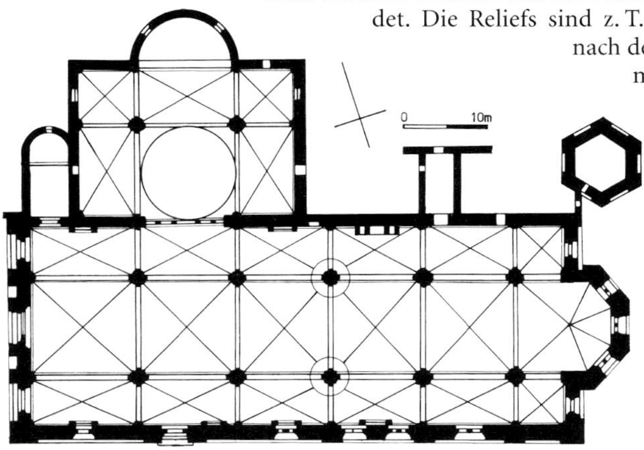

◄ *Arezzo: Dom San Donato, Grundriss.*

▲ *Arezzo: Dom San Donato, Agostino di Giovanni und Angelo di Ventura, Tarlati-Grabmal, Detail, Bischof Tarlati wird zum Signore berufen.*

birgt einen Terrakotta-Altar Andrea della Robbias von 1486, der die Anbetung des Gekreuzigten durch die heiligen Donato und Franziskus zeigt.

Vor dem Dom steht eine Statue des Großherzogs Ferdinando I. Medici, 1595 von Pietro Francavilla nach Entwurf Giambolognas geschaffen. Die Inschrift nennt den Titel lateinisch *magnus dux Etruriae*, worin der alte Name der Region wieder auflebt.

Palazzo comunale

• Ehemals Palazzo dei Priori. • Piazza della Libertà. • Begonnen 1333, Turm 1337, Uhr 1468. Stark restauriert.

Der Palast wurde als Sitz der Stadtregierung der Zunftvorsteher (Prioren) errichtet, ergänzt durch die *Torre comunale*, und war ab 1383 Residenz der Florentiner Stadtverwaltung. Der strenge, mit Zinnen bekrönte Bau wurde um 1900 im Stil des Trecento restauriert. Bezeichnend für die Repräsentation der unabhängigen Kommune in toskanischen Städten sind die Lage gegenüber dem Dom sowie die Wappen der Podestà an der Fassade. Der Innenhof ist mit Arkaden umstellt, darüber befindet sich eine Loggia. Eine um 1500 errichtete Treppe führt in die Innenräume.

Piazza grande

• Profanes Stadtzentrum. • Entstanden um 1200, im 14. Jh. sowie im 16. Jh. verändert.

Die *platea communis* der mittelalterlichen Republik ist umgeben von der Apsis der Pieve Santa Maria Assunta und mittelalterlichen Palästen. Der Palazzo della Fraternità de' Laici stammt aus dem 14. Jh., die Arbeiten daran wurden im 15. Jh. von dem Florentiner Bernardo Rossellino fortgesetzt. Das Untergeschoss mit dem Gewändeportal und einem Fresko von Spinello Aretino im Tympanon zwischen Lanzettfenstern datiert

▲ *Arezzo: Piazza grande.*

noch aus der spätgotischen Phase, an die Rossellino mit seinem Vorhangbogen im Obergeschoss geschickt anknüpft. In den Figurennischen, Doppelpilastern und Girlanden zeigt sich die Formensprache der Renaissance nach dem Vorbild Brunelleschis. Auch die Skulpturen stammen von Rossellino. Der Uhrturm ist eine Ergänzung des 16. Jh. Der Turm des Palazzo Lappoli aus dem 14. Jh. wurde im 18. Jh. in Höhe des Palastes abgebrochen und im 19. Jh. in den alten Formen rekonstruiert. Ferner folgen der Palazzo Cofani-Brizzolari und die zinnenbewehrte Torre Faggiolana. An einigen der Bauten wurden die hölzernen Geländer rekonstruiert. Den fünfachsigen Palazzo del Tribunale über der Freitreppe errichtete Francesco Cerrotti im 18. Jh. Zum öffentlichen Platz gehören auch der Brunnen sowie der so genannte Petrone, ein Schandpfahl vor dem Palazzo delle Logge.

San Domenico

• Piazza Fossombrone. • Gegründet 1275, vollendet Anfang des 14. Jh., Vorhalle 20. Jh.

Laut Vasari ist die Dominikanerkirche eine Stiftung der Familie Tarlati. Die unvollendete Fassade ist nur von einem schmucklosen Rundfenster über dem romanischen Rundbogenportal durchbrochen, seitlich durch eine Glockenwand asymmetrisch erhöht. Das einschiffige Langhaus ist mit einem offenen Dachstuhl gedeckt und mündet in einer quadratischen Chorkapelle, die von flach geschlossenen Nebenkapellen flankiert ist. Alle Kapellen sind kreuzgratgewölbt. Die schlichte Architektur, die die Wölbung nur über den Altären einräumt, entspricht dem frühen Kirchenbau der Bettelorden in Italien. Die nur durch schmale Lanzettfenster durchbrochenen Langhauswände sind für die Ausmalung angelegt. Freskenreste mit Szenen aus Heiligenviten zeugen von der ehemaligen Schmuckwirkung der Malerei. An der Innenfassade sind die Viten der Apostel Jakobus und Philippus von dem heimischen Maler Spinello Aretino festgehalten. Sie entstanden um 1390 und sind dem so genannten weichen Stil der internationalen Gotik zugehörig. Die Kreuzigung stammt von Spinellos Sohn Parri (vor 1450). Das gut erhaltene Tafelkreuz in der Chorkapelle ist ein Frühwerk Cimabues. Das bedeutende Werk entstand ca. 1265 für den Vorgängerbau. Es zeigt den von Giunta Pisano perfektionierten Typus des *Christus patiens*, also den toten Gottessohn mit von Schmerz

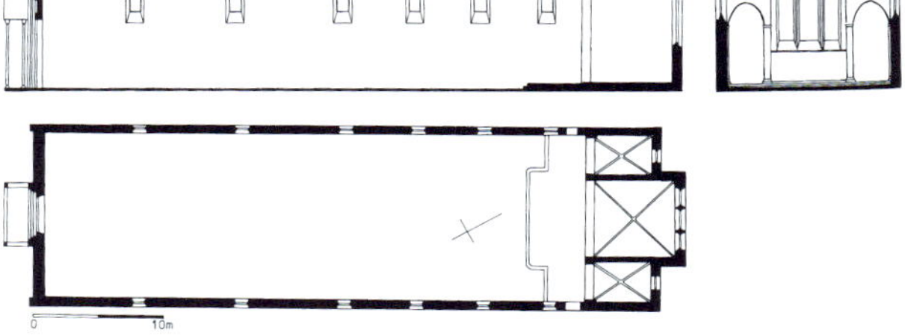

▶ *Arezzo: San Domenico, Schnitte und Grundriss.*

▲ *Arezzo: San Domenico, Innenraum nach Osten.*

▲ *Arezzo: San Domenico, Cimabue, Tafelkreuz.*

gezeichnetem Gesicht und herabgesunkenem Kopf. Die Körperbildung ist schematisiert, zeigt jedoch Ansätze einer Orientierung an der Natur, die Vasari dazu bewog, den Maler als Überwinder „der Sintflut der Übel, die im Mittelalter dem unglückseligen Italien alle Lebensluft geraubt hatte", darzustellen. Der entscheidende Schritt einer Loslösung vom abstrahierenden Schematismus hin zu einem plastisch wirkenden Körper, der bereits mehr hängt als steht, führte zur grundsätzlichen Erneuerung der abendländischen, an der Natur orientierten Kunst. Auch bei Maria und Johannes Evangelist, die halbfigurig an den Enden der Kreuzarme dargestellt sind, zeigt sich in den deutlichen Gefühlsregungen ein Auftakt zur neuen abendländischen Malerei.

Cortona (AR)

Die Gründung Curtun aus dem 7. Jh. v. Chr. entwickelte sich zu einer der bedeutendsten Städte der Etrusker. 89 v. Chr. wurde Cortona römisch, erlangte jedoch nicht die Geltung anderer toskanischer Römerstädte wie Lucca und Pisa. Ende des 12. Jh. wurde die Stadt autonom und es entwickelte sich die freie Kommune. 1258 fiel sie für drei Jahre unter die Herrschaft von Arezzo. 1325 wurde Cortona Bischofssitz und geriet unter die Herrschaft der Familie Casali, die bis 1409 regierte. Nach einem kurzen neapolitanischen Intervento übernahm Florenz die Regierung. Die Herrschaft der Medici demonstriert das Kastell über der Stadt.

Palazzo Comunale

• Piazza della Repubblica. • 1236 erwähnt, 1275 ausgebaut, im Trecento Erweiterung über die Straße. Im 16. Jh. erhöht, Freitreppe und Turm aus dem 16. Jh. Fassade im 19. Jh. egalisiert.

Die ursprünglich als Läden genutzten Erdgeschossarkaden, die Straßenarkade und die Portale über der Freitreppe gehören zum ursprünglichen Bau. Bezeichnend für einen so frühen Bau ist die asymmetrische Anordnung von Portalen und Fenstern. Erst im aufgestockten oberen Teil stehen die Fenster axial über den unteren Öffnungen. Im Inneren geht die Sala del Consiglio noch auf das 13. Jh. zurück.

Palazzo Pretorio

• Piazza Signorelli. • Errichtet im 13. Jh., Fassade 1613 von Filippo Berrettini.

Der Stadtpalast gehörte ursprünglich der Familie Casali, die bis ins frühe 15. Jh. regierte. Die strenge Barockfassade stammt von Berrettini, dem Cousin Pietro da Cortonas, der später die römische Barockarchitektur prägen sollte. Portale, Fenster und die Ecken der Fassade sind noch in der Tradition des 16. Jh. mit Rustikaquadern eingefasst. Über den drei Portalen liegt ein Mezzaningeschoss, die oberen Stockwerke sind durch kräftige Gesimse abgesetzt. Die Fenster sind zwar mit Segmentgiebeln verdacht, sitzen aber ohne Sockel direkt über den Gesimsen, was die ältere Struktur des Baus verrät. Die alte Substanz lässt sich noch an den Gebäudeflanken erkennen, wo die Wappen der Florentiner Statthalter angebracht sind, sowie im Innenhof. Der Palast ist Sitz des *Museo dell'Accademia etrusca*, das u. a. den etruskischen Bronzeleuchter von Cortona aus dem 5. Jh. v. Chr. birgt.

Santa Margherita

• Piazza S. Margherita. • Sanktuarium der heiligen Margareta di Laviano, Patronin von Cortona. • Errichtet 1856–1897, Campanile von 1650. • Architekten Enrico Presenti, Mariano Falcini und Giuseppe Castellucci.

Das Heiligtum in den kühlen neogotischen Formen des 19. Jh. ersetzt eine mittelalterliche Kirche, die Giovanni Pisano nach einer undokumentierten Tradition auf Wunsch der Margherita errichtet haben soll und von der nur die Fensterrose übernommen wurde. Das Grabmal der Stadtheiligen von Angelo und Francesco di Pietro stammt aus dem Jahr 1342 und ist in der Art der Grabmäler Tino di Camainos gestaltet. Der Sarkophag lagert auf Konsolen unter Dreipassnischen, vor denen auf Säulen eine Verkündigungsgruppe steht. Engel öffnen den Vorhang und geben den Blick frei auf die Liegefigur der Heiligen auf dem Sarkophag, der mit Reliefs der Taten und Wunder der Franziskanertertiarin und Mystikerin geschmückt ist. Trotz der deutlichen Bezüge zu den Werken Tinos zeigen die Bildhauer in der Architektur wie in der Verkündigungsgruppe eigene Schöpfungen.

Grosseto (GR)

Nach der Zerstörung des benachbarten etruskischen Roselle im 10. Jh. entwickelte sich Grosseto unter der Herrschaft der Familie Aldobrandeschi zum Verkehrsknotenpunkt an der Via Aurelia zwischen Rom und Pisa. 1138 wurde die Stadt zum Bischofssitz erhoben, 1225 geriet sie in die Abhängigkeit von Siena und 1336 übernahmen die Sienesen vollständig die Herrschaft. Zusammen mit Siena geriet Grosseto im 16. Jh. unter die Gewalt Cosimos I. Medici, der den Mauerring erneuern ließ. Aufgrund der Lage in den Sümpfen der Maremma wurde Grosseto häufig von Malariaepidemien heimgesucht. Erst die endgültige Trockenlegung im 19. Jh. ließ ein erneutes Anwachsen der Stadt zu.

Dom San Lorenzo

• Piazza del Duomo. • Errichtet 1294–ca. 1350, Campanile von 1402. Fassade 1840–1855. Innenraum im 19. Jh. überarbeitet. • Baumeister Sozzo di Rustichino und Agostino di Giovanni.

Bereits der erste Dombaumeister stammte aus Siena. Auch Agostino di Giovanni, der den Bau ab 1338 fortsetzte, kam aus der Sieneser Dombauhütte. Die Fassade wurde Mitte des 19. Jh. historisierend in romanischen und gotischen Formen errichtet. Integriert wurden die originalen, Sozzo di Rustichino zugeschriebenen Evangelistensymbole an den Strebepfeilern. Das neugotische Seitenportal stammt vom Ende des 19. Jh. von Cesare Maccari, der sich an der Skulptur Giovanni di Agostinos orientierte. Der Innenraum ist an den Sieneser Dom angelehnt, 1858 – 1865 von Fabio Nuti überarbeitet. Dabei wurden vor allem Barockisierungen entfernt. Vor der ursprünglichen Ausstattung sind hervorzuheben der Marmoraltar und das Taufbecken von Antonio Ghini und Werkstatt sowie die Glasmalereien von Benvenuto di Giovanni (alle 15. Jh.), ferner der Altar der Madonna delle Grazie von Matteo di Giovanni sowie das sienesische Tafelkreuz (ca. 1280 – 1290), das den Einfluss Duccio di Buoninsegnas zeigt.

San Francesco

• Piazza dell'Independenza. • Anfang des 13. Jh. als Benediktinerabtei gegründet, 1289 geweiht. 1903 restauriert.

1220 wurde die Gründung von den Franziskanern übernommen, da die Benediktiner sich aus dem Malariagebiet zurückzogen, und in den einfachen Formen der Bettelordensarchitektur fortgesetzt. Über dem schlichten, verdachten Portal öffnet sich ein Rundfenster, die Flanken sind von Spitzbogenfenstern durchbrochen. Der Innenraum der Saalkirche ist von einem offenen Dachstuhl gedeckt. Bedeutend ist das Tafelkreuz, welches als Frühwerk Duccios gilt, der in dieser Phase – um 1282 – noch unter dem Einfluss Cimabues stand. Auf den Älteren geht das Motiv des flatternden Lendenschurzes zurück, der sehr elegante Schwung des Körpers und die äußerst feinen Gesichtszüge aber verweisen auf den Begründer der Sienesischen Malerschule.

La Verna (AR)
Franziskanerkonvent

• 1214 von Franziskus als Einsiedelei gegründet, Cappella Santa Maria degli Angeli 1216 – 1218, um 1250 verlängert. In der Renaissance überarbeitet.

Der für den Orden untypisch einsam gelegene, als Eremitage gegründete Franziskanerkonvent wurde berühmt als Ort der Stigmatisierung des heiligen Franziskus und als Ort seines Abschieds von den Mitbrüdern. Franziskus soll selbst mit Hilfe des Grafen Orlando Cattani di Chiusi, der ihm den Berg geschenkt hatte, sowie mit einigen Mitbrüdern den Konvent erbaut haben. 1224 erschien dem Heiligen in einer Vision ein Seraph, der ihm die Wundmale Christi übertrug. Wappen an der Fassade der Kirche, darunter die Papst Eugens IV., der Kommune von Florenz und der Tuchhändlerzunft, unter deren Protektion der Konvent stand, bezeugen die hohe Verehrung des Ortes als Wallfahrtsstätte. Die einschiffige Kapelle ist gewölbt und wurde in der Renaissance überarbeitet. Der ältere, der Legende nach vom Heiligen selbst erbaute Teil ist um eine Stufe erhöht, der Grabstein erinnert an seinen Gehilfen Graf Orlando. Zur

▲ *La Verna: Abteikirche Santa Maria degli Angeli, Andrea della Robbia, Anbetung des Kindes.*

Ausstattung der Renaissance gehören die farbig glasierten Terrakotta-Altäre von Andrea della Robbia (um 1520). Von hoher Qualität ist die Darstellung der Himmelfahrt Mariens, ikonographisch interessant die Anbetung des Kindes mit den Heiligen Franziskus, Antonius von Padua und Bernardino von Siena, bei der die Franziskaner an die Stelle der Heiligen Drei Könige treten. Gemäß dem Titel der Kirche S. Maria degli Angeli (Maria der Engel) sind sie von Engeln umgeben. In der Predella erkennt man den Schmerzensmann, dessen Wundmale von Maria und dem Evangelisten Johannes sowie Heiligen verehrt werden.

Der Florentiner Bildhauer Luca della Robbia (1399 – 1482), einer der Begründer der Frührenaissance, übertrug um 1440 die von Fayencen abgeleitete Technik der glasierten Terrakotta-Arbeiten auf die Großplastik. Die weißen Figuren auf blauem Grund variierten in der Architekturplastik Marmorwerke, ohne diese vortäuschend ersetzen zu wollen. Sein Neffe Andrea della Robbia (1435 – 1525) entwickelte diese Kunst weiter, arbeitete mit mehrfarbigen Glasuren und schuf vor allem die großen Altarwerke, die auf Grund ihrer Kunstfertigkeit und ihres dekorativen Wertes so beliebt waren, dass Luca della Robbia sie in seinem Testament als „*ars superlucrativa*" (höchst einträgliche Kunst) bezeichnen konnte. Die ungezählten Terrakotten der Della-Robbia-Werkstatt in der Toskana bestätigen diese Bewertung.

Lucca (LU)
Anfiteatro Romano

• Piazza del Mercato. • Amphitheater der römischen Stadt. • 2. Jh. n. Chr.

Das römische Amphitheater wurde ähnlich dem Marcellustheater in Rom während des Mittelalters mit den für die Zeit charakteristischen schmalen Wohnhäusern in unterschiedlicher Höhe überbaut. In die antiken Gewölbe der Ränge wurden Läden eingebaut. In den 30er Jahren des 19. Jh. entfernte der Archäologe Lorenzo Nottolini im Auftrag der Herzogin Marie-Louise von Bourbon-Parma die innere Bebauung des Platzes, so dass die elliptische Struktur mit den vier nach den Himmelrichtungen ausgerichteten Eingängen der antiken Anlage wieder zu erkennen ist. Am Nordportal ist noch das antike Quadermauerwerk sichtbar.

Case dei Guinigi

• Via Guinigi. • Mittelalterliche Familienpaläste und Türme. • Zweite Hälfte des 14. Jh.

Die suggestive Gebäudegruppe gehörte der Kaufmannsfamilie Guinigi, der auch der spätere Signore von Lucca, Paolo Guinigi, entstammte. Sie besteht aus mehreren Häusern, Palästen und Geschlechtertürmen, deren Ziegelfassaden z. T. noch von spitzbogigen Tri- und Quadriforienfenstern mit eingestellten Marmorsäulchen durchbrochen sind. Über einem der Paläste erhebt sich die Torre Guinigi aus dem späten 14. Jh., ein hoher Geschlechterturm aus Backstein, auf dem Steineichen wachsen. Der elegante Turm mit seinem Bewuchs wurde zum Wahrzeichen der Stadt. Die vermauerte Loggia dei Guinigi an der Via S. Andrea war gesellschaftlicher Mittelpunkt und Ort von Empfängen und Festen.

In der Via Sant'Andrea steht ferner der sehenswerte Palazzo Gentili-Franciotti, dessen reiches Portal das Familienwappen ziert. An der Piazza San Michele hat sich der prachtvolle Palazzo dei Ghivanizzi mit reichen Biforien und Triforienfenstern in den Obergeschossen erhalten, die von den typischen Marmorsäulchen unterteilt sind. Beide Paläste sind Zeugnisse der Luccheser Profanbaukunst des 14. Jh.

San Francesco

• Piazza San Francesco. • Begonnen 1228, im 14. Jh. erneuert, im 17. Jh. überarbeitet. Restauriert.

Die durch weite Blendbögen neben dem Portal dreiachsig gegliederte, zweifarbig inkrustrierte Fassade ist im oberen Teil mit dem Rosenfenster erneuert. Seitlich des Gewändeportals sind zwei Ädikulengrabmäler eingelassen, von denen eines aus dem Jahr 1249 datiert ist. Der Boden des Kirchenschiffes ist mit Grabplatten bedeckt. Auch Wandgräber aus dem 14. – 16. Jh. zeugen vom Privileg der Franziskaner, Bürgerliche innerhalb der Stadtmauern beizusetzen. Das Presbyterium ist mit einem intarsierten Chorgestühl und einem Lesepult von Leonardo Marti aus der Mitte des 15. Jh. ausgestattet. Im kleinen Kreuzgang befindet sich ein Fresko Deodato Orlandis von 1274, das die Madonna mit Kind und den knienden heiligen Franziskus mit Bonaventura, seinem Biografen, zeigt.

Villa Guinigi mit Museo nazionale

• Via della Quarquonia. • Bedeutender Villenbau des frühen 15. Jh. • Errichtet 1413 – 1420. • Museum für Skulptur, Malerei und Kunstgewerbe von der Antike bis zum 18. Jh. Bedeutende Tafelkreuze.

Paolo Guinigi, ein vermögender Seidenhändler, der Lucca von 1400 – 1430 regierte, errichtete die Villa außerhalb der mittelalterlichen Stadtmauer. Sie ist eine der ältesten Villen Italiens. Der Backsteinbau öffnet sich in der Mitte mit einer achtachsigen, von Pfeilern getragenen Loggia, die zur Hofseite wiederholt wird. Sonst ist das Untergeschoss nur von kleinen Rechteckfenstern geöffnet. Das durchlichtete Obergeschoss ist hingegen von Triforienfenstern mit 20 Öffnungen, die die Mauerfläche auf Pfeilerstärke beschränken, durchbrochen. Die steilen Dreipässe über schlanken Marmorsäulchen sind von Blendbögen überfangen. Die Größe der Villa Guinigi entspricht dem Verlangen der Städter nach Weitläufigkeit, der Raumnot in den von Mauern umgebenen Zentren antwortet die Ausdehnung des Landsitzes. Mit der Dimension und Ausstattung des Baus demonstrierte Guinigi seinen Reichtum und den Hang zum Luxus. Die Villa ist als große und elegante Anlage vor der Stadt bedeutend für die Gattung, in ihren Formen aber im Unterschied zu den Medici-Villen nicht richtungweisend.

Im Museum befindet sich ein Tafelkreuz aus dem 12. Jh., das eng verwandt mit dem aus San Michele ist und den *Christus triumphans*, also den Lebenden, wiedergibt. Ein weiteres Kreuz dieses frühen Typus befindet sich in der Kirche S. Giulia. Die frühen Tafelkreuze des Luccheser Typus stehen in einem stilistischen Zusammenhang mit dem Kreuz aus dem Dom von Sarzana an der ligurischen Küste, das von einem Meister Guilielmus signiert und 1138 datiert ist.

Berlinghiero Berlinghieri signierte sein Tafelkreuz BERLINGIERI ME PINXIT (Berlinghieri hat mich gemalt). Seitlich des Kreuzstammes stehen

▲ *Lucca: Villa Guinigi, Berlinghiero Berlinghieri, Tafelkreuz.*

Johannes und Maria, auf den Kreuzarmen erscheinen die Evangelistensymbole. Das Patrozinium von S. Maria degli Angeli, dem Bestimmungsort des Kreuzes, erklärt, warum am oberen Balkenende noch einmal die Gottesmutter mit den Engeln erscheint. Das Werk entstand um 1235 und ist von einem strengen, feierlichen Byzantinismus geprägt. Dargestellt ist der *Christus triumphans*, der über den Tod triumphierende, lebende Christus. Ganz schematisiert und lebensfern erscheint er aufrecht vor dem Kreuz, der übergroße Kopf ist zentriert und leicht geneigt. Nur die in Kreuzform im Nimbus eingelassenen Bergkristalle gemahnen an die Passion. Berlinghiero Berlinghieri stammte aus Mailand (nachweisbar seit 1228, † 1242) und war wie sein Sohn Bonaventura (nachweisbar ab 1235, † 1274) ein äußerst einflussreicher Maler des toskanischen Mittelalters. Dem Stil des Vaters folgt in Lucca auch das Mosaik Himmelfahrt Christi von San Frediano um 1230. In den Werken der Berlinghieri erfährt der lebende Christus seine größte Ausdruckskraft, die Kruzifixe sind feierliche, heilige Symbole der Passion im Kirchengebäude. Das Tafelkreuz von Deodato Orlandi aus dem Konvent von San Cerbone ist 1288 datiert. Es zeigt den elaborierten Typus des *Christus patiens*, also des toten Christus, mit ausschwingendem Körper, dem Triumphator am oberen Kreuzbalken, Maria und Christus an den Kreuzarmen. Des weiteren sind zwei Gemälde des Dominikaners Fra Bartolommeo hervorzuheben: Gottvater mit Maria und Katharina von Siena und die Madonna della Misericordia aus der Hochrenaissance. Vom lokalen Meister Matteo Civitali beherbergt das Museum eine Verkündigung, Maria mit Kind sowie das Ecce Homo, die Zurschaustellung des gemarterten Christus.

Massa (MA)

Der im Jahre 882 erstmals erwähnte Ort unterstand im 10. Jh. den Bischöfen des benachbarten Luni. Nach wechselnden Regierungen gelangte die Stadt 1442 zusammen mit Carrara in den Besitz der Markgrafen Malaspina, später der Cybo Malaspina. Ähnlich Lucca konnte Massa bis ins 18. Jh. seine Unabhängigkeit verteidigen. 1796 eroberten die Franzosen die Stadt und stellten sie unter die Herrschaft Luccas, das von Napoleons Schwester Luisa regiert wurde. 1860 schloss sich Massa dem Königreich Sardinien-Piemont an. Die eindrucksvolle Festung des Castello Malaspina geht auf das 11. Jh. zurück, die heutige Anlage stammt weitgehend aus dem 13. und 14. Jh. und wurde im 15. und 16. Jh. zur Residenz der Malaspina ausgebaut.

Massa Marittima (GR)
Palazzo Comunale

• Piazza Garibaldi. • Errichtet im 13. und 14. Jh., Kernbau 1344. • Baumeister Stefano di Meo, Gualtiero di Sozzo.

Der älteste Teil ist der um 1250 errichtete Turm des Bargello, einst ein Wehrturm der Grafen von Biserno, der unter der Kommune als Gefängnis (ital. *bargello* = Polizeihauptmann) genutzt wurde. Die Regierung erwarb den daneben gelegenen Palast vom Ende des 13. Jh. und verband 1344 die Bauten durch einen Mitteltrakt, den Sieneser Baumeister errichteten. Im 19. Jh. wurde das Ensemble komplett überarbeitet, die hier anachronistisch rundbogigen „romanischen" Biforienfenster wurden rekonstruiert und das Obergeschoss mit den Zinnen hinzugefügt. Nach der Einigung Italiens wurden aus Nationalstolz die Einrichtungen der freien Kommunen vielfach historisierend restauriert, um einen Bezug zu den mittelalterlichen Bürgerfreiheiten herzustellen.

Sant'Agostino (San Pietro all'Orto)

• Piazza Ettore Socci. • Errichtet 1299 – 1348. Campanile 1627. • Baumeister Stefano di Meo.

An der schlichten Travertinfassade öffnet sich ein Rosenfenster über dem Portal, die Flanken sind von Spitzbogenfenstern durchbrochen. Aufwändiger ist der polygonale gotische Chor, der von Stefano di Meo und weiteren Sieneser Baumeistern nach Plänen des Sieneser Dombaumeisters Domenico di Agostino errichtet wurde. Der mit Zinnen bekrönte Glockenturm wurde auf einer Bastion der Stadtmauer errichtet. Im einschiffigen Langhaus spannen sich spitzbogige Schwibbögen unter dem offenen Dachstuhl. Die Ausstattung stammt weitgehend aus dem 16. Jh.

Pescia (PS)

Die kleine Ortschaft wurde Ende des 12. Jh. freie Kommune, geriet jedoch bald in die Abhängigkeit der Luccheser, die sie 1281 nach einem Aufstand zerstörten. Nach dem Wiederaufbau kam Pescia 1339 unter die Herrschaft von Florenz und verteidigte sich im 15. Jh. gegen die Übergriffe von Mailand und Venedig. Unter den Medici-Herzögen wuchs die Bedeutung der Stadt, die 1699 die Stadtrechte erwarb und 1726 zum Bischofssitz erhoben wurde.

San Francesco

• Via Battisti. • Begonnen 1298, im 16. Jh. erhöht, im 17. Jh. überarbeitet. Restauriert.

Die schlichte gotische Saalkirche mit offenem Dachstuhl und gewölbtem, flach geschlossenem Chor wurde vom Franziskanerorden als Grablege der Kaufleute von Pescia errichtet. Sie birgt eine kostbare Franziskus-Tafel von Bonaventura Berlinghieri. Die mittelalterlichen Darstellungen des hochverehrten, aufgrund seiner Christus-Ähnlichkeit charismatischen Heiligen werden zahlenmäßig nur von Christus- und Marienbildern übertroffen. Die großen Tafeln wurden an Festtagen des Heiligen gezeigt. Bonaventuras Bild, zu Füßen des Heiligen signiert und 1235 datiert, ist eine der frühesten Dokumentationen des Kultes um den sieben Jahre zuvor kanonisierten Franziskus. Der Heilige ist in ikonenhafter Frontalität gezeigt, er präsentiert die Stigmata, deren Empfang ihn Christus so nahe brachte. Trotz aller Typenhaftigkeit gelten diese frühen Tafeln als authentische Wiedergabe (*vera icon*) des erst neun Jahre zuvor verstorbenen Heiligen, denn das Bild des mageren *poverello* mit den asketischen Gesichtszügen folgt den zeitgenössischen Beschreibungen. Neben den Wundertaten, die die Christus-Ähnlichkeit hervorheben, sind mit der Stigmatisierung und der Vogelpredigt erstmals Szenen einer genuinen Franziskus-Ikonographie gezeigt.

▲ *Pescia: San Francesco, Bonaventura Berlinghieri, Franziskustafel.*

Die Cappella Orlandi-Cardini wurde im Quattrocento von Andrea Cavalcanti errichtet. Wie sein Adoptivvater Filippo Brunelleschi übertrug er den Kanon antiker Bauformen wie Säulen, Rundbogen und Ornamentik auf den christlichen Sakralraum. Die Kapelle ist mit einem zeitgleichen Holzkruzifix und Fresken von Neri di Bicci und Giovanni Martinelli ausgestattet und bildet ein reizvolles, gattungsübergreifendes Ensemble der Kunst der Frührenaissance.

Pisa (PI)
Camposanto

• Einzigartige Friedhofsanlage in der Toskana. • Begonnen 1278, Ende des 14. Jh. vollendet, Kapelle von 1594. Dächer 1944 von Brandbomben getroffen. Restauriert. • Baumeister Giovanni di Simone, Lupo di Francesco.

Im Auftrag Bischof Ugolino de' Lanfranchis landeten Pisaner Kreuzfahrer 1203 Erde von Golgatha für einen Friedhof an, die dem Camposanto (Heiliges Feld) den Namen gab. Für die noble Grabstätte plante der Dombaumeister Giovanni di Simone einen würdigen Rahmen in Form der eleganten Vierflügelanlage. Nach der verheerenden Niederlage von Meloria konnten die Arbeiten erst Anfang des 14. Jh. unter dem Dombaumeister Lupo di Francesco fortgesetzt werden, auf den die definitive Gestaltung zurückzuführen ist. Die äußere Gliederung nimmt die Blendarkaden von den Sakralbauten des Campo dei Miracoli auf, wird jedoch flacher und leichter, statt der Halbsäulen tragen schlanke Pilaster die Bögen. Das spätgotische Tabernakel über dem Hauptportal, vermutlich aus der Schule Nino Pisanos, birgt die Figuren von Madonna mit Heiligen sowie dem Stifter. Der Innenhof ist von weiten, spätgotischen Maßwerkarkaden umstellt, eine Ergänzung ist die Cappella del Pozzo, errichtet unter Bischof del Pozzo im Jahre 1594.

Die Böden der Umgänge sind mit Grabplatten gepflastert, Wandgrabmäler und wieder verwendete antike Sarkophage säumen die Mauern. Im Phädra-Sarkophag aus dem 2. Jh. n. Chr. wurde Beatrice von Lothringen, die Mutter der Markgräfin Mathilde von Canossa, beigesetzt. Vor der Errichtung des Camposanto war der Sarkophag neben der Porta Ranieri des Domes vermauert. Die Reliefs zeigen die Liebestragödie von Phädra, der Ehefrau des Theseus, und ihres Schwiegersohnes Hippolytos. Die Gestalt der Matrone Phädra regte Nicola Pisano zu seiner Marienfigur der Baptisteriumskanzel an, die heroische Figur des nackten Hippolytos inspirierte ihn zu seinem Herkules (Fortitudo). Der Meleager-Sarkophag (um 235) und der Viktorien-Sarkophag (ca. 200 n. Chr.) inspirierten die Künstler der Frührenaissance, die schlanke, jugendliche Gestalten nach ihrem Vorbild schufen. Der Musen-Sarkophag aus der Mitte des 3. Jh. imponiert durch seine Maße.

An den Wandmalereien des 14. und 15. Jh., die ursprünglich die gesamten Wände des Umgangs be-

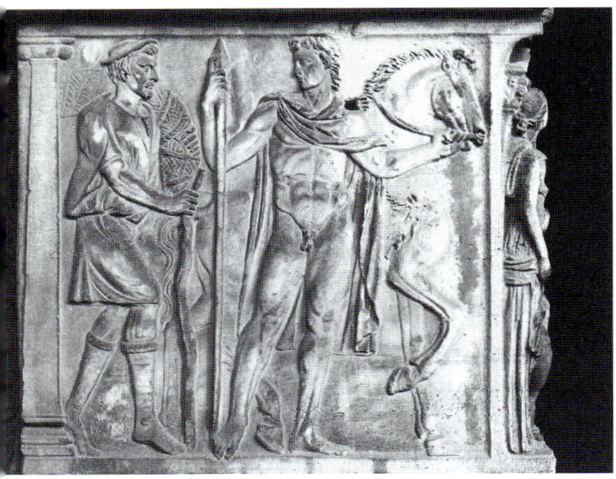

◄ *Pisa: Camposanto, Phädra-Sarkophag, Schmalseite mit Darstellung des Hippolytos.*

▲ *Pisa: Camposanto.*

deckten, richteten die 1944 einschlagenden Bomben irreparable Schäden an. Durch den ausgelösten Brand schmolzen die Bleiplatten des Daches, das flüssige Blei lief über die Wandmalereien und zerstörte sie, u. a. wurde ein alttestamentlicher Zyklus des Benozzi Gozzoli vernichtet. Die noch lesbaren Fresken wurden abgelöst, auf Zementplatten aufgezogen und an ihren ursprünglichen Platz montiert. Man erkennt u. a. die Jakobsgeschichte von Taddeo Gaddi (ca. 1342) und die theologische Cosmographie von Piero di Puccio von 1390, eine Darstellung der von Christus umfangenen Sphären der Planeten und der himmlischen Hierarchien mit der Erde im Zentrum. Sie leitet einen noch lesbaren Zyklus der Genesis ein. Relativ gut erhalten blieb der Triumph des Todes von Buonamico Buffalmacco, der in einem Nebenraum des Nordflügels geschützt untergebracht ist. Die drei Fresken wurden nach Notizen Lorenzo Ghibertis als Werk Buonamicos aus Florenz erkannt und vor die Pest von 1348 datiert. Nicht die Seuche war Auslöser der Thematik, wie ursprünglich vermutet, sondern der moralische Appell von Seiten der Geistlichkeit vor dem Hintergrund des wirtschaftlichen Niederganges der Stadt nach der Schlacht von Meloria. Das Programm beginnt mit der Begegnung der drei Lebenden und der drei Toten, bei der eine noble Jagdgesellschaft auf Särge dreier bereits verwesender Machthaber stößt. Entsetzt nehmen die jugendlichen Reiter die Endlichkeit des Lebens und die Grenzen der Macht wahr, während der Eremit Makarius auf die Vergänglichkeit des Menschen verweist. Es folgt der eigentliche Triumph des Todes, dessen Titel nach den „trionfi" des Petrarca formuliert ist. Es handelt sich nicht

▲ *Pisa: Camposanto, Buonamico Buffalmacco, Triumph des Todes, Das Jüngste Gericht.*

um ein christliches Thema, denn schon nach Horaz kommt die Todesgöttin mit dunklen Flügeln und Proserpina ist die blonde Herrin der Unterwelt. Sie nimmt nicht die Kranken und Elenden mit, sondern bedroht eine höfische Gesellschaft. Engel und Teufel streiten um die nackten Seelen der Verstorbenen. Beim angrenzenden Weltgericht sitzt die Fürbitterin Maria neben ihrem richtenden Sohn. Es schließen sich die Höllenkreise an, in denen die Frevler der sieben Todsünden drakonische Strafen erwarten. Die Anachoreten (Einsiedler) in der Wüste Thebais hingegen führen ein gottgefälliges Leben fern den Versuchungen der Stadt und müssen Tod und Gericht nicht fürchten. Die Fresken zeugen trotz der endzeitlichen Thematik von Lebensfreude und Humor, wenn auch nicht von höchstem malerischem Können.

Museo delle Sinopie

• Piazza del Duomo. • Museum für die Reste und Vorzeichnungen der Fresken des Camposanto.

Nach dem Brand von 1944 wurden die Reste der Fresken vom Camposanto abgenommen und die Sinopien freigelegt. Die Sinopie ist die meist rötliche Vorzeichnung von Fresken auf dem Rauputz (*arriccio*), die die Gesamtkomposition im Verhältnis 1:1 vor dem Auftragen des Feinputzes (*intonaco*), der die Pigmente tragen soll, auf der Wand festlegt. Der Name stammt von der Stadt Sinope am Schwarzen Meer, aus der die roten Pigmente (dt. Zinnober) nach Europa importiert wurden. Da die Malschicht vielfach völlig zerstört war, sind die Zeichnungen das einzige Relikt der Fresken bedeutender toskanischer Künstler von Andrea Buonaiuti bis zu Benozzo Gozzoli, die im Camposanto gearbeitet hatten. Die Spontaneität der Monumentalzeichnungen und ihre skizzenhafte Linienführung waren zum Zeitpunkt der Entdeckungen der Sinopien für die Mittelalterforschung überraschend. Zudem gestatten die Zeichnungen einen Blick auf den Entwurfsprozess und die Arbeitsweise der Künstler.

Palazzo Gambacorti

• Lungarno Cambacorti. • Errichtet im 14. Jh. Restauriert. Fassade zur Via Toselli 17. Jh. • Exemplarischer Pisaner Patrizierpalast, heute Rathaus.

▲ *Pisa: Palazzo Gambacorti.*

Der Palast hat eine sehr elegante dreigeschossige Fassade mit hohen Biforien in den oberen Stockwerken. Die Dreipassbögen ruhen auf schlanken Marmorsäulchen, der Zwickel ist von einem Vielpass durchbrochen. Die Leichtigkeit und Präzision dieser Architektur zeichnet die Pisaner Gotik aus, wie sie sich z.B. auch an der Fassade von Santa Caterina und im Camposanto zeigt.

Santa Caterina

• Via S. Caterina. • Dominikanerkirche. • Errichtet 1251 – 1327, Fassade ca. 1320. • Campanile Giovanni di Simone zugeschrieben.

▲ *Pisa: Santa Caterina, Fensterrose.*

Der für den Bettelorden in der Altstadt errichtete Bau ist eine Staffelhalle mit offenem Dachstuhl. An der Blendfassade lässt sich wieder der Übergang von der Romanik zur Gotik ablesen. Die polychrome Inkrustation ist im Untergeschoss mit den für die Pisa-Luccheser Romanik charakteristischen Blendarkaden versehen, im Obergeschoss sind die Galerien in gotischem Stil steiler proportioniert und mit spitzbogigen Dreipässen versehen. Im Zentrum des Giebels öffnet sich eine reich verzierte, überarbeitete Fensterrose, die mit ihrem quadratischen Rahmen mit den antikisierten Büsten von Propheten und Aposteln typisch für die italienische Gotik ist. Das restliche Bauwerk ist gemäß dem Armutsgebot des Ordens aus Ziegel errichtet. Der elegante Campanile wird Giovanni di Simone, dem maßgeblichen Baumeister des Schiefen Turms, zugeschrieben. Er öffnet sich in Biforien und Triforien mit eingestellten Marmorsäulchen und ist mit in der Toskana eher seltenen Majoliken geschmückt.

Im Innenraum befindet sich der Francesco Traini zugeschriebene Altar des Thomas von Aquin (ca. 1360). Das Tafelbild zeigt den bedeutendsten Gelehrten des Ordens, der die aristotelische Philosophie mit der christlichen Theologie vereinte, als Triumphator über den arabischen Aristoteles-Kommentator Averroes. Die Auseinandersetzung des Aquinaten mit dem orientalischen Wissenschaftler auf dem Gebiet der griechischen Philosophie setzte einen Markstein mittelalterlicher Gelehrsamkeit und die „Summa theologiae“ wurde das wichtigste philosophische Buch der Zeit. Von Nino Pisano und seinem Bruder Tommaso stammt das Wandgrabmal des Erzbischofs Simone Santarelli

▲ *Pisa: Santa Caterina, Nino und Tommaso Pisano, Santarelli-Grabmal*

(† 1342), das nach einem Brand im Jahre 1650 in seinen Ausmaßen erheblich reduziert ist. Es ist den Arbeiten von Tino di Camaino verwandt. Neu sind die stämmigen, gedrehten Säulchen vor der Liegefigur, die das Motiv des geöffneten Vorhangs, der den Blick auf den Verstorbenen freigibt, variieren. Sie erzeugen einen originellen Hell-Dunkel-Effekt. Darunter sind drei Szenen aus dem Leben des Erzbischofs festgehalten. Von Nino Pisano stammt auch die Verkündigungsgruppe am Eingang der Chorkapelle.

Santa Maria della Spina

• Lungarno Gambacorti. • Errichtet 1323 – 1360, 1871 rekonstruiert. • Architekt Lupo di Francesco. • Ehemaliges Oratorium.

Die Kirche entstand an der Stelle eines Fischeroratoriums, in dem die Reliquie eines Dorns (*spina*) aus der Krone Christi verehrt wurde. Sie ist ein Werk des Dombaumeisters Lupo di Francesco und ganz mit polychromem Marmor inkrustriert und überreich verziert. Ungewöhnlich ist die zweiachsige Fassade, deren beider Dreiecksgiebel von Rosen durchbrochen sind, die Flanken sind von weiten, vierbahnigen Drei-

▲ *Pisa: Santa Maria della Spina.*

passfenstern geöffnet. Der Baukörper ist mit zahlreichen Tabernakeln sowie Statuengalerien, darüber Wimpergen mit Krabben und Fialen im Stil der Pisaner Spätgotik überzogen. Trotz des Widerstandes des Florentiner Architekten Giuseppe Martelli wurde das durch Wassereinbrüche und die Überschwemmung des Arno von 1869 baufällig gewordene Gebäude nicht saniert, sondern 1871 abgebrochen und fast völlig erneuert. Der englische Kunsttheoretiker John Ruskin klagte die Maßnahme heftig an. Das als „Juwel Pisaner Gotik" gefeierte Oratorium steht somit nicht mehr an seinem originalen Standort unmittelbar am Ufer des Arno, ist in den Proportionen verändert, seiner tragenden Konstruktion beraubt und in seiner Funktion verändert, denn es bewahrt auch nicht mehr die Reliquie auf. Die Marmorinkrustation stimmt weitgehend nicht mehr mit dem Original überein, auch die Skulpturen aus den Werkstätten von Giovanni und Nino Pisano sind vielfach restauriert oder durch Kopien ersetzt. Somit ist der gefällig schöne Bau eine Neuinterpretation einer mittelalterlichen Kirche, die sich ästhetisch nach den Kriterien des 19. Jh. präsentiert, völlig stilrein und homogen in Farben sowie Materialien.

Pistoia (PT)
Baptisterium San Giovanni in Conca

• Piazza del Duomo. • Errichtet 1338–1359. • Architekt Cellino di Nese nach Entwürfen Andrea Pisanos.

Der oktogonale Zentralbau mit Kuppel ist ganz mit einer gleichmäßig gebänderten Marmorinkrustation eingefasst. Das Portal ist mit einem altertümlich rundbogigen Tympanon mit Archivolten, die auf einem Gewände mit prächtigen Kapitellen ruhen, versehen. Diese Formen richten sich nach dem gegenüberliegenden Dom. Die Statue von Maria mit Kind in der Lünette wird Nino und Tommaso Pisano, den Söhnen Andrea Pisanos zugeschrieben, die flankierenden Figuren des Kirchenpatrons Johannes' des Täufers und des Petrus sind Werkstattarbeiten. Auf dem Architrav sind ferner Szenen aus dem Leben Johannes' des Täufers dargestellt. Neben dem Portal befindet sich eine elegante Außenkanzel unter einem spitzbogigen Dreipass. Sie ist auf den Platz ausgerichtet, auf dem sich an Feiertagen und zu besonderen Gelegenheiten, etwa dem Besuch eines Predigers, eine Menschenmenge versammeln konnte. Zeitgemäße gotische Formen zeigen sich auch im Wimperg mit Fensterrose über dem Portal sowie in der abschließenden Blendgalerie, die mit Dreipassbögen, Krabben und Fialen das zeitgenössische Dekorationsrepertoire aufnimmt. Der Innenraum ist puristisch restauriert und sehr nüchtern. Original aus dem 14. Jh. ist noch das Taufbecken, das aus Marmorkassetten, die vielleicht aus dem alten Dom stammen, zusammengesetzt ist. Ein weiteres Becken aus mehrfarbigem Marmor stammt aus einem Vorgängerbau, signiert von Lanfranco da Como und datiert 1226.

Palazzo del Comune mit Museo civico

• Piazza del Duomo. • Begonnen 1294, 1348 und 1385 erweitert. 1637 Bogen zum Dom. • Baumeister 1348 – 1353 Michele di Memmo.

Begonnen wurde der Stadtpalast unter dem Florentiner Podestà Giano della Bella, die lange Bauzeit ergab sich durch den Wechsel von guelfischer und ghibellinischer Herrschaft sowie den Intervento des Alleinherrschers Castruccio Castracane. Der Bau wirkt durch die massige, doch harmonisch proportionierte Sandsteinfassade mit den fünf gleichmäßig verteilten Arkaden- und Fensterachsen. Über den schmucklosen Arkaden des Portikus durchbrechen sehr elegant geschwungene Bi- und Triforienfenster die Fassade. Die schlanken Formen sind sienesisch und daher dem Sieneser Baumeister Michele di Memmo zuzuschreiben. Links vom Mittelfenster erinnert ein schwarzer Marmorkopf an Mugahîd, den Herrscher von Mallorca, der 1114 von dem Pisaner Grandone de' Ghislieri besiegt wurde, dessen Streitkolben über ihm aufgehängt ist. Die Ehrung des Pisaners bekräftigte die ghibellinische Allianz. Die Macht der Medici in Pistoia während des 16. Jh. wird durch das Wappen des Medici-Papstes Leo X. unter der Tiara im Zentrum der Fassade sowie die Wap-

▲ *Pistoia: Palazzo del Comune.*

pen zu Ehren Clemens' VII. an den Ecken des Gebäudes demonstriert. Heute dient der Palast als Sitz des Museo civico.

Südlich der Domfassade schließt der Bischofspalast aus dem 14. Jh. an. Die altertümlich rundbogigen Biforien des Obergeschosses stehen nicht axial über den Arkaden, die gesamte Architektur ist niedriger, schlichter und weniger monumental als die der kommunalen Bauten. Mit dem Palazzo del Capitano del Popolo in der nahe gelegenen Via Roma, einem erweiterten Wohnturm aus dem 13. Jh., haben sich im Zentrum von Pistoia die historischen Bauten der Regenten komplett erhalten.

Palazzo del Podestà oder Palazzo Pretorio

• Piazza del Duomo. • Errichtet 1367 – 1389. Im 19. Jh. restauriert und seitlich erweitert. • Ehemals Justizpalast, heute Sitz des Amtsgerichts.

Der feierliche Palast des obersten Richters an der *platea communis* wurde 1367 von den Stadträten genehmigt. Die strenge Fassade ist von zwei Biforienordnungen durchbrochen und mit den Wappen der Richter bedeckt. Im Innenhof zeugt die 1507 restaurierte Richterbank mit vorgestelltem Tisch und seitlicher Anklagebank von der ursprünglichen Funktion des Baus. Die Inschrift preist den Ort als Gesetzeshüter. Das dem heimischen Maler Antonio Vite zugeschriebene Fresko des ungläubigen Thomas aus dem 14. Jh. über der Richterbank widerspiegelt ebenfalls die Funktion des Ortes, Zweifler an der Schuld oder Unschuld des Angeklagten zu überzeugen. Die übrigen Fresken mit den Wappen der Podestà und anderer Beamter stammen aus dem 19. Jh. Die Lage des Palastes des höchsten städtischen Beamten in unmittelbarer Nähe des Domes ist charakteristisch für die Selbstbehauptung der kommunalen Regierungen gegenüber den Bischöfen, die sich in repräsentativen Profanbauten ausdrückte.

Sant'Antonio dei Frati del Tau

• Piazza Garibaldi. • Antoniterordenskirche. • Errichtet ca. 1340. • Baumeister Fra Giovanni Guidotti.

Ein Ordensbruder errichtete die schlichte Saalkirche der *frati del Tau*, benannt nach dem T-förmigen Stab des heiligen Antonius, die im 18. Jh. säkularisiert und nach ihrer Restaurierung zum Museum umfunktioniert wurde. Sie birgt eine reiche Freskendekoration von 1372, die dem Florentiner Niccolò di Tommaso aus dem Umkreis des Nardo di Cione sowie Antonio Vite aus Pistoia zugeschrieben wird. Neben Szenen des Alten Testaments und der Glorie des Paradieses erkennt man das Marienleben und die Geschichte der im nahe gelegenen Prato aufbewahrten Reliquie des heiligen Gürtels Mariens sowie die Vita des Antonius Abbas, des Begründers des Mönchswesens.

San Francesco

• Piazza San Francesco d'Assisi. • Begonnen 1294, fertiggestellt Ende des 15. Jh. • Vielfache Veränderungen. Fassade von 1717. 1930 restauriert.

▲ *Pistoia: San Francesco, Puccio Capanna, Traum Innozenz' III.*

Die mit weißen und grünen Marmorbändern inkrustierte Fassade greift im Zuge eines Historismus des 18. Jh. den Stil mittelalterlicher toskanischer Kirchenfassaden auf. Der kreuzförmige Innenraum besteht aus einem einschiffigen Langhaus mit offenem Dachstuhl und einem Querhaus mit fünf gewölbten Kapellen. Die Fresken der Chorkapelle werden dem Giottoschüler Puccio Capanna aus Florenz zugeschrieben und richten sich weitgehend nach den Fresken der Oberkirche von San Francesco in Assisi, die für die Ausstattung der Franziskanerkirchen richtungweisend waren. Sie stammen aus der ersten Hälfte des 14. Jh. Eine Schlüsselszene zeigt den Traum Papst Innozenz' III., der Heilige stütze die einstürzende Kirche des Lateran, woraufhin der Papst die Ordensregel der Franziskaner bestätigte. Die Fresken der übrigen Kapellen stammen von Pistoieser Künstlern aus dem 14. Jh., und an der Stirnwand des westlichen Querhauses erscheint das monumentale Kruzifix eines Pistoieser Malers (ca. 1330). Altäre aus dem 16. und 17. Jh. sind im Langhaus über die ältere Freskomalerei gesetzt. Insgesamt ist San Francesco ein typisches Beispiel für eine italienische „Bilderkirche" des 14. Jh. An Grabmälern ist das des Gimignano Inghirami von Bernardo Rossellino (ca. 1460) zu erwähnen sowie das des bekannten Prateser Kaufmanns Francesco Datini von Niccolò Lamberti (1411). Wie in den anderen Städten bezeugen diese Grabmäler die privilegierte Stellung von Franziskanerkirchen als bürgerliche Grablegen.

Poppi (AR)
Palazzo Pretorio

• 1274 auf älteren Teilen errichtet, ab 1291 erweitert. Restauriert. • Ehemaliges Kastell der Grafen Guidi.

Ein Turm trennt die zwei ungleichen Hälften des zinnenbekrönten Palastes. Der rechte Teil mit nur einem Biforiengeschoss ist der ältere. Der repräsentativere linke Trakt mit zwei Obergeschossen stammt angeblich von Arnolfo di Cambio, dem Florentiner Dombaumeister. Nach der Vertreibung der Guidi wurde der Palast Sitz der Florentiner Regierung. Der Innenhof ist von Holzgalerien umgeben. Dort befinden sich die Wappen der Statthalter, die ab 1440 regierten. Im Inneren sind Ausmalungen aus dem 14. Jh. zu besichtigen. Poppi ist seit 1169 als Sitz der Grafen Guidi bekannt, die 1440 nach dem Sieg der Florentiner ins Exil gehen mussten. Der Ort blieb unter der Herrschaft der Florentiner.

Prato (FI)

Die Stadt leitet ihren Namen von einer Marktwiese (ital. *prato* = Wiese) ab, die zwischen der mittelalterlichen Festung der Familie Alberti und der Siedlung lag. Nach dem Tod der Markgräfin Mathilde im Jahre 1115 wurde Prato eine freie Kommune, bis 1197 von Konsuln, anschließend von einem Podestà und ab 1240 vom Capitano del Popolo regiert. Stoffe und Goldschmiedearbeiten wurden während dieser Zeit zu den Grundlagen von Pratos Reichtum und Bedeutung. Ab 1248 war die Stadt eine staufische Station auf dem Weg nach Apulien, wo Friedrich II. sich aufhielt. Nach dem Untergang der Staufer regierten ab 1267 die Guelfen. Im Jahre 1313 stellte sich Prato unter den Schutz von Neapel, um die massiven internen Konflikte zwischen Guelfen und Ghibellinen zu beenden, doch 1351 kauften die Florentiner die prosperierende Stadt der neapoletanischen Königin Johanna I. von Anjou ab. 1653 erhielt Prato die Stadtrechte und wurde mit Pistoia zu einem Bistum vereint.

Castello dell'Imperatore

• Piazza S. Maria delle Carceri. • Stauferkastell. • Errichtet 1237 – 1248.

Das unter Friedrich II. für seinen Generalvikar in der Toskana errichtete Kastell ist der einzige friderizianische Bau seiner Art außerhalb Süditaliens. Die Festung präsentiert sich als typischer Wehrbau der Staufer auf quadratischem Grundriss mit Eck- und Flankentürmen. Über die für ein Verteidigungskastell charakteristischen, defensiv geschlossenen Mauern verläuft ein von Zinnen bekrönter Wehrgang. Am von Türmen bewehrten Portal wurde eine Inkrustation mit heimischem Stein *Verde di Prato* begonnen. Ferner schmücken Stauferlöwen am Bogenansatz das

Portal. Bezeichnend für die Antikenrezeption Friedrichs II. ist das klassische Motiv des Dreiecksgiebels aus der Tempelarchitektur. Der Innenausbau des Kastells wurde nach dem Tod des Kaisers im Jahre 1250 nicht weitergeführt.

◀ *Prato: Castello dell'Imperatore, Portal mit Turmbauten.*

▼ *Prato: Castello dell'Imperatore, Grundriss.*

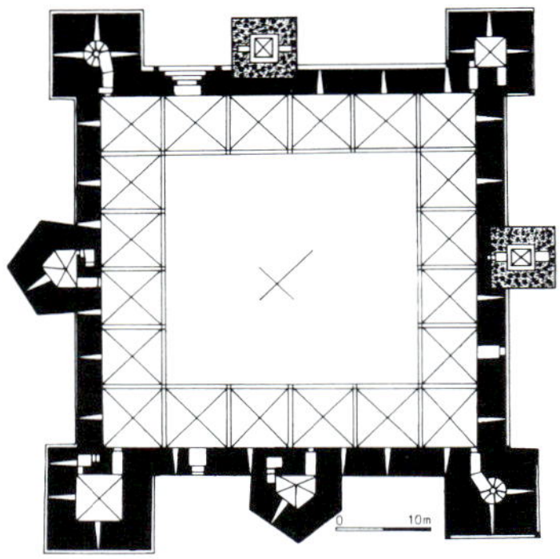

Dom Santo Stefano

• Piazza del Duomo. • Begonnen 1211, ab 1317 Erweiterung nach Osten, Campanile 1340 – 1356, Fassade 1385 – 1457. • Baumeister Guidetto da Como.

Von dem Luccheser Dombaumeister Guidetto da Como, in den Dokumenten „maestro Guido marmoreo del S. Martino a Lucca" genannt, stammt noch das Langhaus, das von Blendarkaden im Stil der Pisa-Luccheser Romanik gesäumt ist. Auch der Campanile bewahrt den romanischen Stil, nur die obere Schallarkade weist gotische Formen auf. Nach dem Ausbau des Ostteils im gotischen Stil entsprach aber die ursprüngliche Fassade Guidettos nicht mehr dem Zeitgeschmack und wurde durch die heutige Westfront mit grün-weiß gebänderter Inkrustation mit Vierpassgeländern als Dachabschluss ersetzt. Das Tympanon aus glasierter Terrakotta über dem Portalgewände von Andrea dell Robbia stammt aus dem Jahr 1489 und zeigt die Madonna mit Kind zwischen den Erzmärtyrern Laurentius und Stephanus, dem Kirchenpatron.

▲ *Prato: Dom Santo Stefano, Außenkanzel, Donatello, Puttenrelief.*

Im Dom wird die Reliquie des Mariengürtels verehrt. Der Überlieferung nach brachte während des ersten Kreuzzuges (1096–1099) Maria, die Tochter eines orientalischen Priesters, den Gürtel der Gottesmutter aus Jerusalem nach Prato. Der Gürtel, den die Jungfrau bei ihrer Himmelfahrt dem ungläubigen Apostel Thomas zugeworfen hatte, hatte ihre Mutter dem Mädchen aus dem Orient zu ihrer heimlichen Hochzeit mit dem Prateser Kreuzfahrer Michele Dagomari geschenkt. Michele gab die Reliquie vor seinem Tod dem Propst Uberto, der sie in die Kirche brachte, an deren Stelle sich jetzt der Dom erhebt.

Von der in den Jahren 1428–1438 entstandenen Außenkanzel wurde den Gläubigen die Gürtelreliquie gezeigt. Der Florentiner Michelozzo schuf die Architektur, Donatello die Reliefs, deren Originale sich im *Museo dell'opera del duomo* befinden. Über dem mit einem Bronzerelief bekrönten Eckpilaster ruht der Kanzelkorb auf einem reich verzierten Sockel, den oberen Abschluss bildet ein mit Kassetten geschmückter Schalldeckel. Die sieben von kannelierten Doppelpilastern getrennten Reliefs auf der Brüstung zeigen bewegt tanzende und musizierende Putten. In der Ornamentik der Architektur sowie dem Stil der Putten wird die Antikenrezeption der Frührenaissance deutlich. Die räumlich gestaffelten Figuren vor der geschlossenen Fläche gehen auf die Sarkophagplastik zurück, die stürmischen Bewegungen der Putten machen ihre Körper unter den dünnen Gewändern sichtbar. Diese bewegte Körperlichkeit ist völlig unabhängig von der Funktion der Kanzel und zeugt von der Lebensfreude der Frührenaissance. Auch die Figuren und Ornamente auf dem sehr qualitätvollen Bronzeka-

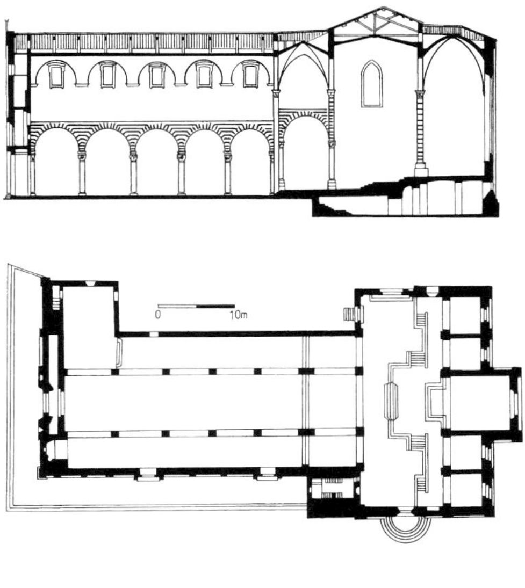

▶ *Prato: Dom Santo Stefano, Schnitt und Grundriss.*

▲ *Prato: Dom Santo Stefano, Innenraum nach Osten.*

pitell, das von Donatello modelliert und von Michelozzo gegossen wurde, gehen auf Vorbilder zurück, die Künstler 1432 in Rom studiert hatten.

Im Innenraum sind die unterschiedlichen Bauphasen zu erkennen. Das dreischiffige romanische Langhaus trug ursprünglich einen offenen Dachstuhl, das Tonnengewölbe stammt aus dem 17. Jh. Rundpfeiler aus dem grünen *Verde di Prato* stützen die weiten Arkaden des Mittelschiffs. Das Querhaus und die flach geschlossenen Kapellen sind hingegen mit gotischen Rippengewölben gedeckt. Die Ausstattung ist der Bedeutung

▲ *Prato: Dom Santo Stefano, Cappella del Sacro Cingolo, Agnolo Gaddi und Werkstatt, Übergabe des Gürtels und Hochzeit des Michele Dagomari.*

▲ *Prato: Dom Santo Stefano, Filippo Lippi, Bankett des Herodes.*

des Domes gemäß hochrangig: Die Cappella del Sacro Cingolo wurde von 1392–1395 von Agnolo Gaddi und Werkstatt ausgemalt. Die Fresken zeigen das Marienleben, Mariens Tod, die Gürtelspende an den ungläubigen Thomas bei der Himmelfahrt und die Geschichte der Reliquie. Die bedeutendste Szene zeigt den Apostel Thomas bei der Übergabe des Gürtels und die Hochzeit des Michele Dagomari mit Maria, der Tochter des Priesters von Jerusalem. Die Madonna della Cintola von Giovanni Pisano (ca. 1314), gehört zu dessen spätesten und vollendetsten Werken. Heraus-

▲ *Prato: Dom Santo Stefano, Paolo Uccello, Steinigung des Stephanus.*

ragende Bedeutung haben die Fresken im Chor, die von dem Prateser Renaissancemaler Fra Filippo Lippi stammen. Sie entstanden in den Jahren 1452 – 1466 und zeigen die Vita des Kirchenpatrons Stephanus und die Johannes' des Täufers. Berühmt wurde vor allem die faszinierende Darstellung vom Gastmahl des Herodes, die ein höfisches Bankett in einer zentralperspektivisch konstruierten Halle abbildet. Die biblischen Figuren tragen zeitgenössische Gewänder und Frisuren, sie verkörpern Schönheitsideale der Zeit und des Medici-Hofes. Die tanzende Salome mit ihrer schlanken Figur, den mädchenhaften Gesichtszügen und der blonden Flechtfrisur sollte noch die folgende Künstlergeneration beeinflussen und vor allem Sandro Botticellis Frauengestalten prägen. Die angrenzende Cappella dell'Angelo custode wurde von Paolo Uccello und Andrea di Giusto ca. 1435 dekoriert. Paolo Uccello befasste sich mit radikalen perspektivischen Konstruktionen und voluminösen Figuren. Die Fresken hier zeichnen sich zudem durch lebhafte Gestik und Mimik aus, besonders in der Szene der Steinigung des Stephanus. Mit ihnen vollzog sich eine Wende zur Renaissance in der Malerei Pratos, die jedoch in der lokalen Kunst nur wenig Nachahmer fand. Schon die 1450 anzusetzenden unteren Fresken von Andrea di Giusto sind weniger kühn. Die Kanzel im Langhaus von Mino da Fiesole und Antonio Rossellino wurde 1473 vollendet. Die Reliefs zeigen Szenen der Vita des Täufers, darunter Minos Gastmahl des Herodes, in dem dieser Filippo Lippis Salome der Chorfresken adaptierte, sowie der Vita des Kirchenpatrons Stephanus. Beeindruckend ist Rossellinos perspektivische Konstruktion der Architekturen, die an Ghibertis Reliefs der Paradiestür des Florentiner Baptisteriums orientiert ist. Die Terrakottamadonna im Querhaus stammt von Benedetto da Maiano (um 1480).

Palazzo Datini

• Via Rinaldesca. • Patrizierpalast. • Errichtet Ende des 14. Jh.

Der Palast des berühmten Kaufmanns und Bankiers Francesco di Marco Datini (* 1335, † 1410) ist heute Sitz des Staatsarchivs. Datini machte sein Vermögen während des Exils der Päpste in Avignon und kehrte 1382 nach Prato zurück. Wie viele Kaufleute der Zeit fürchtete er, nicht genug für sein Seelenheil getan zu haben, und hinterließ sein gesamtes Vermögen einer wohltätigen Stiftung. Sein Palast zeugt von dem Geschmack eines Mannes, „der Kunst und Geld als seine Abgötter anbetete“ und dessen Geschäftsbücher mit der Devise „Im Namen Gottes und des Profits“ versehen waren. Der Außenbau ist relativ gut erhalten und inkorporiert Reste der originalen Fenster. Bedeutend sind die Fragmente der Wandmalerei, die den Palast zu einem der seltenen Beispiele für eine Außendekoration eines Gebäudes vor der Renaissance in der Toskana machen. Sie stammen von Niccolò di Pietro Guerini und Ambrogio di Baldese aus dem Jahre 1411.

Palazzo Pretorio (Galleria comunale)

• Piazza del Comunale. • Errichtet um 1250, erweitert 1333. • Sitz der kommunalen Regierung.

Der Palast inkorporiert zwei Bauten verschiedener Epochen. Der ältere Geschlechterturm aus Backstein wurde 1284 von der Kommune als Amtssitz des Capitano del Popolo erworben. Im Erdgeschoss erkennt man die vergitterten Fenster des Gefängnisses. An den Turm wurde ab 1333 ein Erweiterungsbau aus Haustein mit gotischen Dreipassbiforien unter Spitzbögen angeschlossen. Bei Umbauten im 15. und 16. Jh. wurden in beide Teile Kreuzstockfenster eingelassen. Typisch ist die Freitreppe mit *ringhiera* (Brüstung) zur Bekanntmachung von Stadtverordnungen.

Die *Galleria comunale* wurde 1850 gegründet und gehört zu den ältesten kommunalen Museen Italiens. Sie birgt wichtige Gemälde des Malermönchs Filippo Lippi und seines Sohnes Filippino, der in Prato geboren wurde. Ferner befindet sich dort das Original des Bacchus-Brunnens von

Ferdinando Tacca aus dem Jahre 1655, der sich einst auf der Piazza del Comune befand. Auf der Piazza vor dem Palast steht ein Denkmal des Kaufmanns Francesco di Marco Dantini, eines Wohltäters der Stadt, von Antonio Garella aus dem Jahr 1896. Es gehört in die Reihe von Denkmälern zur Glorifikation der Vergangenheit, die nach der Vereinigung Italiens entstanden.

▲ *Prato: Palazzo Pretorio.*

San Domenico (Museo di Pittura murale)

• Piazza San Domenico. • Errichtet 1238–1322. • Architekt Fra Mazzetto unter Mitwirkung Giovanni Pisanos. • Museum für abgenommene Fresken.

Die Marmorfassade der schlichten einschiffigen Ordenskirche blieb unvollendet, die Flanke ist von Backsteinlisenen gegliedert und von hohen eleganten Biforienfenstern durchbrochen. Die zweifarbig verkleideten gotischen Grabnischen vor der Sockelzone richten sich nach dem Vorbild der Florentiner Dominikanerkirche Santa Maria Novella. 1647 wurde die Kirche innen umgebaut. Von der Ausstattung ist das Tafelkreuz des Niccolò di Pietro Guerini erwähnenswert (um 1400). Der am oberen Kreuzbalken wiedergegebene Pelikan nährt seine Jungen mit dem eigenen Blut und symbolisiert das Blutopfer Christi. Das angrenzende *Museo di Pittura murale* birgt abgenommene Fresken aus Prato und der Umgebung. Die Schäden des Zweiten Weltkriegs im Camposanto von Pisa und die Flutkatastrophe in Florenz im Jahre 1966 lösten eine Welle von Präventivmaßnahmen aus, um die Wandmalereien vor Beschädigungen zu schützen. Tausende von Quadratmetern bemalter Fläche wurden von den Wänden genommen. Die „Rettungsaktionen" hatten jedoch vielfach negative Auswirkungen auf den Erhalt der Malerei, beispielsweise auf die Intensität der Farbe, wie im Museum feststellbar ist.

San Francesco

• Piazza San Francesco. • Errichtet Ende des 13. Jh., Fassade 14. Jh., Giebel frühes 15. Jh. • Franziskanerkirche.

Die zweifarbig verkleidete Fassade mit hohem Portal und Rundfenster schließt mit einem Dreiecksgiebel aus dem frühen 15. Jh. ab. Dieses Motiv aus der antiken Tempelarchitektur ist eines der ersten Beispiele der Antikenrezeption in der sakralen Baukunst der Renaissance.

Der restliche Ziegelbau ist hingegen nur mit Lisenen und abschließendem Rundbogenfries an der Flanke verziert. An das einschiffige Langhaus mit offenem Dachstuhl schließt ein kreuzgratgewölbtes Querhaus mit flach geschlossenem Chor und Seitenkapellen an. Im Chor malte Niccolò di Pietro Guerini um 1395 die Franzlegende, wobei auch er vorwiegend auf die Fresken der Oberkirche von Assisi zurückgriff. Weitere Fresken des 14. Jh. befinden sich in den angrenzenden Kapellen.

San Gimignano (SI)

Erst im Mittelalter nimmt die Geschichte von San Gimignano Konturen an. Ab 929 unterstand die Stadt den Bischöfen von Volterra, im 12. Jh. wurde sie eine freie Kommune, die 1199 die ersten Konsuln wählte. Wirtschaftlich prosperierte sie dank Tuchproduktion und Anbau von Safran, der als Seidenfarbe verwendet wurde, sowie durch Handel an der Via Francigena.

1260 stellte sich San Gimignano bei der Schlacht von Montaperti auf die Seite von Florenz. Nach der Niederlage musste sich die Stadt nach außen gegen Angriffe der Nachbarstaaten, vor allem von Volterra, verteidigen. Intern fanden heftige Auseinandersetzungen zwischen Guelfen, angeführt von der Familie Ardinghelli, und Ghibellinen als der Partei der Familie Salvucci statt. Nachdem die Pest von 1348 die Bevölkerung drastisch reduziert hatte, stellte sich die Stadt aus Furcht vor weiteren Verlusten unter den Schutz der ehemals alliierten Florentiner, die 1354 vollständig die Macht übernahmen.
Das Stadtbild von San Gimignano ist von den Geschlechtertürmen geprägt, die zur Zeit des permanenten Krieges zwischen Guelfen und Ghibellinen emporwuchsen. Die ersten privaten Steinbauten innerhalb der Städte waren

▲ *San Gimignano: Geschlechtertürme.*

Wohntürme. Die *casa torre*, abgeleitet von den Wehrtürmen der Landburgen, ging dem Palast als urbaner Familiensitz voraus. Die Räume waren nicht nebeneinander, sondern übereinander angeordnet, die Verbindung bestand aus Leitern. Auch der oft hoch gelegene Zugang zum Turm war zum Schutz vor gegnerischen Überfällen nur über eine bewegliche Stiege zu erreichen. In der Zeit der Guelfen- und Ghibellinenkriege hielt man neben den Palästen an den Turmbauten fest, denn sie boten als Rückzugsmöglichkeiten Schutz. Seit dem 12. Jh. sahen Stadtverordnungen vor, aus Gründen der öffentlichen Sicherheit die Höhe der Anlagen zu begrenzen. Der Podestà von San Gimignano begrenzte die Höhe auf 54 Meter (100 toskanische Ellen). Daher errichteten die rivalisierenden Familien Ardinghelli und Salvucci aus Prestigegründen Zwillingsanlagen. Gleichzeitig rühmten Chronisten die Zahl und die Schönheit der Türme ihrer Stadt. Aus diesem Grunde ließen Feinde nach der Eroberung zur Demoralisierung der Unterlegenen die mächtigen Anlagen schleifen, denn die hohen Bauten bedeuteten Macht, die vom Gegner gebrochen wurde. Von den einstmals 72 Türmen San Gimignanos stehen heute noch 15. Als Florenz die Stadt kontrollierte und die innerstädtischen Kämpfe beendete, wurden viele Türme abgebrochen oder auf Palasthöhe reduziert. Die Steine fanden Verwendung beim Ausbau der nunmehr sicher gewordenen Straßen und Plätze.

Collegiata Santa Maria Assunta

• Piazza del Duomo. • Kollegiatskirche. • 1148 geweiht, Langhaus im 14. Jh. erhöht und gewölbt, Querhaus ab 1446. • Architekt Giuliano da Maiano (Querhaus).

Die schmucklose Fassade über der 1362 vollendeten Freitreppe wurde mehrmals umgestaltet. Über den drei Rundfenstern erkennt man deutlich die Baunähte der Erhöhung. Nur zwei rundbogige Portale führen in die dreischiffige Basilika. Im Innenraum ist unter den gotischen Rippengewölben noch die romanische Arkadenstellung auf Säulen mit wuchtigen Kapitellen zu erkennen, die ursprünglich einen offenen Dachstuhl trug. Die Dekoration des Mittelschiffs wurde nach der Errichtung des Querhauses im 15. Jh. von Mitgliedern der Ghirlandaio-Werkstatt erneuert, der Schmerzensmann am Triumphbogen stammt von Sebastiano Mainardi. Zur Dekoration des Quattrocento gehört auch der Sebastian von Benozzo Gozzoli an der Innenfassade. Er wird flankiert von einer farbig gefassten Verkündigungsgruppe von Jacopo della Quercia aus dem Jahre 1421. Taddeo di Bartolos Jüngstes Gericht mit Paradies und Hölle von 1393 im oberen Teil der Innenfassade schließt hingegen an die älteren Zyklen der Langhauswände an. Der Freskenzyklus des Neuen Testaments (um 1340) war früher Barna da Siena zugeschrieben. Der Name Barna ist ein Transkriptionsfehler von Bartolo, womit jedoch der andere in der Collegiata tätige Trecentomaler, Bartolo di Fredi, gemeint ist, der von Donatello in seinen Aufzeichnungen gelobt wurde. Der Name des zweiten Malers der Langhausfresken ist also nicht bekannt. Obwohl in jüngerer Zeit eine Zuschreibung an Lippo Memmi in Erwägung gezogen wird, bleibt die Frage nach dem Autor aus dem Umkreis des Sienesischen Künstlers Simone Martini vorerst ungeklärt. Programmatisch ist der Zyklus an Duccios Maestà angelehnt, mit der Siena für den Sieg über Florenz dankte. Mit Duccio und Simone Martini teilte der Künstler Feierlichkeit und Drama, die in der Kreuztragung sowie der vielfigurigen Kreuzigung einen starken Ausdruck finden. Ferner lehnte sich der Maler an die Fresken der alten Petersbasilika in Rom an, wofür die Größe der Kreuzigung und die Betonung Petri sprechen. Damit unterstrich der Klerus von San Gimignano in einer Zeit politischer Instabilität seine Papsttreue. Typologisch antwortet der Freskenzyklus dem des Alten Testaments von Bartolo di Fredi aus Siena, 1367 datiert. Nach der bereits im Neuen Testament begründeten Lehre der Typologie deuten ein oder mehrere Ereignisse des Alten Testaments auf ein Ereignis des Neuen Testaments voraus, die Ereignisse stehen sich als Typus und Antitypus gegenüber. Alttestamentliche Gestalten wie Joseph, Hiob und Moses präfigurieren die Vita Christi und das Alte Testament wird durch das Neue erfüllt, ist Archetypus des Neuen Bundes. Hiob beispielsweise ist Inbegriff der Opferbereitschaft für den Glauben und die Josephsgeschichte bildet alle Szenen der Jugend Christi vor. Die Szene des jungen Lehrers unter den Schriftgelehrten findet sich jedoch nur in der Vita Christi erwähnt, wurde aber auch in die Josephsgeschichte integriert. Stilistisch fallen vor allem räumliche und perspektivische Unsicherheiten auf, der Figurenstil ist eher naiv. Die lebhaften Kompositionen und die Erzählfreude, die sich z. B. in der

▲ *San Gimignano: Collegiata, Kreuztragung.*

◄ *San Gimignano: Collegiata, Bartolo di Fredi, Arche Noah.*

▲ *San Gimignano: Collegiata, Cappella di Santa Fina, Ghirlandaio, Exequien der heiligen Fina.*

Darstellung exotischer Tiere niederschlägt, zeichnen den Künstler aus. Vor allem die originellen Noahbilder wurden in Miniaturen kopiert und verbreitet. Diese Fresken sind unverfänglich, nicht an sienesische Programme angelehnt. Bartolo ist vielmehr der Schöpfer einer der wenigen alttestamentlichen Freskenzyklen des Trecento in der Toskana, für den mehrere Vorbilder aus unterschiedlichen Regionen Verwendung fanden.

Die Cappella di Santa Fina wurde 1468 angebaut. Benedetto da Maiano schuf den Sarkophag und Domenico Ghirlandaio malte 1473 – 1475 die Fresken der Berufung und der Exequien der 1253 verstorbenen Lokalheiligen Fina. Hervorzuheben ist die Verbindung von mittelalterlicher Heiligenvita und Gegenwart der Renaissance. So erscheinen Zeitgenossen hinter den Messdienern bei der Totenfeier, bleiben aber durch diese Position sowie ihre bürgerlichen Gewänder deutlich vom sakralen Geschehen getrennt. Den Hintergrund bildet die Silhouette von San Gimignano. Ein weiteres Werk Ghirlandaios ist die Verkündigung in der Loggia del Battistero (1482), einer von Achteckpfeilern getragenen Vorhalle aus dem 13. Jh., die dem südlichen Querhaus vorgelagert ist.

Der ehemalige Justizpalast Palazzo del Podestà auf der Piazza del Duomo wurde 1239 an der Stelle eines Vorgängerbaus errichtet und 1337 erweitert. Das offene Eingangsgewölbe diente öffentlichen Gerichtsverhandlungen. Zum Palazzo gehört der wegen seiner schrundigen Oberfläche La Rognosa, der Räudige, genannte Turm.

Palazzo del Popolo (Palazzo nuovo del Podestà)

• Piazza del Duomo. • Ehemaliger Sitz des Gerichts. • 1288 fertiggestellt, Turm 1300 begonnen, 1323 erweitert, Zinnen 19. Jh.

Die Torre Grossa des Palazzo del Popolo gab mit 100 Ellen (54 m) die vom Podestà erlaubte Turmhöhe in San Gimignano an. Der Palastfassade ist die typische Freitreppe zur Verkündigung von Gesetzen vorgelagert. Die unteren Fensteröffnungen sind mit einem spitzen Blendbogen sienesischer Bauart überfangen, die oberen sind einfacher gehalten. Die Konsolen darunter trugen ursprünglich hölzerne Laufgänge. Im Innenhof befindet sich eine Zisterne aus dem 14. Jh. Unter einer kleinen Loggia zeigt ein monochromes Fresko von Sodoma die Gerechtigkeit des Ivo (1507). Die Allegorie der Gerechtigkeit, die die Lüge überwindet, ist eine Arbeit seiner Werkstatt.

Im Inneren ist die Sala di Dante mit der Madonna in Maestà von Lippo Memmi hervorzuheben. Sie wurde 1317 im Auftrag des Podestà Nello di Mino Tolomei gemalt und 1467 von Benozzo Gozzoli restauriert. Um Maria sind die Heiligen gruppiert, darunter die Stadtpatrone San Gimignano und Santa Fina, ferner Johannes der Täufer als Schutzheiliger von Florenz und Sant'Ansano, einer der Stadtheiligen Sienas. In der schwierigen Zeit, als San Gimignano politische Beziehungen zu Siena pflegte, aber von Florenz bedrängt wurde, huldigte man im Sitz der Regierung mit diesen Heiligen beiden Seiten. Das Bildthema der Maestà aber ist eindeutig sienesisch, die Gottesmutter die Schutzpatronin der Stadt, aus der auch der Auftraggeber stammte. In der Camera del Podestà sind Szenen des Alltags- und Ehelebens von Memmo di Filipuccio festgehalten (ca. 1320).

Im Zentrum der Piazza della Cisterna befindet sich der 1237 errichtete und 1346 ausgebaute Ziehbrunnen. Zisternen sind neben Brunnen die ältesten technischen Anlagen der Wasserversorgung. In den hoch gelegenen Städten weitab der Flussläufe dienten sie als Wasserspeicher der Gemeinden. Der Platz ist von mittelalterlichen Häusern und Türmen gesäumt, darunter die Zwillingsanlage der Guelfenführer Ardinghelli und der Palazzo Tortoli aus dem 14. Jh. mit zwei Biforiengeschossen unter Sienesischen Bögen. Die großzügige Piazza della Cisterna mit ihrer Fischgrätpflasterung und den schmuckvollen, aufwändig gemauerten Patrizierpalästen bildet ein eindrucksvolles, urbanistisches Gefüge und behauptet sich im Stadtbild gegenüber der Piazza del Duomo mit den öffentlichen Gebäuden.

Sansepolcro (AR)

Nach der Überlieferung haben zwei Pilger Steine und Erde vom Heiligen Grab (ital. *San Sepolcro*) Christi in Jerusalem nach Italien gebracht und im Jahre 934 ein Oratorium zur Verehrung der Reliquien gegründet. Um die von Camaldulenser-Mönchen betreute Stätte bildete sich eine Ortschaft, die ihren Status als freie Kommune ab 1300 an wechselnde mächtigere Städte verlor. 1432 gelangte Sansepolcro an den Kirchenstaat, der es 1441 für 25 000 Goldflorin an Florenz abtrat. Piero della Francesca bezeichnete seine Heimatstadt als „Kaff voller Schlamm und Lehm". Sansepolcro wurde jedoch unter den Medici so bedeutend, dass es 1515 unter dem Medici-Papst Leo X. zum Bischofssitz erhoben wurde.

Dom San Giovanni Evangelista

• Via Matteotti. • Gegründet 1012, heutige Kirche ca. 1300 – ca. 1350, restauriert. Campanile 11. Jh., obere Geschosse 13. Jh.

An der Stelle des alten Oratoriums wurde 1012 die Abteikirche der Camaldulenser errichtet, im Trecento entstand der gotische Dom. Die Kirche wurde vielfach umgebaut, schließlich 1936 – 1945 radikal restauriert, um die ursprünglichen Formen wieder herzustellen. Die Fassade gibt mit ihrem romanischen Gewändeportal unter dem Wimperg sowie den rundbogigen Seitenportalen einen weitgehend mittelalterlichen Eindruck wieder. Die zentrale Fensterrose zeigt gotische Formen, wurde aber im 20. Jh. rekonstruiert, um das im 18. Jh. abgebrochene Original zu ersetzen.

Im Innenraum der dreischiffigen Basilika lässt sich der romanische Stil mit gotischen Einflüssen wieder erkennen. Das Mittelschiff wird von Säulen getragen und ist von Schwibbögen überspannt, die Seitenschiffe sind gewölbt, der polygonale Chor blieb unvollendet. Von großem Interesse ist der überlebensgroße Volto Santo, der mit dem Kultbild von Lucca im Dom San Martino vergleichbar ist. Dieses ist seit 1146 nachgewiesen. Die 1989 abgeschlossene Restaurierung deckte die außerordentliche Qualität des Werkes, vor allem des würdevollen, sehr beseelten Christuskopfes auf. Dendrochronologische Messungen lassen eine Datierung in das 7. – 9. Jh. zu. Damit ist der Volto Santo von Sansepolcro die älteste erhaltene Großplastik im westlichen Mittelmeerraum seit der Antike, zudem die qualitätvollste und besterhaltene Skulptur der Zeit. Er wird daher auch als das verlorene Vorbild des Kultbildes von Lucca angesehen. Beide Stücke gehen auf einen Prototyp aus dem Orient zurück, mit dem das Bild des bekleideten, lebenden Christus am Kreuz aufkam. Aus gotischer Zeit ist noch ein Marienfresko, ca. 1385, erhalten. Zur Ausstattung gehört ferner ein Terrakotta-Tabernakel aus der Werkstatt der della Robbias und ein Polyptychon von Matteo di Giovanni, dessen Mitteltafel, eine Taufe Christi von Piero della Francesca, im 19. Jh. verkauft wurde. Sie befindet sich heute in London.

Siena (SI)

▲ *Siena: Stadtpanorama.*

Siena hat ein restauriertes Zentrum überwiegend aus dem 13. und 14. Jh. bewahrt, dem Anspruch nach ist die Stadt aber wesentlich älter. Nach einer Legende soll sich der Name von dem antiken Stamm der Senesen ableiten, nach einer populäreren Version von Senius, dem Sohn des Remus und Stadtgründer. Nachdem Romulus, der legendäre Gründer Roms, seinen Bruder Remus erschlagen habe, sei Senius mit seinem Bruder Aschius geflohen, habe der Gründung seinen Namen gegeben und ihr das Wahrzeichen Roms, die Wölfin, übertragen. Auf die Satteldecken der Pferde der beiden Brüder geht auch das schwarz-weiße Wappen Sienas, die Balzana, zurück. Erst 313 aber wird die Stadt erstmals als Sena Julia erwähnt. Die römische Kolonie wurde Bischofssitz, unter den Langobarden und Karolingern war sie Residenz von Grafen. Im 12. Jh. wählte die freie Kommune ihre ersten Konsuln, jetzt begann der Kampf mit Florenz um die Vorherrschaft in der Toskana. Auch in wirtschaftlicher Hinsicht war die Stadt der europaweit operierenden Kaufleute und Bankiers eine ernste Bedrohung für die Arnometropole. In der berühmten Schlacht bei Montaperti im Jahre 1260 kämpften die Sieneser Ghibellinen an der Seite Manfreds, des Staufers, gegen Florenz, das unterlag. Siena hatte sich der Jungfrau geweiht und gelobte im Falle des Sieges sich Civitas Virginis, Stadt der Jungfrau, zu nennen. Das Florentiner Banner wurde an einem Eselsschwanz durch den Staub gezogen und der Sieger der Schlacht, der gebürtige Florentiner Uguccione della Faggiola, konnte bei der Konferenz von Empoli mit Mühe verhindern, dass seine Heimatstadt von den Sienesen geschleift wurde. Nach der Hinrichtung Konradins, des letzten Staufers, wendete sich das Blatt. 1269 siegten die Florentiner bei Colle Val d'Elsa, Siena wurde nach der Niederlage wieder guelfisch wie Florenz und die Städte einigten sich auf eine Waffenruhe. In Siena wechselten verschiedene Regierungen der Nobili, also des Adels, bzw. der Popolani, d.h. der Kaufleute und Handwerker, einander ab. Besonders erfolgreich und in der Kunst der Stadt präsent war der Rat der Neun (*Consiglio dei nove*). Diese neun Zunftvertreter brachten von 1287 – 1355 der Stadt Stabilität. Im 14. Jh. war Siena daher wieder Florenz politisch und kulturell gleichrangig. 1348 aber ereilte es die Pest-Epidemie, der die Hälfte bis zwei Drittel der Einwohner zum Opfer fielen. Siena hat sich von dieser Katastrophe nicht mehr erholen können, selbst wenn es unter dem Pontifikat Pius' II. noch einmal an den alten Glanz anknüpfen sollte. 1482 ergriff Pandolfo Petrucci als Signore die Macht, der sich wie Lorenzo de' Medici „il Magnifico" (der Prächtige) nannte und versuchte, eine Dynastie zu etablieren. 1512 griff Papst Clemens VII. Medici die Stadt an. Eingenommen wurde sie erstmals 1530 mit Hilfe der kaiserlichen Truppen, die Geschlechtertürme wurden zur Demütigung der Einwohner abgebrochen. Die Sienesen konnten die Truppen Karls V. noch einmal vertreiben. 1553 organisierten die Florentiner unter Cosimo I. Medici ein Heer, das Siena belagerte. 1555 musste sich die Stadt ergeben und wurde 1559 dem Großherzogtum Toskana angeschlossen.

Baptisterium San Giovanni

• Piazza San Giovanni. • Errichtet 1316 – 1325, Fassade 1382.

Die dreischiffige Taufkirche wurde ab 1316 von Camaino da Crescentino als Substruktion des erweiterten Domchores errichtet. Kritiken an der möglichen Tragfähigkeit für die Apsis und schließlich der Beschluss für das neue Langhaus unterbrachen die Arbeiten, 1325 konnten jedoch die Gewölbe geschlossen werden. Die dreiachsige Fassade wurde nie ganz fertiggestellt. Die Portale sind mit äußerst filigranen Gewändesäulchen und Archivolten eingefasst, auch die spätgotisch-zierlichen Formen der Wimperge und Tabernakel in den Strebepfeilern erhöhen den Eindruck der Kostbarkeit und zeugen vom Anspruch des Gebäudes.

Den Innenausbau leitete Crescentinos Sohn Tino di Camaino, der als Bildhauer bereits berühmt war. Den Raum malte Vecchietta, der bedeutendste Maler des Quattrocento in Siena, mit seinen Schülern Mitte des 15. Jh. aus. In den Gewölben und Gurtbögen der Ostjoche sind Apostel, Propheten und Sibyllen wiedergegeben, in den Lünetten Christus im Haus des Pharisäers und das Wunder des heiligen Antonius, in der Apsis Szenen der Vita Christi. Ab 1417 leitete Jacopo della Quercia die Arbeiten

▲ *Siena: Baptisterium San Giovanni, Innenraum nach Westen.*

am Taufbrunnen, über dessen sechseckiger Brunnenschale sich auf einem gestreckten Fuß ein ebenfalls sechseckiges Tabernakel erhebt, das mit einer Statue des Täufers von Jacopos Hand bekrönt ist. An den Reliefs und Statuetten arbeiteten bis 1429 einträchtig Bronzegießer aus Siena und Florenz unter der Ägide von Lorenzo Ghiberti, der die Reliefs der Taufe Christi und Johannes' vor Herodes schuf. Herausragend ist das Gastmahl des Herodes von Donatello. Perspektivisch konstruierte Räume schaffen Tiefe für den Handlungsablauf, der als lebhafte und dramatische Bilderzählung dargelegt wird. Erstmals in der Plastik werden deutlich narrative Qualitäten mit räumlichen Konstruktionen verbunden. Die Darstellung ist zum Teil als *rilievo schiacciato*, als flach modelliertes, zeichnerisches Relief angelegt. Im Vordergrund erscheint rechts die tanzende Salome, ganz im Hintergrund wird der Kopf des Johannes gebracht und im Vordergrund links erkennt man das Entsetzen des Herodes, neben ihm die isolierte Herodias, die Anstifterin des Verbrechens. Die Dramatik der Darstellung bricht komplett mit den klaren Kompositionen der Gotik. Dieses Relief beeinflusste die übrigen Künstler, so auch Jacopo della Quercia, von dem die Vertreibung des Zacharias aus dem Tempel stammt und der ebenfalls Raumtiefen und dramatisch bewegte Figuren darstellt. Auch die zwei auf Muscheln tanzenden Putten Donatellos auf dem Tabernakel stellen eine bedeutende Neuerung dar, denn erstmals in der Renaissance haben sie keine dienende Funktion, tragen keine Girlanden oder Wappen, sondern veranschaulichen allein die Schönheit eines bewegten nackten Körpers. Die übrigen Reliefs der Geburt und Predigt des Täufers sowie die übrigen Putten sind Werke des Sienesen Giovanni di Turino, der sich von Ghiberti leiten ließ.

▲ *Siena: Baptisterium San Giovanni, Taufbecken, Donatello, Gastmahl des Herodes.*

Cappella di Piazza

• Piazza del Campo. • Errichtet 1352 – 1376. • Architekten Domenico di Agostino, Giovanni di Cecco.

Für die Errichtung der Votivkapelle mussten die Bauvorschriften, die festlegten, dass kein Gebäude aus der geschlossenen Baulinie des Platzes hervortreten dürfe, geändert werden. Mit der loggienartig geöffneten Kapelle dankten die überlebenden Sienesen für die Errettung vor der verheerenden Pest, die 1348 die Stadt heimgesucht hatte. Den gotischen Gewölben wurde eine Marmorfassade vorgeblendet und die Nischen mit Skulpturen besetzt. Die spätgotischen Statuen der Apostel, 1377 – 1391 von Mariano d'Agnolo und weiteren Sieneser Bildhauern geschaffen, wurden durch Kopien ersetzt. Die unproportionierten und schwerfälligen Skulpturen bezeugen die Krise der Kunst nach der Pest. Der obere Teil der Fassade mit den antikisierenden Dekorationen und dem Greifenfries stammt aus der Frührenaissance und ist ein Werk des Antonio Federighi, eines Schülers von Jacopo della Quercia.

Dom Santa Maria Assunta

• Piazza del Duomo. • Bedeutendster Bau der Gotik in der Toskana. • 1196 begonnen, um 1300 fertiggestellt, 1317 Ausdehnung des Chores, Erweiterungsbau Duomo nuovo 1339 – 1355, 1357 Erhöhung des Mittelschiffs, 1366 Vollendung der Fassade. • Baumeister Giovanni Pisano, Caymaino di Crescentino, Lando di Pietro, Giovanni und Domenico di Agostino, Giovanni di Cecco.

Die lange Baugeschichte geht auf den Wettstreit der toskanischen Städte mit den Mitteln der Kunst zurück. Der höchste Punkt der Bergstadt Siena war für die Kirche der Stadtpatronin, der heiligen Maria von Siena, wie die Dombehörde sie nannte, reserviert. Der steile Hügel bestimmte die Ausdehnung und Ausrichtung der Kathedrale von Südwest nach Nordost. Der Bau sollte als dreischiffige Basilika mit Querhaus und Kuppel über der Vierung sowie einem platten Chorschluss zur maximalen Ausnutzung des Bauplatzes nach Osten errichtet werden. Ein Komitee Sieneser Bürger, die Opera di Santa Maria, begann mit dem Dom an der Stelle eines Vorgängerbaus im Jahre 1196. Das Langhaus wuchs bis 1215, 1259 – 1264 wurde die Kuppel eingewölbt und 1267 der Chor errichtet, der später verändert wurde. Giovanni Pisano begann mit der Fassade, doch gerieten die Arbeiten ins Stocken, da in Florenz eine größere Kathedrale gebaut wurde. 1339 fasste die Sieneser Dombauhütte den Plan, das bereits gebaute Langhaus zum Querhaus einer noch ausgedehnteren Kathedrale umzubauen, um den Florentiner Dom zu übertreffen. Drei Schiffe sollten sich über vier Joche in Richtung Stadt ausdehnen. Noch im selben Jahr begann der Goldschmied und Mechaniker Lando di Pietro die Arbeiten an dem von Südost nach Nordwest ausgerichteten neuen Dom. Ihm folgte Giovanni di Agostino als *Capomaestro*. Die viel zu filigranen Mauern, hohe Kosten und das Pestjahr 1348 bereiteten dem ehrgeizigen Projekt 1355 ein Ende. Einsturzgefährdete Teile des Neubaus wurden eingerissen, schließlich der alte Dom durch einen erweiterten Chor über dem Baptisterium, eine Erhöhung des Mittelschiffs und die Ergänzung des oberen Fassadenteils durch Giovanni di Cecco abgeschlossen. Diese Maßnahmen vergrößerten den Bau im Bereich des Machbaren, verun-

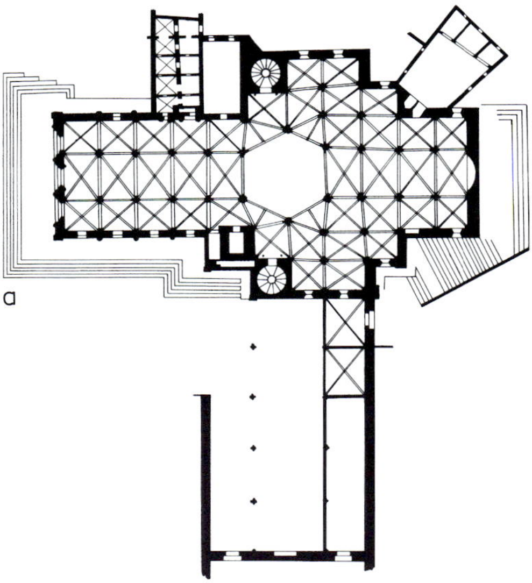

◄ *Siena: Dom Santa Maria Assunta, Grundriss.*

▲ *Siena: Dom Santa Maria Assunta, Fassade.*

klärten aber die Gesamtstruktur, besonders im Bereich von Vierung und Kuppel.

Der Dom von Siena wirkt durch seine Farbigkeit, dreifarbig ist die Fassade, zweifarbig das Langhaus innen und außen, bis zu vierfarbig sind die figürlichen Intarsien des Dompaviments. In der Fassade wurde zusätzlich zum weißen und grünen Marmor der in der Toskana üblichen Inkrustatio-

▲ *Siena: Dom Santa Maria Assunta, Duomo nuovo.*

nen der rotfarbige *Rosso di Siena* verbaut. Das ohnehin sehr dunkle Grün des *Verde di Prato* wurde durch Färbung gesteigert. Wie auch die Skulpturen des Mittelalters farbig gefasst waren, so wurden die Mineralfarben der Steine aus den Brüchen verstärkt.

Überreich dekoriert ist die Fassade mit den rundbogigen Gewändeportalen, die mit gotischen Wimpergen zwischen Fialen nach der Planung Giovanni Pisanos bekrönt sind. Der obere, spätere Teil Giovanni di Ceccos nimmt zwischen Dreipassgalerien ein Rundfenster auf, in dessen quadratischem Rahmen Patriarchen- und Prophetenbüsten nach dem Vorbild des Domes von Orvieto erscheinen. Die Rankensäulen am Hauptportal wurden durch Kopien ersetzt, die Originale befinden sich im *Museo dell'opera metropolitana.* In den Ranken sind Figuren der Sieneser Wölfin und des Alten Testaments zu erkennen. Solch elaborierte Blattranken sind der romanischen Tradition verpflichtet und befinden sich auch am Dom und am Baptisterium von Pisa sowie am Dom von Lucca. Was diese Fassade jedoch auszeichnet, sind die Monumentalskulpturen von Giovanni Pisano, entstanden in den Jahren 1284 – 1297.

Giovanni Pisano wurde ca. 1245 / 50 geboren, nachweisbar ist er von 1265 bis nach 1314. Er gilt bei Vasari als Nachfolger seines Vaters Nicola, also als ein exemplarischer Nachahmer der Antike. Giovanni aber wandte sich der Gotik zu, vergeistigte und sublimierte die Figuren, gestaltete insgesamt französischer, ordnete stärker und brachte rhythmische Gruppen zusammen. Man vermutet daher einen Aufenthalt in Frankreich um 1270 – 1275, der den Einfluss französischer Kathedralplastik (Vierge

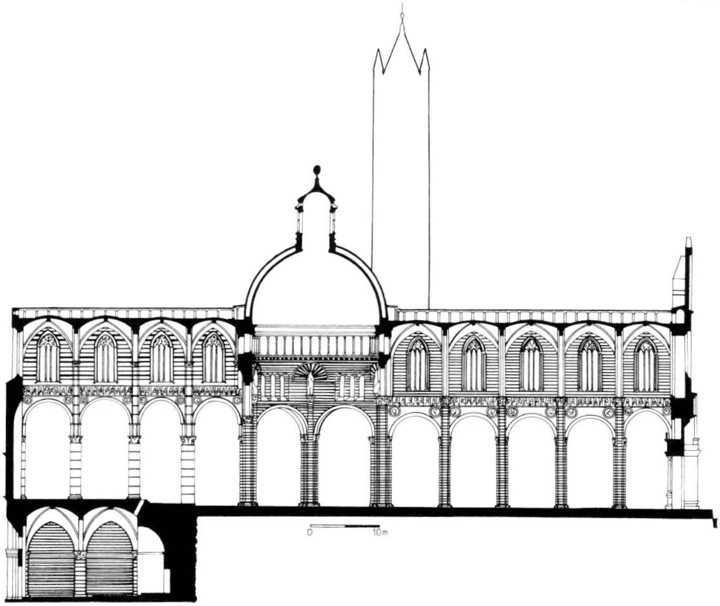

▲ *Siena: Dom Santa Maria Assunta, Schnitt.*

Dorée in Amiens, Verkündigungsengel von Reims) erklärt. Giovanni war ein moderner Künstler in Italien, er war der italienische Bildhauer, der sich am stärksten der Gotik annäherte. Im Unterschied zu den Franzosen zeigt seine Skulptur leidenschaftliches Gefühl und weniger die religiöse Perfektion der Gotiker, die zu einer asketischen Entkörperlichung führte. Giovannis Figuren sind äußerst bewegt, heftig auch in Äußerungen des Geistigen, neuartig in der Auffassung des Dramas.

Der monumentale, in die Architektur integrierte Figurenzyklus der Sieneser Domfassade ist der erste seiner Art in Italien. Giovannis Figuren erreichen eine Höhe von ca. 2 m Metern, sind freier und bewegter als französische Vorbilder, wenden expressiv die Köpfe einander zu. Das Thema des Skulpturenprogrammes ist die Inkarnation Christi: Die Exponenten der Genealogie Christi erscheinen neben Propheten und Philosophen der Antike, die Christus verkündeten oder Grundlagen christlicher Ethik schufen. Links sind Platon, Salomo und die erythreische Sibylle zu erkennen, rechts Moses, Josua und Habakuk. An der Südseite ferner Simeon, Miriam, die Schwester des Moses, und Aristoteles, darüber weitere Statuen aus der Werkstatt Giovannis. Es sind biblische wie außerbiblische Propheten und Prophetinnen, die die Erkenntnis durch Philosophie in jüdischem und heidnischem Gedankengut vertraten, eine Lehre, die Thomas von Aquin begründet hatte. Die Aufstellung der Propheten folgt nicht mehr der Planung Giovannis, sie sollten in den Wimpergen und auf Strebepfeilern errichtet werden, doch stehen die Dreiergruppen jetzt in ihrer freien Position in einer gelungenen heftigen Beziehung zueinander. Die Statuen werden ergänzt durch das Architravrelief des Mittelportals von einem Schüler Giovanni Pisanos, das die Geschichte von Joachim und Anna, den Eltern Mariens, zeigt. Im Tympanon des Hauptportals befand sich ehemals eine Statue Mariens als Königin der Stadt, die im 18. Jh. entfernt wurde. Dieses Statuenprogramm liefert an der Domfassade ein Abbild der Himmelsstadt in der *Civitas Virginis*, Siena erscheint als das hoch erbaute Zion. Die Fassade fungiert als *porta coeli*, Pforte zur Himmelsstadt, die den Sienesen von der Verkündern Christi geöffnet wird. Das Programm ist in seiner Gesamtheit mit dem der Kathedrale von Reims vergleichbar. Giovannis Figuren stehen an der Position der Königsgalerie französischer Kathedralen, sie sind aber nicht das Werk einer Hütte wie in Frankreich, sondern eines Meisters mit seiner Werkstatt. Die Skulpturenfassade des Doms war ein Konkurrenzprojekt zur Front der Florentiner Kathedrale von Arnolfo di Cambio, der aus der Schule Nicola Pisanos stammte. Die nur zur Hälfte vollendete Fassade des Florentiner Doms wurde im 19. Jh. abgebrochen, die Skulpturen befinden sich im Florentiner *Museo dell'opera del duomo*. Giovanni wandte sich ganz der modernen Gotik zu, Arnolfo nahm wie Nicola Pisano die Antike zum Vorbild. Noch war die Skulptur die führende Kunst der Toskana und die Kommunen erteilten große öffentliche Aufträge, auch für Konkurrenzprogramme, die gleichzeitig von Künstlern aus derselben Schule auf unterschiedliche Weise gelöst wurden. Giovanni entsprach dabei einem Zug der Modernität, wie sie sich in der Toskana ausprägte und auf die die Bürger der Stadt stolz waren.

Langhaus und Querhaus sind von großen gotischen Biforien durchbrochen. Für das Querhausportal schuf die Werkstatt Donatellos die Madonna del Perdono, heute durch eine Kopie ersetzt, das Original befindet sich im *Museo dell'opera metropolitana*. Die Erhöhung des Langhauses wird im Wechsel der Inkrustation deutlich, deren unterer Teil am Muster des Pisaner Doms orientiert ist, der obere folgt der Vorgabe des Sieneser Campaniles. Dieser Glockenturm ist mit den Untergeschossen in das Querhaus integriert und wurde um 1300 mit den regelmäßigen Marmorstreifen versehen.

◄ *Siena: Dom Santa Maria Assunta, Giovanni Pisano, Fassadenskulpturen.*

▲ *Siena: Dom Santa Maria Assunta, Dom, Flanke mit Kuppel und Campanile.*

Die engeren Lagen werden auch im Kuppeltambour aufgegriffen, der von zwei Säulengalerien umstellt ist. Nach der Erhöhung des Langhauses und dem Anbau des hohen Chores verlor die Kuppel an Dominanz. Papst Alexander VII. aus der Sieneser Familie Chigi ließ daher im 17. Jh. die Kuppel durch eine Laterne erhöhen, obendrein steigerte der Kunstkenner und Mäzen die monumentale Wirkung des Baus durch den Abriss störender Gebäude auf dem Domplatz.

Auch im Innenraum überwiegt die Farbwirkung die architektonische Klarheit. Kantonierte Pfeiler tragen hohe romanische Arkaden, die Halbsäulen im Mittelschiff enden am Gesims, über dem sich seit der Erhöhung des Langhauses die hohen gotischen Maßwerkfenster öffnen. Das Gewölbe ist mit einem Sternenhimmel dekoriert. Eine Besonderheit ist die Reihe von Papstbüsten aus dem 15. Jh., die von dem Christusbild in der Apsis ausgeht. Sie greift die Tradition der römischen Basiliken Alt-Sankt Peter und Sankt Paul vor den Mauern auf und dokumentiert damit den Anspruch der Kirche auf den hohen Rang und die Zugehörigkeit zu Rom. Die sechseckige Vierung verbindet das dreischiffige Langhaus mit dem zweischiffigen Querhaus. In den Trompen unter der Kuppelschale stehen Stuckstatuen der Stadtpatrone sowie der Lokalheiligen Santa Caterina und San Bernardino. Unter der Kuppel befand sich ursprünglich Duccios Maestà, die heute im angrenzenden *Museo dell'opera metropolitana* zu sehen ist. Aufgrund der Planänderungen steht das Presbyterium nicht in einer perfekten Achse zum Langhaus, auch sind dort die Arkaden nicht völlig regelmäßig. Die den ganzen Kirchenraum bedeckende Fußbodendekoration aus monochromen Graffiti und farbigen Marmorintarsien allegorischer und biblischer Thematik wurde 1369 begonnen und 1547 abgeschlossen. Die Maler Matteo di Giovanni, Bernardino Pinturicchio und vor allem Domenico Beccafumi entwarfen die Kartons für dieses einzigartige Paviment.

Die Kanzel des Nicola Pisano entstand 1266 – 1268 unter Mitarbeit seines Sohnes Giovanni Pisano und Arnolfo di Cambios. Sie war für den

▲ *Siena: Dom Santa Maria Assunta, Innenraum, Vierung und Langhaus.*

gerade vollendeten Kuppelbau des Domes bestimmt und ist das erste Werk der italienischen Kunst, über das eine ausführliche Vertragsurkunde erhalten ist. Das Werk wurde 1481 abgebrochen und 1543 mit der Renaissancetreppe versehen an seinem jetzigen Standort aufgestellt. Der Aufbau ist wie im Baptisterium von Pisa dreizonig. Auf neun Säulen ruht die rundbogige Dreipasszone, darüber das Kanzelbecken mit den narrativen Szenen. Der Sockel der Mittelstütze ist von den Personifikationen der Freien Künste umgeben, sie werden von der prunkvoll gekleideten Philo-

▲ *Siena: Dom Santa Maria Assunta, Nicola und Giovanni Pisano, Kanzel.*

sophie, die mit einem Zepter und einem Füllhorn, aus dem die Flamme der Weisheit ausgezeichnet ist, beherrscht. Das Thema der Künste als Stütze des von oben verkündeten Evangeliums war in Frankreich verbreitet, in Italien treten die Freien Künste hier zum ersten Mal in dieser Funktion in Erscheinung. Außen zerreißen Löwen ihre Beutetiere, Löwinnen versorgen und säugen ihre Jungen. Die Tiere wurden nach Reliefs der Sarkophage aus dem Camposanto in Pisa gestaltet. Diese majestätischen, triumphierenden Löwen sind kaum als Mächte des Bösen, sondern eher als Wächter der Kanzel zu verstehen. Die Heilsgeschichte kündigt sich in den Figuren von Propheten und Evangelisten in der Dreipasszone an; die Tugenden an den Ecken bewirken die Erlösung. In den Reliefs schließlich ist das Erlösungswerk von der Verkündigung bis zum Jüngsten Gericht wiedergegeben. Gegenüber der Pisaner Baptisteriumskanzel ist die Zahl der Figuren gestiegen, ihre Größe und antike Körperlichkeit etwas zurückgenommen, der Handlungsablauf aber gesteigert. In der Anbetung der Könige erscheinen diese als zeitgenössische Ritter mit ihrem Gefolge, die höfische Gesellschaft drückt ihre Verehrung aus. Der Bethlehemitische Kindermord ist in seiner Dramatik hingegen ohne Vergleich in der italienischen Kunst der Zeit. Zwar bewahrt auch dieses Werk Nicolas Züge der Klassik, doch kommen Feinheiten, Anekdoten und Moden hinzu, die aus der zeitgenössischen Kathedralgotik Frankreichs abgeleitet sind. Bezeichnenderweise erscheint Maria jetzt als Königin und nicht mehr als römische Matrone. Die Madonnenstatue am Kanzelbecken ist zudem neben Nicolas Madonna der Arca di San Domenico in Bologna die erste vollplastische Marienfigur der italienischen Skulptur, was ebenfalls auf den französischen Einfluss zurückzuführen ist. Ein neues Element ist der Haarreif, mit dem Giovanni seine Madonnen vielfach schmücken wird. Diese Neigung zum Schmuck, zu Feinheiten wie auch zu starker Verlebendigung und Aktualisierung zeigt bei allen klassischen Elementen die Offenheit der Pisani zur Annahme neuer, gotischer Stilelemente noch vor dem vermuteten Aufenthalt Giovannis in Frankreich.

Das Grabmal des Kardinals Riccardo Petroni von Tino di Camaino von 1317 wurde mehrmals versetzt und 1945 wiederhergestellt. Es folgt dem bereits beim Pisaner Heinrichsgrab aufgegriffenen Typus des gotischen Wandgrabes mit den einen Vorhang haltenden Engeln, die dem Betrachter zugewandt sind und einen Blick in die Totenkammer ermöglichen. Charakteristisch für Tino sind die stämmigen, von der Stofffülle der Gewänder bedeckten Trägerfiguren. Die weiblichen Gestalten sind als Engel zu verstehen. Die Reliefs der Auferstehung Christi und seiner Erscheinungen vor Thomas und Magdalena beschließen die Grabmalsthematik, die ganz auf die christlichen Jenseitserwartungen ausgerichtet ist. Ein weiteres Grabmal schuf Donatello für den 1426 verstorbenen Bischof Giovanni Pecci. Es ist in drei Stücken aus Bronze gegossen und über dem von zwei Putten auseinander gerollten Schriftband signiert OPUS DONATELLI (Werk Donatellos). Die Haltung des Toten mit dem zur Seite gerollten Kopf und den auseinander klaffenden Füßen scheint natürlich, doch das neue Motiv der vor der Brust statt vor dem Unterleib gekreuzten Hände deutet auf innere Sammlung. Dies ist ein künstlerisches, kein naturalistisches Motiv und weist über den Tod hinaus. Bemerkenswert ist die perspektivisch überzeugende architektonische Rahmung, die den Verstorbenen in der Bahre liegend wiedergibt. Damit löste Donatello den Konflikt von Liegefiguren, die in stehender Haltung auf Grabmälern wiedergegeben waren.

Die Libreria Piccolomini wurde 1495 vom damaligen Kardinal Francesco Todeschini Piccolomini zum Andenken an seinen Onkel, Papst Pius II., gestiftet. Berühmt sind weniger die Handschriften als die Wandmalereien Bernardino Pinturicchios von 1502 – 1508. Der größte Freskenzyklus profanen Inhalts aus der Zeit der Frührenaissance schildert die Karriere des Diplomaten Enea Silvio Piccolomini u. a. in Schottland, das der Maler aus Unkenntnis als umbrische Landschaft darstellt, die Wahl Piccolominis und seine Krönung zum Papst Pius II., die Heiligsprechung der Katharina von Siena und schließlich die Bemühungen des Papstes um einen Kreuzzug gegen die Türken. An der Schaufassade erkennt man die Krönung des Auftraggebers zum Papst Pius III. Die feierlichen Kompositionen überhöhen die profane Historienmalerei und präsentieren einen exemplarischen Lebenslauf nahezu wie eine Heiligenvita. Erzählfreude, Detailreichtum bei Landschaften, Kostümen und Architekturen sowie historische Präzision – ein Beispiel ist die Ansicht auf Siena in der Szene der Begegnung Kaiser Friedrichs III. mit seiner Braut Eleonore von Toledo – zeichnen diesen Zyklus aus. Raffael, der an diesen Fresken mitarbeitete, sollte wenige Jahre später diesen miniaturhaften Stil der Frührenaissance in der Stanza della Segnatura des Vatikan ablösen. Im Zentrum der Bibliothek steht die antike Gruppe der drei Grazien, eine römische Kopie des 3. Jh. nach griechischem Original, die großen Einfluss auf die Malerei und Skulptur der Renaissance haben sollte. Zudem malte Pinturicchio im Sieneser Dom die Porträts Antonio Ardinghellis als junger und als älterer Mann in der Kapelle Johannes' des Täufers. Sie zeigen den Auftraggeber in betender Haltung auf eine Bronzestatue des Täufers ausgerichtet, die Donatello 1457 goss. In diesem ausdrucksstarken Spätwerk löst sich Donatello vom Schönheitsideal des Quattrocento und zeigt einen von Entbehrungen gezeichneten Asketen. Der Piccolomini-Altar wurde von Andrea Bregno und Michelangelo geschaffen. Der Altar und die umrahmende Cappella sind von Andrea Bregno aus den Jahren 1483 – 1485. Der Auftrag für die Statuen wurde 1502 von dem Sieneser Kardinal Francesco Todeschini Piccolomini, dem späteren Papst Pius III., an den jungen Michelangelo vergeben. Der Künstler aber hat nur vier Figuren geliefert, denn er hatte sich bereits den

▲ *Siena: Dom Santa Maria Assunta, Tino di Camaino, Grabmal des Kardinals Petroni.*

▲ *Siena: Dom Santa Maria Assunta, Libreria Piccolomini, Bernardino Pinturicchio, Enea Silvio Piccolomini bei König Jakob I. in Schottland.*

Marmorblock für den David gesichert und kein Interesse mehr an dem Auftrag aus Siena. Michelangelo lieferte die Figuren der beiden Apostelfürsten Petrus und Paulus sowie der beiden Päpste. Paulus hält in der Hand einen Schwertknauf, der vermutlich durch eine bronzene Klinge hätte ergänzt werden sollen. Die Figur wurde als Selbstbildnis Michelangelos gesehen, dafür ist Paulus jedoch viel zu alt. Petrus wirkt ruhiger und ausgewogener. Die beiden Figuren sind als Kontrast aufgebaut und aufeinander bezogen, beide haben Bücher als Attribute, sind aber vor allem durch die Physiognomie identifiziert. Die Statuen des Gregor und Pius im Obergeschoss sind Werkstattarbeiten. Papst Alexander VII. aus der Sieneser Familie Chigi ist die reich dekorierte barocke Cappella della Madonna del Voto zu verdanken. Sie wurde 1659 nach Entwürfen Berninis errichtet und birgt das Madonnenbild aus dem Umkreis Guido da Sienas, vor dem die Sienesen gelobten, im Falles eines Sieges über die Florentiner in der bevorstehenden Schlacht von Montaperti 1260 die Stadt der Jungfrau zu weihen. Die barocken Marmorstatuen der Maria Magdalena sowie des Hieronymus in den Nischen stammen von Bernini selbst, Ercole Ferrata schuf die Figur der Katharina und Antonio Raggi die des Bernardino, also der Lokalheiligen Sienas. Raggis Sitzstatue des Papstes nach Entwurf Berninis steht in der Tradition päpstlicher Ehrenstatuen.

Museo dell'opera metropolitana

• Piazza del Duomo. • Museum der Werke der ehemaligen Domausstattung.

Das Museum wurde in den zugebauten ersten drei Jochen des nördlichen Seitenschiffs vom neuen Dom eingerichtet, wo früher die Werkstätten der Steinmetzen der Dombauhütte angesiedelt waren. Seit 1870 werden dort gefährdete oder besonders schützenswerte Stücke der Domausstattung aufbewahrt. Im Erdgeschoss befinden sich die Originale der Skulpturen Giovanni Pisanos für die Domfassade. Die überlebensgroßen Figuren sind in ihren Drehungen und schweren Gewanddrapierungen für den hohen Standort geschaffen. Energische, tiefe Linien wurden mit dem laufenden Bohrer gearbeitet und ergeben ein stärkeres Hell-Dunkel als bei Nicola Pisano, tiefe Perforationen arbeiten auf Weitsicht hin. In der Großplastik erzielte Giovanni Expressivität statt Feinheit der Ausarbeitung, sehr breite Bohrungen schaffen mit scheinbarer Leichtigkeit die Form, die Figuren leben von der Linie, sind antiklassisch. Die Madonna del Perdono aus der Werkstatt Donatellos passt sich als Halbfigur der in der Toskana verbreiteten Form des Rundbildes, des Tondo, an. Von Jacopo della Quercia stammen eine Madonnenstatue, um 1420 als spätgotische Gewandfigur geschaffen, und die Madonna des Kardinals Casini, ein ca. 1438 gestaltetes Relief, das den realistisch derb gezeigten Stifter und seinen Namenspatron, den heiligen Antonius, vor einer sehr eleganten Madonna mit Kind wiedergibt.

▲ *Siena: Museo dell'opera metropolitana, Duccio, Maestà.*

Im Obergeschoss birgt ein Saal Duccios Maestà, den ehemaligen Hochaltar des Domes. Duccio di Buoninsegna, nachweisbar ab 1278, gestorben 1319 in Siena, gilt als Begründer der Sieneser Malerschule. Er stand zunächst unter dem Einfluss Cimabues, kannte aber auch die Plastik der Pisani und die Malerei Giottos, deren Realismus er in seine Kunst aufnahm. Giottos Drama stellte Duccio eine poetische, entrückte Welt gegenüber. Seine Darstellungen bleiben überzeitlich und weltfern, der Wirklichkeitssinn in Figur und Raum diente Duccio äußerlich zur Steigerung der Schönheit, die er durch Farbbrillanz und Schönlinigkeit ausdrückte. Schönheit, Anmut und Innerlichkeit prägen die Figuren in der Sieneser Malerei der Gotik.

1308 erhielt Duccio den Auftrag, die „Heilige Jungfrau Maria von Siena" für den Hauptaltar des Domes zu malen. 1311 wurde die Maestà in einer triumphalen Prozession in den Dom gebracht, dabei von einem anonymen Chronisten als „avochata" Sienas, die gegen alle Feinde hilft, beschrieben. Vor der Schlacht bei Montaperti gegen Florenz stellte sich Siena unter den Schutz der Madonna und legte das Votum ab, sich im Falle eines Sieges *Civitas Virginis*, Stadt der Jungfrau, zu nennen. Duccios Maestà sollte den Rang des Votivbildes, vor dem die Sienesen den Eid abgelegt hatten, als Altarbild im Dom einnehmen. „Maestà" bezeichnet den Bildtypus einer thronenden Madonna, die von Engeln und Heiligen wie von einem Hofstaat umgeben ist. Die Darstellungen sind vor allem in der italienischen Malerei des 13. und 14. Jh. verbreitet. Duccios Tafel ist die berühmteste Darstellung dieses Typs.

Das Altarbild war doppelseitig bemalt. Die großformatige Tafel wurde 1506 aus dem Dom entfernt, 1771 zersägt, dabei ging der Rahmen verloren, einige Teile wurden verkauft. Das Werk ist daher heute beschnitten, Vorder- und Rückseite sind getrennt, Teile befinden sich in anderen Museen bzw. sind verloren. Die Bildinschrift spricht Maria als Gottesmutter sowie Beschützerin Sienas an und nennt Duccio als Maler. Auf der Vorderseite der monumentalen Tafel thront Maria als Himmelskönigin. Die sehr strenge, hierarchische Komposition isoliert sie auf ihrem Thron, die Reihen der Engel und Heiligen sind in Isokephalie angeordnet. Vor Maria knien die Lokalheiligen Ansano, Savino, Crescenzio und Bartolommeo, die sie als Patronin der Stadt herausstellen, ihr Referenz erweisen und sie um Fürsprache für Siena bitten. Die Stadtpatrone sind Schutzfiguren, wie ursprünglich der Kaiser, und stellen höchste Autoritäten neben der Jungfrau dar, die sich versammeln, um das Heil Sienas zu sichern. Im Mariendom war die Maestà sakrales Kultbild und Staatsbild in einem, die Prozession war ein liturgischer wie politischer Akt. Die Maestà steht somit auch in politischen Bezügen und der Betrachter sah das Bild als Gläubiger und Staatsbürger, es ist ein sakrales Symbol des Staates. Die Tafeln der Rückseite, Predella und Bekrönung, zeigen Episoden des Marienlebens, die Vita Christi und die Passion. Dieser komplexe Teil war dem Chor zugewandt und nur vom Domkapitel zu betrachten. Duccios Altar wurde schulbildend für die Sieneser Malerei in der intensiven Farbigkeit und der Empfänglichkeit für Detail und Raffinesse der gotischen Linearität. Die kompositorische Strenge der symmetrischen Anordnung, die räumliche Unklarheit, feststellbar an der Position des Kindes, und der Marientypus der Hodegetria (Wegführerin, trägt das Kind auf dem Arm) binden noch an die *Maniera greca*. Auch auf der Rückseite zeigt sich der aus der byzantinischen Malerei vermittelte Farbreichtum in Verbindung mit gotischem Linienstil, der nur noch teilweise durch die Chrysographie überdeckt wird. Das architektonische Gerüst seines Lehrers Cimabue erscheint bei Duccio freier, die Figuren natürlicher, Architektur und Landschaft gewinnen an Bedeutung, sie stützen die Handlung und gliedern die Szene.

Die Mariengeburt von Pietro Lorenzetti aus dem Jahre 1342 zeigt einen perspektivisch konstruierten Raum, in dem Anna nach der Geburt Mariens ruht, während die männlichen Familienmitglieder im Hintergrund von dem Ereignis unterrichtet werden. Pietro erweist sich in diesem Spätwerk nicht als großer Erzähler wie sein Bruder Ambrogio, an dessen Personifikation des Friedens aus dem Palazzo Pubblico seine liegende Anna erinnert. Er war an den voluminösen Figuren Giottos interessiert, ebenso an der Konstruktion von Kastenräumen wie in diesem Werk. Vor der mathematischen Berechnung der Zentralperspektive wird der Raum nach Beobachtungen und Erfahrungen gebildet.

Palazzo Chigi Saraceni

• Via di Città. • Patrizierpalast. • Begonnen im 12. Jh., vollendet im 14. Jh. Im 18. Jh. überarbeitet.

Die geschwungene zweifarbige Fassade folgt der Biegung der Straße. Der untere Teil ist von Travertin verkleidet, das Obergeschoss aus Backstein gemauert. Die Arkaden des Untergeschosses dienten als Ladengeschäfte, der Familiensitz befand sich in den Obergeschossen, die von Triforienfenstern mit schlanken Marmorsäulchen wie am Campo durchbrochen sind. Der Palast ist heute Sitz der *Accademia musicale Chigiana* und birgt einen Konzertsaal.

Palazzo Pubblico

• Piazza del Campo. • Bedeutendster Stadtpalast der Toskana. • 1297–1310 mittlerer Baukörper errichtet, 1327 und 1330 verbreitert, 1680 Flügel erhöht. Torre del Mangia 1338–1341, eiserne Glockenstube 1669. • Baumeister des Turmes Francesco und Minuccio di Rinaldo, Giovanni di Agostino nach Entwurf Lippo Memmis.

Im 13. Jh. verloren die Dome als Repräsentationsbauten der Städte einen Teil ihrer alten Funktionen. Die kommunalen Regierungen ersetzten die kirchlichen Tagungsstätten durch eigene Paläste. Der Stadtpalast wurde nun politischer Mittelpunkt, die Ratsversammlungen bauten sich prachtvolle Häuser wie in Volterra, Arezzo und Siena, legten Versammlungsplätze an und errichteten eigene Türme als Symbole der Macht, deren Glocken die Bürger an den Sitz der Regierung riefen. So konkurriert auch die Torre del Mangia am Palazzo Pubblico im Stadtbild Sienas mit dem Campanile des Domes und repräsentiert den säkularen politischen Bereich.

Der Palazzo Pubblico beherbergt den großen Versammlungssaal des Stadtrates, den Amtssitz und die Wohnung des Podestà sowie die Amtsräume des Rates der Neun und des Obersten Gerichts. Die kurze Bauzeit für ein solches Repräsentationsgebäude spricht für die Verlagerung des städtischen Interesses vom Dombau zur Anlage des Stadtpalastes. Der Kern des Palastes besteht aus einer vierachsigen und viergeschossigen Anlage, an die zweigeschossige Flügelbauten anschlossen, die im 17. Jh. stilgetreu erhöht wurden. Das Erdgeschoss aus Travertin ist von den typischen Sieneser Bögen geöffnet, d. h., die flachen Segmentbögen werden von spitzen Blendbögen überfangen. Die Obergeschosse sind aus leichtem Backstein. Die Dreipasstriforien unter Blendbögen sollten die Fensterachsen für die gesamte Platzanlage vorgeben, es folgte jedoch nur der Palazzo Sansedoni. Die großen Triforienfenster mit eingestellten Mar-

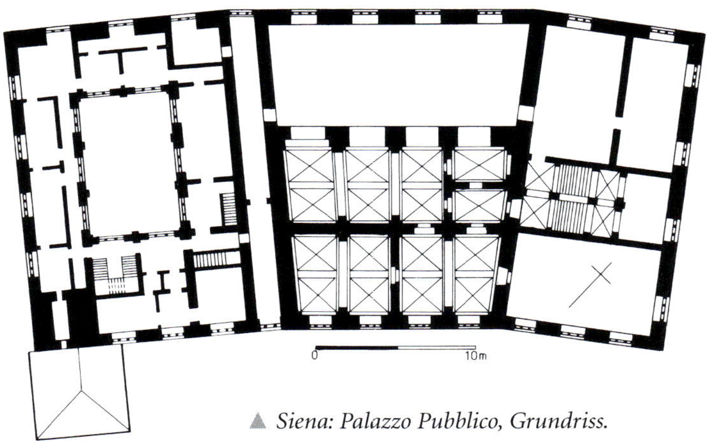

▲ *Siena: Palazzo Pubblico, Grundriss.*

▲ *Siena: Palazzo Pubblico.*

morsäulchen in dem hellen Backstein verleihen dem Gebäude trotz der monumentalen Dimensionen Leichtigkeit und Eleganz. In allen Bogenfeldern erscheint die Balzana, das schwarz-weiße Stadtwappen. Die Sonne mit dem Christusmonogramm am Obergeschoss des Kernbaus geht auf den heiligen Bernardino von Siena zurück, der im 15. Jh. vor dem Palazzo Pubblico die Verehrung des Namens Jesu predigte. Nach der Eingliederung Sienas in das Großherzogtum Toskana wurde 1560 das Medici-Wappen an die Fassade montiert. Der Stadtturm, nach einem faulen Glöckner mit Spitznamen Mangiaguadagni (Verdienstfresser) Torre del Mangia genannt, ist mit 102 m der höchste der Toskana und übertrifft damit alle Kirchtürme. Die helle Verkleidung der Glockenstube über der vorkragenden Plattform und die schlanken Proportionen verleihen dem Turm Eleganz. Der Komplex des Palastes mit seinem Turm ist repräsentativ, dennoch bürgerlich-zurückhaltend. Er wirkt durch die Größe und seine Schönheit, die durch eine qualitätvolle Bauweise, Proportion und Einheitlichkeit der Formen erzielt wird. Kostbare Materialien wie Travertin und Marmor wurden im Unterschied zu den Dombauten nur maßvoll eingesetzt, wobei der Farbwechsel mit dem roten Backstein ihre Schmuckwirkung erhöht.

Die repräsentativen Räume des Palastes sind mit programmatischen Bildprogrammen ausgestattet, die die Ratsherren an ihre Verantwortung gemahnten. Der große Ratssaal im ersten Obergeschoss heißt Sala del Mappamondo nach einer verlorenen Karte Lorenzettis, die wahrscheinlich keine Weltkarte war, wie der Name besagt, sondern das Herrschaftsgebiet Sienas, den *contado*, zeigte. Das bedeutendste Fresko der immer noch reichen Dekoration ist Simone Martinis Maestà. Das Fresko entstand im Jahre 1315 und musste schon 1321 wegen Feuchtigkeitsschäden von Simone restauriert werden. Die Änderungen lassen sich in der intensiveren Farbigkeit der Köpfe und Hände vor allem Mariens und des Kindes sowie der flankierenden Engel erkennen.

Simone Martini ist 1315 in Siena nachgewiesen und starb 1344 in Avignon. Der früheste Nachweis Simones ist die Signatur der Maestà, die ihn bereits als vollendeten Maler zeigt. König Robert von Anjou rief ihn nach Neapel und die Päpste im Exil beorderten ihn nach Avignon zur Ausmalung des dortigen Papstpalastes. Dennoch weiß man wenig über den gefeierten Künstler, der für die Trecentomalerei die Sieneser Entsprechung zu Giotto darstellt. Vielleicht kam er aus der Werkstatt Duccios, beherrschte aber im Unterschied zu diesem die Freskotechnik. Simone war erfindungsreich in der Entwicklung von Bildthemen und blieb auch in monumentalen Formaten dem Detailreichtum und der Schönlinigkeit der Sieneser Malerei verbunden, die ihn von Giotto unterscheiden.

Simones Maestà ist an Duccios maßgebliche Vorlage angelehnt und übernimmt das Thema des Altarbildes in den Ratssaal. Die Komposition ist wesentlich bewegter als in Duccios Werk, die Isokephalie der Figuren wird aufgehoben, die Festigkeit der Komposition weicht zugunsten größerer Lebendigkeit und Natürlichkeit der Anordnung, die Figuren überschneiden sich, ihre Posen variieren. Vor allem aber wird das Marienthema profanisiert, die Gottesmutter erscheint als die Patronin der Stadt.

▲ *Siena: Palazzo Pubblico, Sala del Mappamondo, Simone Martini, Maestà.*

Marias blaues Gewand der Himmelskönigin wird zum weltlichen Prunkgewand und die Krone weist sie als Maria Regina (Königin) aus. Christus präsentiert sich als Christus Iudex, als Richter, der die versammelten Ratsherren mit der Inschrift mahnt: DILIGITE IUSTITIAM QUI IUDICATIS TERRAM (liebt die Gerechtigkeit, die Ihr die Erde richtet). Die Apostel treten an die Stelle von Duccios Heiligen, auch sie sind Beisitzer des Gerichtes. Im Vordergrund knien wie bei Duccio die Stadtpatrone Ansanus, Crescentius, Savinus und Viktor, die sich für die Bürger Sienas empfehlen. Im Baldachin erscheint als Wappen Sienas die schwarz-weiße Balzana, daneben der Löwe des Rates der Volksvertreter (Consiglio del Popolo) und die Lilien der guelfischen Partei. Eine weitere Inschrift auf den Stufen des Thrones fordert auf, Gerechtigkeit, Friede und Wohlstand über Unrecht, Krieg und Verrat triumphieren zu lassen. Das Hoheitsmotiv der Madonna lässt sich mit diesem Fresko somit auf die gesellschaftlichen Verhältnisse beziehen. Die Madonna als Stadtpatronin wird zum politischen Modell.

Simone Martinis Porträt des Guidoriccio da Fogliano entstand in den Jahren 1328 – 1330. Der Capitano del Popolo erscheint als einsamer Reiter vor einer kargen Landschaft. Dort erkennt man belagerte Städte und in den Zeltlagern sienesische Wappen. Eine Stadt, das soeben eingenommene Sassoforte, ist bereits mit der Balzana besetzt. Guidoriccio nähert sich nun der nächsten Stadt, Montemassi, die er im Jahre 1328 eroberte. Das Bildnis des Reiters gehört zu den ersten monumentalen Porträts einer lebenden Person mit physiognomischer Ähnlichkeit seit der Antike. Zudem ist es eines der frühesten unabhängigen Bildnisse überhaupt, ohne eine Bindung an eine religiöse Stiftung oder ein Grabmal. In der Toskana wurde bezeichnenderweise mit einem solchen Bildnis ein Bürgerlicher, der sich um das Gemeinwohl verdient gemacht hatte, geehrt. Das Fresko ist eine Huldigung der Stadt an den Feldherrn, doch keine Heroisierung, denn das dickliche Gesicht mit geknickter Nase idealisiert keineswegs militärische Tugenden. Eine besondere Ehrerbietung gegenüber dem Feldherren liegt in der Darstellung zu Pferde, denn ein Feldherrenbildnis als Reiter geht auf die römische Statue des triumphierenden Imperators Marc Aurel zurück. Das Fresko wäre somit ein Beispiel für die Antikenrezeption des Frühhumanismus. Zugleich aber ist das Pferd auch Attribut und Hoheitszeichen des Feldherrn, das mit seiner Schabracke das antike Vorbild ins Mittelalter transferiert. Im Stadtpalast löste sich die Kunst somit komplett von der Heilsgeschichte und fand zu neuen Themen, imitierte in diesem Fall das kaiserliche Reiterbild des Marc Aurel. In der Sala befand sich zudem die eingangs erwähnte Karte des Sieneser Territoriums von Ambrogio Lorenzetti neben Darstellungen der eroberten Gebiete. Unterhalb von Guidoriccio ist die Übergabe einer Stadt gezeigt und auch Simone wurde für zwei weitere Stadtansichten bezahlt. Derartige Kriegsdarstellungen wurden aus der höfischen Kultur auf die kommunalen Bildprogramme übertragen. Auch aus dem Bargello von Florenz sind vor 1306 die Darstellungen dreier unterworfener Städte bekannt. Das Bildnis des Feldherrn zu Pferde, der das Staatsgebiet schützte und durch Eroberungen erweiterte, aber war eine thematische Neuschöpfung der freien Kommune.

Die Sala della Pace war der Sitzungssaal der Regierung der Neun, in deren Auftrag Ambrogio Lorenzetti 1338/39 die Allegorien der Guten und Schlechten Regierung malte. Ambrogio Lorenzetti ist 1319 in Siena nachweisbar, wo er 1348 an der Pest starb. Ambrogio war in ikonographischer Hinsicht sehr einfallsreich, spielte manchmal das *enfant terrible*, die Allegorie des Friedens z. B. entwickelte er aus einer gefallenen Eva aus dem Eremo di San Galgano. Er war ein Meister allegorischer Thematik und liebte die Personifikation, ferner stellte er gerne Exoten dar, kannte gleichermaßen die Bibel und die Antike. In den Stadtansichten erwies er sich als ein sensibler Beobachter zeitgenössischer Usancen und in den straffen, voluminösen Gestalten sowie den perspektivischen Konstruktionen kommt er Giotto näher als Simone Martini.

Der figurenreichste profane Freskenzyklus des Mittelalters ist eine politische Allegorie, gebildet aus Personifikationen und Narrativen. Die

▲ *Siena: Palazzo Pubblico, Sala della Pace, Ambrogio Lorenzetti, Die Auswirkungen der guten Regierung.*

Obrigkeit thematisiert sich in der Darstellung das Buongoverno (Gute Regierung) als Regierungserklärung und Verpflichtung des Rates. Das Licht fällt vom Fenster auf die Darstellung der Guten Regierung und ihrer Auswirkungen, mit der sich die Regenten von ihrer Bank unter dem Fenster aus konfrontiert sahen.

Die Personifikation des Bencomune (Gute Kommune) in den Farben Sienas, Schwarz und Weiß, mit den nimbusartig angeordneten Buchstaben C.S.C.V. (Commune Senarum Civitas Virginis = Gemeinde der Sienesen, Stadt der Jungfrau) thront, umringt von Kardinaltugenden und inspiriert von den christlichen Tugenden, auf einer Thronbank. Seitlich lagert die berühmte Personifikation der Pax (Friede) als entwaffnete Fortitudo (Stärke). Sie ruht auf ihren Waffen, ist aber nicht wehrlos. Darunter erscheint der Rat der 24, die erste bürgerliche Regierung, die vor Montaperti Maria als Königin der Stadt angerufen hatte. Die Ratsherren ziehen von Concordia (Eintracht) her an einem Strick, den Bencomune in der Hand hält. Das Attribut der Concordia ist der Hobel, der alle gleich macht, ein Hinweis an die Adresse des Adels. Die Eintracht verbindet Justiz und Regierung, denn über ihr erscheint Justitia, die die Gerechten belohnt und die Verbrecher bestraft. Auf der anderen Seite entspricht der Justitia die gewappnete Miliz, die die Schurken unter Kontrolle hält, darunter Bürger, die Siena in den Ruin treiben. An diese abstrakte Allegorie schließt die konkrete Schilderung des Lebens in der Idealstadt an. Diese Stadt ist nicht allein Siena, denn die identifizierende Darstellung des Domes links oben wurde erst nachträglich eingefügt. Unter der idealen Regierung lebt man in Eintracht und Frieden, der Handel prosperiert, in der Schule wird gelehrt und Frauen sind auf der Straße sicher. Auch auf dem Land herrscht Securitas, die Sicherheit, die den Ungerechten hängt. Das Land blüht und gedeiht. Man erkennt topographisch korrekt abgebildete Städte wie Monteriggioni mit seinem Mauerring. Hier erscheint auch der Adel, vertreten durch die Herren bei der Falkenjagd, denen die Bauern selbstbewusst begegnen. Die Geistlichkeit tritt hingegen nicht in Erscheinung. In der Allegorie der schlechten Regierung sitzt die Personifikation der Tyrannei mit den Lastern auf einer Thronbank. Die Figur der Divisio (Teilung) zersägt sich selbst. Vor ihr liegt die gefesselte Gerechtigkeit und Bürger, die sich an sie wenden, werden getötet. In der Stadt verfällt alles, die Geschäfte sind geschlossen bis auf das des Waffenhändlers, ein Narr schlägt einen Bürger und Männer vergreifen sich an einer Frau. Aus der Stadt traut man sich nur mit Geleit, draußen herrscht Timor, die Furcht, und marodierende Soldaten ziehen umher. Dieses erschreckende Bild diente zur Warnung und Kontrolle des Rates. Die erstaunlichen Allegorien beruhen auf den Schriften des Aristoteles zur idealen Regierung. Sie sind ein originär laizistisches politisches Programm einer bürgerlichen Obrigkeit, ohne jegliche Referenzen an die einst herrschende Kirche.

Von großer Bedeutung ist die Marientafel des Guido da Siena in der Sala del Pilastri. Das in der Inschrift angegebene Datum 1221 ist definitiv zu früh angesetzt, die Tafel stammt wahrscheinlich aus den 60er Jahren des 13. Jh. und steht in der Nachfolge der monumentalen Tafel des Coppo da Marcovaldo. Das Bild wurde für San Domenico gemalt und sollte alle bisherigen Kultbilder übertreffen. Maria ist als Himmelskönigin thronend in der neuen Art Coppos wiedergegeben, übertrumpft die ältere Tafel in Santa Maria dei Servi jedoch in den Maßen (Höhe der Marientafel 283 cm, mit Giebel 362 cm!). Im 14. Jh. wurden die Gesichter im Stile von Duccios Maestà übermalt, um dieser die Identität mit der „heiligen Maria von Siena“, wie die Stadtpatronin genannt wurde, zu sichern. Auch Coppos Tafel für die Serviten war zu diesem Zweck im Stil Duccios übermalt worden. Das gefälschte Datum verlegte die Entstehung des Bildes Guidos in das Todesjahr des Ordensgründers und machte es damit älter als alle anderen berühmten Mariendarstellungen. Die Sieneser Dominikaner konnten nun behaupten, den Archetypus aller bedeutenden Marienbilder zu besitzen. Die abenteuerliche Geschichte des Bildes dokumentiert den herausragenden Stellenwert der Kunst in der Toskana. So ging es sogar den Ordensbrüdern nicht allein um die Verehrung Mariens, sondern um den Anspruch, den Archetypus der großen Marientafeln zu haben.

In der Cappella dei Priori und dem Vorraum, der Anticappella, befinden sich Fresken von Taddeo di Bartolo. Der Marientod in der Kapelle huldigt der Stadtpatronin, die in der Anticappella dargestellten berühmten Männer (*uomini illustri*) stammen aus der römischen Republik und verweisen auf die freiheitliche Verfassung Sienas. Eine Rom-Vedute, umgeben von heidnischen Göttern, spielt ebenfalls auf diesen Hintergrund sowie die Herkunft des Senius, des legendären Gründers von Siena, an.

Palazzo Salimbeni

• Piazza Salimbeni. • Mittelalterlicher Bankierspalast. • Begonnen ca. 1350. Im 19. Jh. restauriert.

Der eindrucksvolle Bau wurde als Familiensitz der Bankiers Salimbeni errichtet. Er ist im Untergeschoss geböscht und mit einem von einem Sieneser Bogen überfangenen Portal versehen. Schlichte Rundbogenfenster durchbrechen die Fassade, erst im *Piano nobile* betonen Triforienfenster den repräsentativen Charakter eines Patrizierpalastes. Davor ist auf den Konsolen eine hölzerne Galerie zu ergänzen. Seit dem 19. Jh. ist der Bankierspalast Sitz des Monte di Paschi di Siena, einer 1624 gegründeten Kreditbank, die die seit 1472 in Siena bestehende Kreditanstalt Monte Pio ablöste. Da die privaten Banken sehr hohe Zinsen verlangten, die ihren Besitzern die Errichtung solcher Paläste und fromme Stiftungen in Kirchen ermöglichten, wurden soziale Kreditanstalten zum Schutz der Bürger vor Wucher notwendig.

▲ *Siena: Palazzo Salimbeni.*

Palazzo Tolomei

| • Piazza Tolomei. • 1205 begonnen, 1267 überarbeitet. Restauriert.

Der älteste im Kern erhaltene Patrizierpalast Sienas wurde in gotischen Formen überarbeitet. Das hohe Sockelgeschoss war ursprünglich durch Dächer auf Konsolen, die über den Ladeneingängen verliefen, gegliedert. Das Portal ist mehrfach profiliert und mit Löwen am Türsturz besetzt, im Tympanon sind die Familienwappen angebracht. Reich verziert sind die großen Maßwerkfenster der Obergeschosse, in denen Marmorsäulen mit hübschen Knospenkapitellen die Biforien unter den Dreipässen teilen. Diese Fenster beleuchten repräsentative Festsäle, in denen sich 1310 Robert von Anjou, der König von Neapel, aufhielt.

Piazza del Campo

| • Seit dem 13. Jh. Zentrum der Stadt. • Pflasterung 1347. Restauriert. • Bedeutendste gotische Platzanlage der Toskana.

Die für das Mittelalter große Platzanlage nutzt mit ihrem auf den Palazzo Pubblico zulaufenden Gefälle und der Muschelform antiker Theater die topographischen Gegebenheiten des antiken Forums. Der Rat der Neun ließ zur Verherrlichung seines guten Regiments über die Stadt das Backsteinpflaster durch Travertinstreifen in neun Segmente unterteilen. Nach antiker Tradition ist die Pflasterung ein Kennzeichen öffentlicher Straßen und Plätze. Das kostenaufwändige Pflaster diente der Sauberkeit und dem Schmuck der anwachsenden Städte. Sienas Ziegelbelag wurde zu zwei Dritteln von der Stadt, zu einem von den Anwohnern finanziert, die sich auch an Ausbesserungsarbeiten beteiligten. Auch das sorgsam gefügte Muster der Ziegel zeigt den Schönheitssinn der Bürger und ist ein wesentliches Merkmal der mittelalterlichen Stadtbaukunst. Elf Straßen und Treppen ermöglichen den schnellen Zugang und die ebenso schnelle Räumung des Platzes, auf dem städtische Verordnungen bekannt gegeben, Predigten gehalten und Feste gefeiert wurden. Der Campo ist bis heute Austragungsort des Palio, eines Pferderennens, das seit 1147 zu Ehren Mariens als der Schutzpatronin Sienas überliefert ist. Ab 1310 fand der Palio am 16. August, dem Himmelfahrtstag, auf dem Campo statt, die gesamte Kommune hatte sich einzufinden, Geschäfte und Weinstuben mussten schließen. Seit etwa 1650 wird das von den Contrade (Stadtteilen) ausgerichtete Rennen auch am 2. Juli zu Ehren der Madonna ausgetragen.

Die Stadt feierte die Platzanlage als „die schönste, die man finden kann“. Zur Bewahrung der Pracht wurde in Siena wie auch in Florenz eine städtische Schönheitsbehörde (*ufficio sopra l'ornata*) eingerichtet, die über die Objekte des Bürgerstolzes wachte. Eine Bauverordnung sah vor, dass die Palastfassaden an der Piazza del Campo mit einheitlichen Fensterachsen nach dem Vorbild des Palazzo Pubblico versehen werden sollten. Wie die Abfolge der Joche den Raum im Kathedralbau sollten die regelmäßigen Fassaden den Platz vereinheitlichen. Die *bellezza* bedeutete die Ordnung des Gemeinwesens, die aufwändige Gestaltung der Bauten an den politischen Zentren ist ein kalkuliertes ästhetisches Erlebnis der Repräsentation.

Der Platz ist von Patrizierpalästen gesäumt, darunter der lang gestreckte Palazzo Sansedoni, 1339 von Agostino di Giovanni aus drei Familienpalästen mit Wohntürmen des 13. Jh. zusammengefasst und im 18. Jh. überarbeitet. Die Fassade folgt dem muschelförmigen Schwung des Platzes. Eine Stadtverordnung der Schönheitsbehörde schlug vor, dem Besitzer ein hohes Amt zu geben, damit er die kostbaren Fenster zum Schmuck der Piazza finanzieren könne. Wie zahlreiche Paläste Sienas wurde auch diese Anlage im 18. Jh. überarbeitet und vor allem im Innenraum modernisiert.

▲ *Siena: Piazza del Campo mit Palazzo Pubblico.*

Pinacoteca nazionale

• Via San Pietro. • Gemäldegalerie mit Sitz im spätgotischen Palazzo Buonsignori. Umfangreiche und hochkarätige Sammlung Sieneser Tafelmalerei des 13. – 16. Jh.

Die Franziskustafel des Margarito d'Arezzo stammt aus der zweiten Hälfte des 13. Jh. Von Guido da Siena sind die Madonna mit Kind, datiert 1267, sowie die Madonna mit Kind und Heiligen, datiert 1270. Guido ist der erste namentlich bekannte Maler Sienas. Er folgte Coppo da Marcovaldo in seinen großformatigen Marienbildern und einem strengen Byzantinismus, der sich hier im Typus der Hodegetria (Wegführerin), den Zackenfalten und der Chrysographie äußert. Duccios Marienpolyptychon gehört in seiner Feinheit zu den reifsten Werken des Künstlers, die Seitentafeln sind Werkstattarbeiten; Duccios miniaturhafte Franziskanermadonna, ein privates Andachtsbild, wird wegen der Feierlichkeit der Marienfigur und der lebhaften Gruppe der Mönche, für die es gemalt worden war, geschätzt. Ambrogio Lorenzettis Madonna mit Kind und den Heiligen Maria Magdalena und Dorothea kombiniert die voluminöse Plastizität der Figuren Giottos mit den Schönheitsidealen der Sienesen. Ambrogio sind auch die kleinen, hochberühmten Landschaften „Ansicht einer Stadt am Meer" und „Ansicht eines Hafens am See" zugeschrieben, die als frühe Landschaftsbilder galten, wahrscheinlich aber Ausschnitte aus *Cassone*-Bildern sind, also von Hochzeitstruhen stammen. Die minutiösen, farblich brillanten Architekturdarstellungen gehören zu den reizvollsten Arbeiten des Malers. Datiert 1344 und signiert ist Ambrogio Lorenzettis Verkündigung, die für den Palazzo Pubblico bestimmt war. Gabriel verweist mit dem Wink des Daumens über die Schulter auf den göttlichen Ursprung seiner Botschaft. Pietro Lorenzettis Karmelitermadonna gehörte einst zu den kostbarsten Kunstschätzen Sienas. Das Polyptychon wurde zersägt, die Fragmente verkaufte man. Neben der Marientafel blieben die Teile der Predella mit der Geschichte des Karmeliterordens und der Bekrönung in Siena erhalten. Von Simone Martini stammt eine Madonna mit Kind. Lippo Memmi, ein Schüler Simones, bleibt dessen vornehm-schönlinigem Stil verbunden, erreicht jedoch nicht Simones Qualität. Die Malerei der Frührenaissance vertritt der Tondo der Heiligen Familie mit Johannesknaben, ein Spätwerk des in Siena tätigen Umbrers Bernardino Pinturicchio. Mehrere Werke des aus Mailand stammenden Sodoma, darunter die Geburt Christi, verraten Pinturicchios Einfluss auf die in Siena tätigen Renaissancemaler. Der Sienese Francesco di Giorgio Martini war Maler, Bildhauer, Architekt und Ingenieur. In seiner großformatigen Marienkrönung und Geburt Christi bewahrte er die reiche Chromatik der Sieneser Tradition. Domenico Beccafumis Stigmatisierung der heiligen Katharina von Siena von 1515 gehört zu den berühmtesten Bilder der Sieneser Renaissance, seine Geburt der Jungfrau erzielt durch die virtuose Lichtführung eine geheimnisvolle, der Realität entrückte Atmosphäre. Sein Christus in der Vorhölle kündet in den gelängten Formen, der gebrochenen Farbigkeit und der räumlichen Verunklärung den Manierismus an.

Sant'Agostino

• Prato di Sant'Agostino. • Errichtet 1258. Im 15. Jh. umgebaut. 1755 barockisiert. • Architekt Luigi Vanvitelli (18. Jh.).

Die große Saalkirche mit Querhaus und flach geschlossenem Chor birgt wertvolle Kunstwerke aus dem 14. – 16. Jh. Von der ursprünglichen Ausstattung blieb nur die aus einem umfassenderen Programm stammende Maestà von Ambrogio Lorenzetti von ca. 1340 erhalten. Die sehr eleganten Figuren sind deutlich vom Schönheitsideal der Sieneser Malerei geprägt, doch nicht ganz so kühn wie die Maestà aus dem Eremo di San

▲ *Siena: Sant'Agostino, Matteo di Giovanni, Bethlehemitischer Kindermord.*

Galgano. Hochdramatisch ist der Bethlehemitische Kindermord in der Piccolomini-Kapelle von Matteo di Giovanni, signiert und datiert 1482. Unter dem Eindruck der Türkenkriege, die Pius II. aus der Familie Piccolomini führte, sind Herodes und seine Schergen als Orientalen gezeigt. Die fehlende perspektivische Logik in den gedrängten Menschenmassen kennzeichnet eine expressive, auf die Stilmittel der Spätgotik zurückgreifende Tendenz in dieser Phase der Frührenaissance. Das Altarbild von Sodoma aus dem frühen 16. Jh. zeigt die Anbetung der Heiligen Drei Könige. Die Kreuzigung von Pietro Perugino, dem Lehrer Raffaels, ist ganz von der Monumentalität der Hochrenaissance geprägt (1502 – 1506). Nur Maria und Maria Magdalena gehören in die historische Szene, die weiteren Heiligen, darunter der Kirchenpatron Augustinus auf der linken Seite, sind spirituell präsent. Symbolisch ist auch der Pelikan über dem Kreuz aufzufassen, der mit seinem Blut seine Jungen nährt und somit auf den Opfertod Christi verweist. 1978 wurden die Fresken der Geburt und Jugend Jesu freigelegt, welche wahrscheinlich von Francesco di Giorgio Martini stammen. Da die Secco-Partien der Oberfläche zerstört sind, wirken die Szenen jetzt monochrom.

San Domenico

• Piazza San Domenico. • Langhaus 1246–1300 errichtet. Ostteile 1465 vollendet. Nach einem Brand 1531 restauriert. Campanile 1340, im 18. Jh. verkürzt und mit Zinnen bekrönt.

▲ *Siena: San Domenico, Ansicht von Süden.*

Die trotz ihrer Monumentalität typische Bettelordenskirche ist ein schlichter, turmloser Saal mit weit ausladendem Querhaus mit sehr hoher Chorkapelle. Substruktionen im Osten machten die gewaltigen Ausmaße möglich, die mit ihren kaum gegliederten Backsteinmauern besonders eindrucksvoll sind. In diesen Unterbauten befindet sich die gewölbte *chiesa dei morti* (Totenkirche). Die architektonischen Formen der Halle bleiben nach dem Vorbild der Zisterzienserarchitektur schlicht. An das einschiffige Langhaus schließt ein tiefes Querhaus an, der Chor und die seitlichen Kapellen sind flach geschlossen und als einzige Bauteile gewölbt, der offene Dachstuhl des Langhauses hingegen zeigt eine bewusste Aufgabe der Errungenschaft der Wölbung.

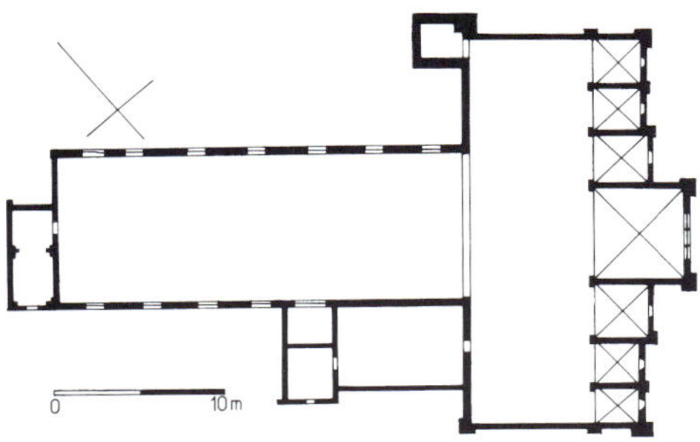

▲ *Siena: San Domenico, Grundriss.*

In der Cappella delle Volte am Eingang befindet sich über dem Altar das einzige als authentisch ange-

▲ *Siena: San Domenico, Sodoma, Stigmatisierung der heiligen Katharina von Siena.*

sehene Bildnis der heiligen Katharina von Siena, um 1370 – 1380, also noch zu deren Lebzeiten, von Andrea Vanni geschaffen. Sodoma malte 1526 die Katharinenkapelle aus, auf deren Altar in einem Tabernakel die Schädelreliquie der Heiligen aufbewahrt wird. Die Fresken der Ekstase und Ohnmacht Katharinas sind mit ihren schlichten, doch erhabenen Figuren der Dominikanerinnen, den kunstvollen Architekturen und weiten Landschaften Hauptwerke des Sieneser Malers. Das Marmorziborium auf dem Hauptaltar und die Leuchterengel schuf Benedetto da Maiano ca. 1475. In der zweiten Kapelle des nördlichen Querhauses malte Matteo di Giovanni die heilige Barbara zwischen Engeln und den Heiligen Magdalena und Katharina von Alexandrien, ferner die Anbetung der Könige.

Bettelordenskirchen

1209 wurde der Orden des Franziskus von Assisi bestätigt, 1215 die Bruderschaft des Dominikus. Diese Bettelorden haben keinen eigenen Besitz und verfolgen die Ideale Armut, Keuschheit und Gehorsam. Sie streben die volksnahe Seelsorge an und tragen die christliche Nächstenliebe ins öffentliche Leben der Städte. Beide Orden entwickelten Ordensstatuten, welche den Kirchenbau „gemäß der heiligen Armut" regeln sollten. Bettelordenskirchen passen sich jedoch den Gegebenheiten der Städte an, sie haben eine gewissen Typik, bilden aber keine verbindlichen Bauformen aus. Zunächst zeigten die Bauten den Protest gegen den Prunk der Kathedralen und Benediktinerabteikirchen, die Schlichtheit war Ausdruck des Armutsgelübdes. Gleichzeitig aber wurden die populären Orden von der Stadtkultur aufgesogen. Vor allem die Franziskanerkirchen erreichten in den Städten eine enorme Bedeutung wegen des päpstlichen Privilegs, Grabstätten für Bürgerliche einzurichten.
Bei italienischen Bettelordenskirchen handelt sich um meist in kurzer Bauzeit entstandene hallenartige Predigerräume mit tiefem Querhaus, flach geschlossenen Chören und Querhauskapellen wie in San Domenico und San Francesco in Siena. Die Bauten verzichten im Allgemeinen auf Türme, Emporen und Triforien, Figurenportale und figürliche Glasmalereien, ziehen dagegen Zweckmäßigkeit und handwerkliche Präzision in Anlehnung an die Zisterzienser vor. Die Kirchen sind vielfach mit Bildern und Fresken, die zur Ordenspropaganda neigen, ausgestattet.

San Francesco

• Piazza San Francesco. • Begonnen 1326 nach Plänen von Agostino di Giovanni und Agnolo di Ventura, 1475 – 1484 Erhöhung des Langhauses. 1655 Barockisierung nach Brand. 1765 Campanile. 1885 – 1992 Regotisierung, 1894 – 1913 neugotische Fassade.

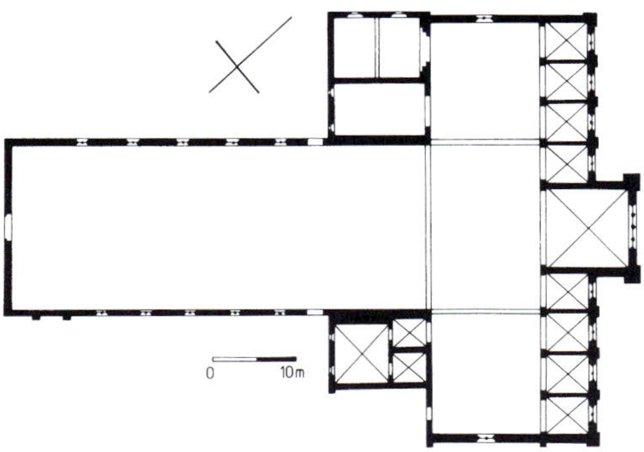

▲ *Siena: San Francesco, Grundriss.*

Wie San Domenico gehört San Francesco in Siena zu den Monumentalbauten der Bettelorden, bleibt jedoch trotz der Ausmaße der schlichten Bauweise den Ordenskirchen verbunden. Die Schmuckformen an der Fassade stammen aus dem 19. Jh.

Im Innenraum ist die Saalkirche mit offenem Dachstuhl über Schwibbögen durch die Erhöhung des Langhauses in den Proportionen nicht mehr ganz stimmig. Für Ordenskirchen aufwändig ist die Verkleidung mit alternierenden

Streifenmustern nach dem Vorbild des Doms. Die Kapellen sind gewölbt und von hohen Glasfenstern durchbrochen. Von Pietro Lorenzetti stammt das Fresko der Kreuzigung in der ersten Kapelle links des Chores (um 1331). Sein Bruder Ambrogio malte in der dritten Kapelle den Franziskanerheiligen Ludwig von Toulouse zu Füßen von Papst Bonifaz VIII. sowie das Martyrium der Franziskaner in Ceuta. Diese Darstellung aus der Missionsgeschichte des Ordens zeigt den Sultan, der die Enthauptung der Franziskaner befiehlt, mit seinem Hofstaat unter einem perspektivisch konstruierten Baldachin. Beeindruckend ist die Wiedergabe des Exotisch-Orientalischen, das zum Teil auf Beobachtungen basiert, sich aber auch weitgehend aus der Phantasie des Künstlers speist. Die antiken Götter und Personifikationen von Lastern auf dem Baldachin charakterisieren das Ambiente als heidnisch.

Santa Maria dei Servi

• Piazza Alessandro Manzoni. • Errichtet im 13. Jh., im 14. und 15. Jh. erweitert. • Kirche der Serviten, der Diener Mariens (Servi di Maria), die in Organisation und Tätigkeit den Bettelorden folgen.

Die Fassade der schlichten Ordenskirche ist von zwei Fensterrosen durchbrochen und von einem mächtigen Campanile aus dem 13. Jh. mit nach oben zunehmender Zahl von Schallarkaden flankiert. Das Langhaus wird von Marmorsäulen in drei Schiffe geteilt. Der 1528 abgeschlossene Umbau im Stil der Hochrenaissance soll nach Plänen des Sieneser Architekten Baldassare Peruzzi durchgeführt worden sein, Querhaus und Apsis blieben gotisch.

Große Bedeutung hat die Madonna del Bordone von Coppo di Marcovaldo. Der aus Florenz stammende Maler kämpfte 1260 in der Schlacht von Montaperti gegen Siena, wurde gefangen genommen und musste für den Orden der Diener Mariens diese Madonna als Schutzpatronin der Stadt malen. Selbstbewusst signierte und datierte er das Werk 1261. Die thronende Madonna wurde aus dem byzantinischen Marientypus der Hodegetria (Wegführerin), die das Kind auf der Seite trägt, entwickelt. Charakteristisch für den byzantinischen Stil sind auch die kräftigen Hell-Dunkel-Kontraste und die scharfgratigen Gewandfalten. Die Hodegetria wurde jedoch halbfigurig dargestellt und erst von Coppo zur Thronenden ergänzt. Die Majestät der Himmelskönigin schlägt sich nun auch in den Maßstäben, in diesem Fall 225 cm × 125 cm, nieder. Das Bild hat zunächst die Sienesische Malerei nachhaltig beeinflusst, daher scheint die Tafel der Archetypus der großformatigen Madonnentafeln zu sein. Die Strenge dieses Typus wird erst 50 Jahre später durch Duccios Maestà gelöst werden, in dessen Stil die Gesichter von Mutter und Sohn im 14. Jh. übermalt wurden, um auch diese Madonna als „heilige Maria von Siena“ zu identifizieren. In den äußeren Kapellen sind Fresken von Pietro Lorenzetti sowie ein Marienaltar von Lippo Memmi erhalten.

III. Renaissance und Manierismus – Die Toskana unter den Medici

Nach der Einnahme von Pisa und Volterra im 15. Jh. teilte fast die ganze Toskana während der Renaissance (ca. 1400 – ca. 1580) das Schicksal von Florenz, lediglich Siena, Lucca und Massa waren noch unabhängig. Das Papsttum des Sienesers Pius II. brachte der Stadt noch einmal einen politischen und wirtschaftlichen Aufschwung. Die ständig wachsende Macht der Medici zu brechen war das Ziel der Verschwörung von 1478, als die Florentiner Familie Pazzi im Bunde mit Papst Sixtus IV. ein Attentat auf Lorenzo und Giuliano de' Medici verübte. Dem Komplott hatte sich auch der Erzbischof von Pisa angeschlossen. Lorenzo de' Medici überlebte den Anschlag und die Verschwörer, auch der Erzbischof, wurden hingerichtet. Papst Sixtus IV. exkommunizierte daraufhin die Toskana, doch durch diplomatisches Geschick konnte Lorenzo einen Krieg abwenden und seine Herrschaft fortsetzen. Nach seinem Tod 1492 führten jedoch Unruhen und Machtwechsel in Florenz zu Instabilitäten in der gesamten Toskana, Aufstände in Pisa und Arezzo offenbarten die Schwäche der Florentiner Regierung. Von 1495 – 1511 waren die Medici im Exil, 1532 wurde die Dynastie wieder etabliert und Alessandro de' Medici, der natürliche Sohn des regierenden Papstes, Clemens VII. Medici, erhielt den Titel eines Herzogs von Florenz. Doch erst unter Cosimo I. wurden die letzten republikanischen Regierungsformen aufgelöst, verwandelte sich Florenz in eine Monarchie, die ihre Suprematie in der Region durchsetzte. 1555 fiel schließlich auch Siena nach langer Belagerung unter die Herrschaft Cosimos I. Die Eroberung der Stadt und ihres Territoriums brachte diesem 1569 den Titel Großherzog der Toskana ein. Im lateinischen Titel *magnus dux Etruriae* lebte der alte Name der Region wieder auf. Das nunmehr vereinte Gebiet war befriedet, die Energien und Gelder flossen jetzt verstärkt in die Wissenschaften, so dass die Universitäten von Florenz, Pisa und Siena erweitert werden konnten, Handel und Bankgeschäfte erwirtschafteten erneut Wohlstand.

Die Toskana ist die in der Literatur besungene Wiege der Renaissance. Immer noch trug das Bürgertum die Kultur, weniger der Adel und Klerus, selbst wenn beide Einfluss ausübten. Die Imitation des Adels machte aus den Bürgerlichen jedoch bald eine Elite, die eine andere Elite förderte. Exemplarisch für diesen Prozess sind die Medici und ihr Kreis von Künstlern, Literaten und Philosophen. Diese immense Kunstförderung strahlte auf die restliche Toskana aus, was bedeutete, dass sich die Florentiner Renaissance in der Region durchsetzte. Der Reichtum von Kommunen und Magnaten zog Intellektuelle und Künstler in vielen Städten an, doch nur wenige wirklich freie Geister konnten sich in der ersten Jahrhunderthälfte noch unabhängig von der Florentiner Dominanz entfalten, wie beispielsweise Jacopo della Quercia aus Siena oder Piero della Francesca aus Sansepolcro. Viele toskanische Künstler hingegen flüchteten in einen ängstlichen Konservatismus wie Sano di Pietro aus Siena, oder aber sie schlossen sich der Florentiner Schule an wie Luca Signorelli aus Cortona. Florentiner Künstler arbeiteten nun in der ganzen Toskana, eine ausgeprägte Luccheser, Pisaner oder Sieneser Kunst wie in der Romanik und Gotik konnte sich nicht mehr entwickeln.

Die Renaissance begriff sich als neue Zeit, der Mensch der Neuzeit erkannte den Unterschied seiner Epoche zum Mittelalter. Formal besteht die Renaissance zunächst in der Rezeption der Antike, die auch die neuen Formen der Kunst prägte. Die Architektur griff den Zentralbau, die antiken Säulenordnungen, die Proportionen und die römische Architekturornamentik wieder auf. In dem befriedeten Territorium wurde der Villenbau wieder möglich, Gärten wurden angelegt. In der Skulptur bestand das Grundproblem in der Entwicklung der Freiplastik, die sich aus der Nische der Architekturplastik herauslöste. In der Skulptur und der Malerei zeigt sich die Entwicklung der Aktdarstellung, Künstler studieren die Anatomie, die Funktion des Körpers und seine Beziehung zum Raum werden geklärt. Grundlegend für die Erneuerung der Malerei ist die Berechnung der Zentralperspektive. Auch das Relief ließ sich mit den Mitteln der Zentralperspektive bildhaft gestalten und entwickelte damit eine in der Antike unbekannte Tiefendimension. Mit diesen Entwicklungen erreichte die toskanische Kunst ein führendes Niveau. Die Meister aus Florenz waren begehrte Lehrer für junge Künstler aus ganz Europa und auch die Herrscher anderer Staaten deckten sie mit Aufträgen ein. Ab dem späten 15. Jh. riefen die Päpste nach ihnen, so dass sich auch die künstlerische Entwicklung nach Rom verlagerte. Bezeichnend für diesen Prozess ist die Karriere Michelangelos. Dieser inspirierte wiederum die toskanischen Künstler, insbesondere Vasari, der Michelangelos Spätstil als *Maniera* bezeichnete, woraus sich der Begriff des Manierismus ableitet. Maniera im Sinne von persönlichem Stil suchte den künstlerischen Ausdruck in allen drei Gattungen – Architektur, Plastik, Malerei. Das Kunstwerk sollte die Verwirklichung der Idee seines Schöpfers sein, nicht mehr an der Natur und Antike orientiert. In der Architektur zeigt sich dies durch sehr gestreckte Proportionen, Umkehrung bzw. Verunklärung von Tragen und Lasten. Die Skulptur entwickelt die extrem kunstvolle *Figura serpentinata*, Kolosse sprengen die natürlichen Maßverhältnisse. Die Malerei wie die Plastik des Manierismus ist durch gestreckte, teilweise sehr muskulöse Figuren in überraschenden Posen gekennzeichnet. Die Malerei zieht auch bei der Farbgebung Ausdrucksstärke einem natürlichen Kolorit vor. Schließlich sind die Werke kompositorisch wie ikonographisch eher geistreich als ausgewogen.

Abbazia di Monte Oliveto Maggiore (SI)
Mutterkloster der Olivetaner

• Begonnen 1320. Kirche Santa Maria 1400–1417, 1722 barockisiert. Sakristei 1420–1423, Refektorium 1387–1390, großer Kreuzgang 1426–1443, Bibliothek 1518. • Architekten Fra Giovanni da Verona (Bibliothek), Giovanni Antinori da Camerino (Barockisierung). • Bedeutender Freskenzyklus von Luca Signorelli und Sodoma.

Nach ihrem Mutterkloster Monte Oliveto benannten sich die Olivetaner, eine spirituelle Reformbewegung der Benediktiner, die sich den asketischen Vorschriften des Bernhard von Clairvaux anschloss. Die 1313 von dem vermögenden Rechtsgelehrten und ehemaligen Podestà Bernardo Tolemei aus Siena gegründete Kongregation wurde 1319 von Bischof Guido Tarlati von Arezzo und 1344 von Papst Clemens VI. anerkannt. Die Blütezeit des Klosters fiel in das 15. und 16. Jh. Die Olivetaner führen ein zurückgezogenes Leben in der Abgeschiedenheit, was sie von den aufstrebenden Bettelorden in den Städten unterscheidet. Vom alten Benediktinerorden setzt sich die Reformkongregation durch die Regel der Genügsamkeit und die Verrichtung körperlicher Arbeit in Handwerk und Landwirtschaft ab.

Den Eingang zum Kloster schützt ein 1393 errichteter Wehrturm mit Zinnenkranz. Über dem Torbogen ist an der Außenseite ein Terrakottarelief mit der Madonna und Engeln, auf der Innenseite eines mit segnendem Benedikt aus der Della-Robbia-Werkstatt eingelassen. Wie die übrigen Klostergebäude ist er aus Backstein. Drei Kreuzgänge verbinden den Kapitelsaal, das Refektorium, die Bibliothek, die Sakristei, eine Apotheke und die Arbeitsräume der Mönche.

Der Kreuzgang, lat. *claustrum*, ist ein meist quadratischer, von allen Seiten von Gebäuden abgeschlossener und von Portiken überdachter Wandelgang. Er verbindet die zentralen Bereiche des Klosters und ermöglicht den Brüdern den vor Schmutz und Witterung geschützten Zugang zu den Gebäuden sowie das Gebet im Freien. Der von den Portiken umgebene Garten, gewöhnlich mit einem Brunnen im Zentrum, dient der körperlichen Erfrischung und geistigen Erbauung. Letztere wird auch durch Fresken in Kreuzgängen gefördert, die ein Exemplum des Lebens in der Or-

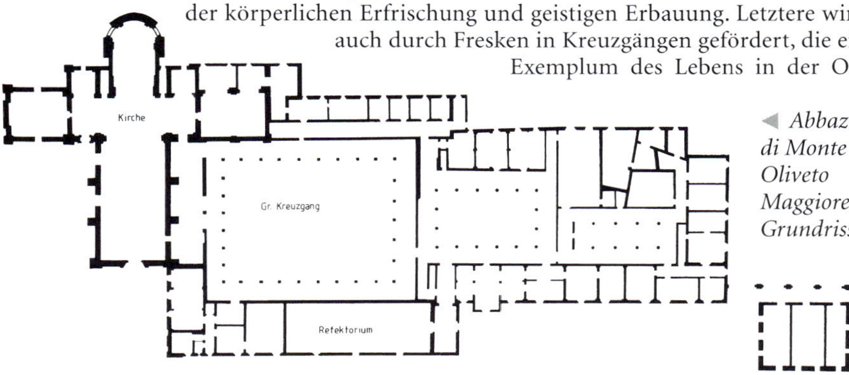

◄ *Abbazia di Monte Oliveto Maggiore: Grundriss.*

densgemeinschaft darstellen und die Mönche dazu anhielten, den Vorbildern nachzueifern.

Der dreistöckige große Kreuzgang von Monte Oliveto birgt unter den spätgotischen Kreuzrippengewölben den umfangreichen und bedeutenden Freskenzyklus der Vita Benedikts von Luca Signorelli (neun Episoden aus den Jahren 1497/98) und Sodoma (27 Episoden ab 1505). Der Zyklus beginnt mit Darstellungen der Jugend Benedikts von Sodoma, die ältere Fresken ersetzten.

Giovanni Antonio Bazzi, gen. Il Sodoma, wurde 1477 in Vercelli geboren. Er starb 1549 in Siena. Der Maler orientierte sich am Stil Leonardo da Vincis und am Figurenrepertoire Pinturicchios mit seinen anmutigen und innigen Gestalten. Sodomas phantasievolle Landschaften sind mit variationsreichen Architekturen besetzt. Vasari schildert ihn als talentiertes, doch völlig exzentrisches *enfant terrible.*

Bei der Szene des Abschieds des Heiligen von seiner Familie in Nursia (Norcia, Umbrien) orientierte sich Sodoma an einem Fresko Pinturicchios aus der Libreria Piccolomini in Siena. In Rom – man erkennt im Hintergrund die Engelsburg – widmet Benedikt sich dem Studium. In der anschließenden Szene des Trogwunders porträtierte Sodoma sich selbst in eitler Pose und mit prachtvollen Gewändern, begleitet von einem Teil seiner bizarren Menagerie, zwei zahmen Dachsen, einem Huhn und einem Raben. Es folgt die Einkleidung des heiligen Benedikt in das weiße Eremitengewand, das die Olivetaner von den schwarz gekleideten Benediktinern absetzt. Die anschließenden Bildfelder zeigen den Heiligen bei der Lehre, seinen frommen Werken und dem Widerstand gegen den Teufel. Besonders schön ist eine sehr weibliche Teufelsgestalt, die Benedikt verführen soll, der sich daraufhin nackt in die Dornen wirft, um der Versuchung zu widerstehen. Sodoma zeigt den Heiligen als Aktfigur in der Pose des antiken sterbenden Galliers (Rom, Musei Capitolini). Dann ist er bei der Gründung von Klöstern wiedergegeben. Im nächsten Fresko segnet er die Novizen Maurus und Placidus, dort erscheint im Hintergrund eine Vedute Roms mit dem Kolosseum. Die Mönchsgemeinschaft wird von Teufeln bedroht, der Priester Fiorenzo versucht, Benedikt zu ermorden, und schickt Dirnen ins Kloster, die reizvoll wie die Grazien mit dem Apfel der Eva die Mönche locken. Der Esel unter der Gruppe der Klosterbrüder symbolisiert die Triebhaftigkeit und die Dirnen in ihren schillernden Gewändern im Kontrast zu den schlicht gekleideten Mönchen bilden eine der reizvollsten Erfindungen im Frühwerk Sodomas, der damit die große Gefahr der Versuchung deutlich macht.

Das Begräbnis des Fiorenzo malte Luca Signorelli, von dem auch die anschließenden, durch Witterungsschäden beeinträchtigten Fresken stammen. Signorelli wurde ca. 1441 in Cortona geboren und starb 1523 ebenda. Er schloss sich der Florentiner Malerei, insbesondere dem linearen Figurenstil Antonio Pollaiuolos an. Seine Stärke liegt in der Darstellung bewegter Körper in gespannten Posen, die von festen Konturen zeichnerisch erfasst sind, sowie in der emotional belebten Physiognomie. Farbe und Landschaft ordnen sich der Figur unter, darin wird er vorbild-

▲ *Abbazia di Monte Oliveto Maggiore: Sodoma, Benedikt weiht die Novizen Placidus und Maurus, Detail.*

lich für die Malerei Michelangelos. Weitere Szenen von der Hand Signorellis schildern das Klosterleben. Benedikt erkennt den Fehltritt der Mönche, die außerhalb des Klosters essen. Die Gestalt eines verführerisch tänzelnden Mädchens in der Gaststätte gehört zu den schönsten Schöpfungen des Malers. Es schließen sich die Totila-Szenen an, in denen einmal der Heilige den als Totila verkleideten Ritter erkennt, dann aber den Gotenkönig empfängt. Die Fresken sind aufgrund der modisch gekleideten Höflinge in ihren gespannten Posen geschätzt. Die restlichen Szenen, überwiegend Wunder des Ordensgründers, malte wiederum Sodoma. Im Durchgang zum Kapitelsaal stellte er den kreuztragenden Christus und den ungewöhnlich sinnlichen Schmerzensmann mit athletischem Körperbau dar. Im Kapitelsaal selbst gab er Benedikt bei der Erteilung der Ordensregel an die Olivetaner wieder.

Architektonisch bedeutend ist die dreischiffige Bibliothek von Fra Giovanni da Verona aus dem 16. Jh. im Obergeschoss. Die für Benediktinerabteien bezeichnende Einrichtung der Bibliothek wurde nach dem Vorbild von Michelozzos Bibliothek des Dominikanerklosters San Marco in Florenz errichtet. Säulen aus *Pietra serena* stützen die zentrale Mitteltonne, an die sich kreuzgratgewölbte Seitenschiffe anschließen. Die Saalkirche Santa Maria mit einem eleganten gotischen Portal, Querhaus und überkuppeltem Chor wurde im 18. Jh. von Giovanni Antinori auf den gotischen Grundmauern erneuert. Sie bewahrt eine Ausstattung von 1772. Von dem älteren Mobiliar sind das Intarsien-Chorgestühl (1503–1505) des schon als Architekt erwähnten Fra Giovanni da Verona sowie das Lesepult des Fra Raffaele da Brescia mit einer intarsierten Katze erwähnenswert. Fra Giovanni war ein künstlerisches Multitalent, der außer als Baumeister und Bildschnitzer auch als Bildhauer und Miniaturist tätig war.

Arezzo (AR)
Casa Vasari

• Via XX Settembre. • Künstlerhaus. • Errichtet 1540–1548. • Architekt und Maler Giorgio Vasari.

Das Wohnhaus des Malers und Schriftstellers Giorgio Vasari wurde von ihm selbst gebaut und ausgemalt. Das hoch interessante Künstlerhaus dient heute als Archiv und Museum. Die Fassade weist die für Vasari typischen querrechteckigen Fenster auf, deren Einfassungen an den Ecken ausgebuchtet sind. Das rundbogige Hauptportal ist mit einer flachen Rustika eingefasst. In der Camera della Fama malte Vasari 1542 die Personifikation des Ruhmes in das Zentrum der Decke, die Personifikationen der Künste in die Zwickel, die Porträts seiner Aretiner und Florentiner Künstlerkollegen Luca Signorelli, Spinello Aretino, Bartolomeo della Gatta, Andrea del Sarto und Michelangelo sowie ein Selbstporträt in die Lünetten. Die Camera d'Apollo huldigt dem Sonnengott als Musenführer und Gott der Künste. Im Hochzeitszimmer (*Camera nunziale*) treten Personifikationen ehelicher Tugenden wie Frieden, Eintracht, Tugend und Bescheidenheit neben dem Patriarchen Abraham in Erscheinung. Im Studio erkennt man an den Wänden Landschaften und allegorische Figuren, an der Decke die Darstellungen von Neid (*invidia*), Fortuna und Tugend (*virtus*), denen der Künstler auf seinem Lebensweg ausgesetzt ist. Vasari kommentierte den Künstlerberuf aus der Sicht des Humanisten. Er maß die Bedeutung des Künstlers an der sich ständig erneuernden *Virtus*, womit er die Fähigkeit zum geistigen Konzept des Gelehrten meinte.

Chiesa di Badia

• Piazza Badia. • Ehemalige Benediktinerabteikirche (*badia*). Im 13. Jh. gegründet, ab 1565 umgebaut. Campanile 1650, Fassade 1914. • Architekt Giorgio Vasari.

▲ *Arezzo: Chiesa di Badia, Andrea Pozzo, Scheinkuppel.*

Die heutige Fassade in romanisch-gotischen Formen ist eine umstrittene historisierende Rekonstruktion. Der Innenraum hingegen zeigt mit den zahlreichen Bögen, die Kapellen und Querarme der ursprünglich schlichten Saalkirche abtrennen, den manieristischen Stil Giorgio Vasaris. Auch die westliche Kuppel wurde hinzugefügt, die spektakuläre Scheinkuppel im Osten schuf Andrea Pozzo im Jahre 1703. In illusionistischer Verkürzung eröffnet sich dem Betrachter perspektivisch eine von plastischen Baugliedern durchgeformte Laternenkuppel des Hochbarock. Die Illusionsmalerei des Jesuitenpaters Pozzo erschließt sich in perfekter Weise von einem Betrachterstandpunkt im Langhaus, der durch einen Metallnagel im Fußboden angegeben ist. Von Vasari stammt der Hochaltar, der 1559 für die Pieve Santa Maria Assunta gemalt worden war, wo man dem Künstler als prominentem Aretiner eine Familienkapelle überlassen hatte. Vasari demonstriert in seiner Darstellung des wunderbaren Fischzuges mit artifiziellen Posen und der metallisch-kühlen Farbigkeit das Virtuosentum des Manierismus. Typisch ist die Wiedergabe einer Figur in Vorder- und Rückenansicht im zeitgenössischen Wettstreit der Malerei mit der Skulptur (*paragone*). Damit stellt der Maler die Überlegenheit seiner Kunst heraus, die wie die Skulptur mehrere Ansichten eines Körpers zeigen kann, zudem aber über Farbe und Perspektive als Ausdrucksmittel verfügt.

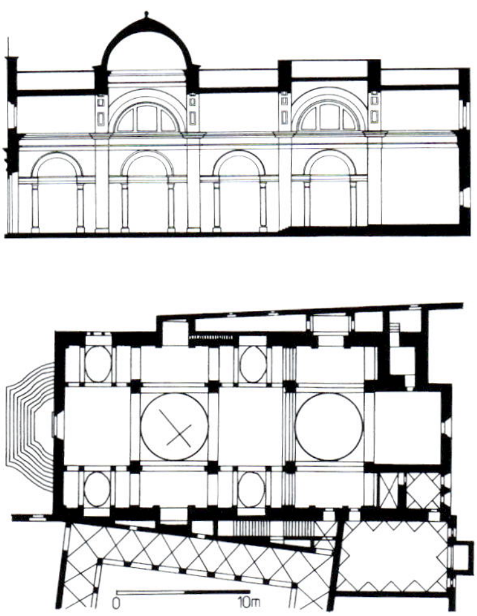

◄ *Arezzo: Chiesa di Badia, Schnitt und Grundriss.*

▲ *Arezzo: Chiesa di Badia, Giorgio Vasari, Hochaltar.*

Das monumentale Tafelkreuz von Segna di Bonventura, datiert 1319, stammt aus dem ehemaligen Benediktinerkloster. An der Innenfassade stellte Bartolomeo della Gatta 1476 den heiligen Laurentius im Fresko dar. Im plastischen Volumen des Körpers und den feinen, bewegten Gesichtszügen offenbart Bartolomeo, ein Mitarbeiter Luca Signorellis, einen eigenen, an Piero della Francesca orientierten Stil. Florentinisch ist der doppelstöckige Kreuzgang, den Giuliano da Maiano ab 1470 im Süden des Konvents schuf und bei dem er sich nach dem Vorbild seines Lehrers Filippo Brunelleschi richtete.

Fortezza Medicea

• Passeggio del Prato. • Festung Cosimos I. • 1538 begonnen. • Architekt Antonio da Sangallo d. J.

An der Stelle des antiken Forums war im 14. Jh. eine Festung entstanden. Cosimo I. ließ dort nach der Einnahme der Stadt von Antonio da Sangallo d. J. im 16. Jh. sein Kastell errichten. Es ist in eine Verteidigungsanlage eingebunden, die aus einem Mauerring und Bastionen besteht, mit denen Antonio ab 1538 die Stadt umgab. Die Befestigung schloss unbebaute Flächen ein, sah also ein Wachstum von Arezzo vor, das jedoch nicht stattfand. Die Festung wurde 1800 gegen den Widerstand der Aretiner von den Franzosen eingenommen und teilweise zerstört, 1870 der Mauerring teilweise abgerissen.

Palazzo delle Logge

• Piazza grande. • Geschäfts- und Bürogebäude. • Errichtet 1573–1595. • Architekt Giorgio Vasari.

Der Palazzo aus der Zeit des Manierismus wandelte drastisch die urbanistische Struktur des mittelalterlichen Platzes, die bereits durch die Zerstörung des Palazzo del Comune und des Palazzo del Popolo durch die Medici verändert worden war. Der Palazzo delle Logge greift die Idee des antiken Trajansmarktes in Rom auf. Die untere Loggia überdacht eine

▲ *Arezzo: Piazza grande, Palazzo delle Logge.*

Ladenstraße mit den Zugängen zu den Geschäften oder Werkstätten und darüber liegenden Büro- und Lagerräumen. Das Obergeschoss barg die Büros der städtischen Verwaltung.

Die Reihe der charakteristischen Arkaden vor den Eingängen der ursprünglich einachsigen Geschäfte (*botteghe*) mit dem darüber liegenden Bürogeschoss und Mezzanin ist gleichförmig und wirkt mit seinen großen, schlichten Formen monumental. Charakteristisch für den Manierismus ist die gleichmäßige Abfolge der Achsen, nichts wird akzentuiert, es gibt auch kein Zentrum. Vasari errichtete den Funktionsbau zum öffentlichen Nutzen seiner Heimatstadt durch Handel und Verwaltung. Der Platz aber hatte damit aufgehört, politisches Zentrum der freien Stadt zu sein, wofür gerade dieser Palast ein architektonisches Zeugnis ist.

Palazzo Pretorio

• Via dei Pileati. • Errichtet im 14. Jh., Umbauten im 15. und 16. Jh. Restauriert.

Der Palast inkorporiert drei Adelspaläste aus dem 14. Jh. Er war ab 1404 Sitz des Podestà, schließlich der Florentiner Statthalter, deren Wappen seit 1434 an der Fassade angebracht wurden. Das Medici-Wappen im Zentrum der Fassade belegt die Macht fremder Herrscher in der Stadt. Die unterschiedlichen Funktionen des Gebäudes machten zahlreiche Umbauten notwendig. Durch die schlichte Fassade mit der klaren Geschosseinteilung unter dem ausladenden Dach und den weiten Fensteröffnungen dominieren schließlich die Formen der Renaissance.

San Francesco

• Piazza San Francesco. • Begonnen 1290, Ausbau 1317 – 1377. Restauriert. • Baumeister Fra Giovanni da Pistoia. • Fresken von Piero della Francesca.

An der Backsteinfassade finden sich Reste einer begonnenen Marmorinkrustation. Zum Kircheninneren öffnen sich ein schmuckloses Portal und darüber ein Rundfenster. Das einschiffige Langhaus trägt einen offenen Dachstuhl, nur die Kapellen sind kreuzgratgewölbt, Chor und Seitenkapellen sind flach geschlossen, gemäß der Tradition des Franziskanerordens und nach dem Vorbild von San Domenico. An der Südseite wurden nachträglich Kapellen für Grablegen angebaut. Wie San Francesco in Assisi hat das Aretiner Gotteshaus eine Unterkirche. Der schlichte Bau mit den großen, unstrukturierten Wandflächen ist für Wandmalereien angelegt, die von den Inhabern der Kapellen bzw. Kuratoren der Kirche gestiftet wurden.

In der Chorkapelle malte Piero della Francesca für deren Kurator Francesco Bacci in den Jahren 1453 – 1464 die Legende vom Heiligen

Kreuz, nachdem der Florentiner Bicci di Lorenzo, der die Gewölbefresken geschaffen hatte, verstorben war.

Das Kreuz wird von den Franziskanern, deren Ordensgründer, Franz von Assisi, auf dem Berge La Verna die Stigmata Christi empfangen hatte, sehr verehrt. Dies belegt auch das große Tafelkreuz vom Ende des 13. Jh., das am unteren Kreuzbalken den stigmatisierten Franziskus zeigt, der die Wundmale Christi küsst. Pieros Legende des Kreuzes beginnt mit dem Tod Adams in der Lünette. Zu spät kehrt sein Sohn Seth mit dem Mittel gegen den Tod, einem Zweig vom Baum der Erkenntnis, zurück. Er pflanzt das Reis auf das Grab des Vaters, daraus wächst ein neuer Stamm. Dieser später gefällte Baum passt nicht für den Bau des Hauses Salomos, so wird er als Brücke von Siloah verwendet. Die Königin von Saba erkennt in dem Stamm das Holz, an dem der Heiland der Welt hängen wird, und betet es an. Sie unterrichtet Salomo, dass das Reich der Juden untergehen wird, woraufhin der König den Balken, an dem Christus gekreuzigt werden wird, vergräbt. Die Szenen der Passion sind nicht gezeigt, nur die Verkündigung des Marientodes nimmt auf das Erlösungswerk Bezug. Die Geschichte fährt fort mit dem Traum des römischen Kaisers Konstantin, er werde im Zeichen des Kreuzes über den heidnischen Mitkaiser Maxentius siegen. Es folgt die Schlacht an der Milvischen Brücke vor Rom 312, bei der der Kaiser das Kreuzzeichen voranträgt. Die Kaiserinmutter Helena sucht schließlich das wahre Kreuz im Heiligen Land. Sie zwingt einen Juden, das Geheimnis zu verraten, und entdeckt die drei Kreuze von Golgatha, aber nur das wahre Kreuz erweckt einen Toten zum Leben. Im 7. Jh. raubt der Perserkönig Cosroes das Kreuz aus Jerusalem und schmückt damit seinen Thron. Kaiser Heraklius besiegt ihn und bringt die Reliquie nach Jerusalem zurück.

Piero della Francesca wurde 1410 in Borgo San Sepolcro (Sansepolcro) geboren und 1492 dort begraben. Er war einer der bedeutendsten und selbstständigsten Maler der italienischen Renaissance. Seine Bilder sind von großer Klarheit, der Figurenaufbau statisch und konturiert, die Farbigkeit hell und kühl. Piero studierte die Perspektive, über die er gegen Ende seines Lebens ein Traktat schrieb. Er beherrschte den Ausdruck feinster Empfindungen in zurückhaltender Mimik und Gestik und kreierte mit seiner Lichtdramaturgie stimmungsvolle Atmosphären.

Alle Fresken sind nicht auf eine historisch getreue Wiedergabe der Erzählung hin konzipiert, folgen auch nicht dem chronologischen Ablauf, sondern sind als Kunstwerke mit eigener Formgebung aufgefasst und gehorchen künstlerischen Aspekten. Sie zeigen daher einen großzügigen Umgang mit den Fakten, der eine Konzentration auf die formale Gestaltung ermöglicht. Die künstlerische Perfektion steigert dabei Würde und Ausdrucksstärke der Figuren. Dies bedeutet jedoch nicht die Abkehr von der Natur bzw. ihre Reduktion auf reine Kuben, wie es bei Paolo Uccello der Fall war. Großen Wert legt der Maler hingegen auf die konsequente perspektivische Darstellung von Figuren und Gegenständen sowie ihrer Ausleuchtung durch die überirdische Lichtquelle, wie auch die Architekturen nun nach der mathematisch berechenbaren Zentralperspektive konstruiert sind. Erfahrungen aus der niederländischen Malerei schlagen sich in den Spiegelungen der Rüstungen und im Wasser der Flüsse nieder und Erfindergeist zeigt sich in einem der ersten Nachtstücke der Monumentalmalerei, dem Traum Konstantins. Die Schlachtenszenen leben nicht von der Darstellung von Drama und Gemetzel, sondern von der Dichte perspektivischer Körper in einer klaren Komposition. Gerade in diesen, dem Betrachter nächsten Bildern schilderte Piero nicht die Wirklichkeit, sondern fror das dramatische Geschehen in einen Stillstand ein. Durch diese Abstraktion gab er den Formen eine ideelle Perfektion. Das heißt, er kreierte weder die Wiedergabe einer Geschichte, noch stellte er ein Abbild der Wirklichkeit dar, sondern er schuf Kunst. Die Malereien wurden von den Zeitgenossen einhellig gelobt, doch verstanden nur wenige, ihnen zu folgen. Piero war somit einer der bedeutendsten Künstler der Frührenaissance, hatte aber keine direkte Nachfolge. Zum Kirchenjubiläum 2000 war die Restaurierung der Fresken abgeschlossen. Zur weiteren Ausstattung gehören die Fresken von Spinello Aretino in den Kapellen rechts und links vom Chor, in der linken Kapelle auch die Verkündigung des jungen Luca Signorelli und an der Langhauswand eine Verkündigung von Spinello Aretino. Die Fensterrose an der Innenfassade gestaltete Fra Guillaume de Marcillat (1524).

▲ *Arezzo: San Francesco, Piero della Francesca, Cosroesschlacht, Detail.*

Santa Maria in Gradi

• Via Aliotti. • Gegründet im 11. oder 12. Jh. Neubau 1592–1641. Campanile 1631 umgebaut. • Architekt Bartolomeo Ammannati.

Die Saalkirche ist mit einer schweren, barocken Holzdecke versehen (1711), der eingezogene, flach geschlossene Chor dagegen tonnengewölbt. Mit den klassischen Formen, den schlichten Gliederungselementen und der klaren Geschosseinteilung folgt der Bau noch den Prinzipien der Renaissance. Von der Ausstattung ist die Madonna del Soccorso Andrea della Robbias hervorzuheben. Der um 1500 entstandene glasierte Terrakotta-Altar zeigt die Schutzmantelmadonna zwischen Petrus (mit Schlüssel) und Benedikt (mit Buch der Ordensregel und Rute). Im Bedeutungsmaßstab verkleinert, flüchten sich die Mitglieder der Stifterfamilie Carbonati unter ihren Mantel.

Santa Maria delle Grazie

• 1,5 km südlich der Piazza della Repubblica. • Kirche 1450 – 1454 errichtet. Portikus um 1490. • Architekten Domenico del Fattore, Benedetto da Maiano.

Die einfache Saalkirche mit altertümlichem polygonalem Chor und Kapellen wurde von Domenico del Fattore an der Stelle errichtet, an der Bernardino von Siena 1428 die antike *Fons tecta*, einen Brunnen, den er für ein Heiligtum hielt, zerstört und eine Kapelle errichtet hatte. Bedeutend sind vor allem der vorgelagerte Portikus und die weite Treppe Benedetto da Maianos. Mit den weiten Arkaden auf schlanken korinthischen Säulen mit hohen, akzentuierten Kämpfern unter einem reichen Gebälk in antikisierenden Formen verleiht die Vorhalle der kleinen Kapelle ein modernes und repräsentatives Äußeres. Der Portikus selbst stellt ein Hauptwerk der Architektur der Frührenaissance in der Nachfolge Filippo Brunelleschis dar, der mit seinem Findelhaus in Florenz den Prototyp dieser Vorhallen geliefert hatte. Die sehr leichte und elegante Architektur wird durch die Loggien an zwei Seiten des Platzes aufgegriffen. Im 19. Jh. wurden die Kapitelle ersetzt. Das farbige Terrakottarelief auf dem Altar stellt die wahrscheinlich aufwändigste Arbeit Andrea della Robbias dar.

Santissima Annunziata

• Via Garibaldi. • Errichtet 1490 – 1523. • Architekten Bartolomeo della Gatta (Entwurf), Antonio da Sangallo d. Ä. • Bedeutendste Renaissancekirche Arezzos.

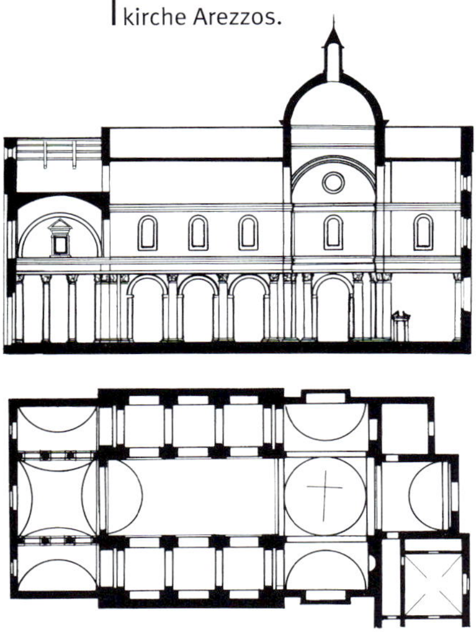

Die Hochrenaissancekirche ersetzt eine Verkündigungskapelle des 14. Jh., von der nur ein Fresko Spinello Aretinos am Seitenportal erhalten blieb. Die Fassade mit den drei Portalen blieb unvollendet, ein elegantes Triforienfenster aus dem Cinquecento über dem Mittelportal bildet den einzigen Schmuck. Man betritt zunächst die Vorhalle Sangallos, die von Kolonnaden nach antikem Vorbild unterteilt ist. Im Innenraum trennen Pfeiler die Mittelschiffsarkaden. Das Mittelschiff ist über dem Obergaden mit einem durchgehenden Ton-

◄ *Arezzo: Santissima Annunziata, Grundriss und Schnitt.*

▲ *Arezzo: Santissima Annunziata, Innenraum nach Osten.*

nengewölbe geschlossen. Pilaster als Pfeilervorlage korrespondieren mit den Säulen der Vorhalle. Tonnen decken auch die Querhausarme, die von großen Rundfenstern durchbrochen sind, und das flach geschlossene Chorjoch. Über der Vierung erhebt sich eine Pendentifkuppel. Wie die Bauten Filippo Brunelleschis in Florenz zeichnet sich Sangallos Annunziata durch den Wechsel des grauen Sandsteins Pietra serena mit dem weißen Putz aus, der die Stütz- und Gliederungselemente von dem lastenden Mauerwerk durch die Polychromie abgrenzt. Der Hochaltar wurde 1601 von Rodolfo Sirigatti für ein Madonnenbild des Michele da Firenze von 1433 – 1438 geschaffen. Die Fenster gestaltete wieder Fra Guillame de Marcillat. Als seine bedeutendste Arbeit hervorzuheben ist die Hochzeit Mariens von 1509.

Artimino (FI)
Villa Medicea La Ferdinanda

I • Errichtet 1594 – 1600. • Architekt Bernardo Buontalenti.

Buontalenti orientierte sich beim Bau des Jagdschlosses Ferdinando I. Medicis an Giuliano da Sangallos Villa von Poggio a Caiano. Die Lage auf dem Hügel entspricht dem Anspruch der sich nach allen Seiten zur Landschaft öffnenden Anlage. Prinzipiell folgte Buontalenti der Tradition der Toskanischen Villa, die nur ein Hauptgeschoss über dem Sockelgeschoss aufweisen sollte und mit den groben Rustizierungen von Eckeinfassungen und Portalen betont schlicht gehalten war. Der Kernbau mit integriertem Portikus über einer Freitreppe ist mit geböschten Eckbastionen versehen. Statt des Dreiecksgiebels bekrönt ein Segmentgiebel den Portikus, die Treppe ist der moderne Ersatz für eine ältere Stiege. Die martialische Form der Bastionen, die Artimino auszeichnet, wird an der Westseite nur bis zum *Piano nobile* hochgeführt und zu Terrassen ausgebaut. Die zahlreichen Fenster auf insgesamt vier Geschossen lassen auf ein deutliches Anwachsen der Benutzerzahl und damit auf ein verfeinertes Hofleben schließen. Daher wurde auch die *Paggeria* als separater Wirtschafts- und Gesindebau (Pagen) notwendig.

▲ *Artimino: Villa Medicea La Ferdinanda.*

Castello (FI)
Villa Medicea di Castello

• Anlage von überragender Bedeutung für den Villenbau und die Gartenkunst. • Erstmals erwähnt 1427, nach Kriegsschäden ab 1537 für Cosimo I. ausgebaut. • Architekt Giorgio Vasari, Gartenarchitekt Niccolò Tribolo.

Die Villa wurde bei der Belagerung durch die französischen Truppen 1529 beschädigt, anschließend von Vasari erneuert. Die sehr breite Fassade ist von Rustikaquadern eingefasst, das Portal mit Quadern gerahmt, seitliche Rustikahalbsäulen stützen den Balkon. Diese derben Bossen treten aus dem Mauerverband hervor und setzen Akzente, ohne durch zuviel Dekor den rustikalen Stil des Landhauses zu stören. Cosimo I. ließ die Villa mit den berühmten Darstellungen der Venus von Botticelli und der Chimäre von Arezzo ausstatten. Den Garten gestaltete Niccolò Tribolo, der die Skulpturen entwarf und die Hydraulik für die Wasserspiele konzipierte. Giorgio Vasari führte nach dessen Tod die Arbeiten am „reichsten, prächtigsten und schmuckesten Garten Europas" weiter.

▲ *Castello: Villa Medicea, Tribolo, Grotte.*

Diese Anlage ist eine der bedeutendsten der toskanischen Villen und der einzige noch nachvollziehbare Garten der Renaissance. Charakteristisch für die Gartenarchitektur der Zeit ist die Symmetrie, die spiegelbildliche Anordnung um eine Hauptachse, die aufgrund der Planänderung in Castello nicht genau auf das Hauptportal, sondern seitlich versetzt verläuft. In der Symmetrie, die durch Blumenamphoren und Zitrusbäumchen in Terrakottakübeln betont wird, zeigen sich die herrschaftliche Ordnung und die Beherrschung der Natur – *natura educata*. Buchsbaumhecken fassen die Beete im Parterre des Gartens, des *giardino secreto*, ein. Wie auch die in der *ars topiaria* aus Buchsbaum und Eibe geschnittenen Figuren sind sie Zeichen der gebändigten Natur. Von Tribolo stammt der mit antiken Statuen besetzte Herkules-Antäus-Brunnen im Zentrum des Parterres, der nach dem Tod des Gartenarchitekten von Pierino da Vinci vollendet wurde. Es ist ein frei stehender Brunnen des so genannten Kandelabertyps mit einem reich skulptierten Schaft, dessen Hauptmotiv aus spielenden Putten besteht. Die bekrönende Bronzegruppe, die den Halbgott Herkules im Kampf mit dem Riesen Antäus zeigt, setzte Ammannati nach dem Tode Tribolos 1560 auf. Ein weiterer Brunnen Tribolos war von Giambolognas Fiorenza bekrönt, die 1788 in die Villa Medicea La Petraia gebracht wurde. Unter der Terrasse öffnet sich eine künstliche

Grotte mit drei originellen Brunnen. Sie sind mit Plastiken geschmückt, die verschiedene Gattungen von Tieren in unterschiedlichen Materialien wiedergeben (um 1540). So zeigen sie eine Vorliebe für Exoten und die dem Manierismus eigene Neigung zur Groteske. Öffnungen im Fußboden verraten die Unterhaltung der Gäste durch plötzlich einsetzende Wasserspiele. Den Gegensatz zur beherrschten Natur bildet das durch Hecken abgetrennte Wäldchen, das Boskett, hinter der Villa, in dem die Strenge gelöst ist. Bartolommeo Ammannati schuf für einen der Fischteiche die Kolossalfigur des frierenden Januar. Die Idee, den Naturgott frösteln zu lassen, entspricht den originellen, grotesken und unorthodoxen Geistesblitzen des Manierismus.

Die Villa

In der Renaissance wird die Idee des Landlebens wieder belebt. In Anlehnung an die Antike sah das humanistisch gebildete Patriziat das Ideal ländlicher Entspannung vom urbanistischen Leben im Rückzug in die Villa. So wie Cicero die Muße auf seinem Landgut in Tusculum als Ausgleich zum Leben in Rom geschätzt hatte, so pflegten die Städter der Toskana die Rückkehr zur Villa als Lebensform der Renaissance. Die Bauten blieben zurückhaltend in den Ausmaßen, die toskanische Villa soll nur ein Hauptgeschoss über dem Erdgeschoss aufweisen, der Verzicht auf Dekor betont im Unterschied zu den Villen im Veneto die ländliche Bescheidenheit. Das Augenmerk lag auf der Erbauung in den Gärten. Im Parterre, dem *giardino secreto*, wurden Pflanzen zu immergrünen Skulpturen geformt. Seit dem 16. Jh. wurden nach antiker Tradition künstliche Grotten aus Naturstein angelegt und hydraulische Anlagen bewegten Automaten und Wasserspiele. Diese originellen Inszenierungen entsprachen den technischen Erfindungen der Zeit. *Giardino secreto* und *bosco*, das Boskett als eine gepflegte, eingefriedete Waldanlage, waren mit Statuen geschmückt und bildeten zusammen mit den Grotten die Grundausstattung des italienischen Gartens. Der Garten war Ort exzessiver Lebensfreude. Die Villa der Renaissance entsprach somit dem *locus amoenus*, dem in der Literatur der Antike gepriesenen lieblichen Ort, wo man in Ruhe studieren und die gebändigte Natur genießen konnte.

Villa Medicea La Petraia

• Ursprüngliche Anlage aus dem 15. Jh., 1575 – ca. 1590 umgebaut, Gartenanlage um 1545. • Architekt Bernardo Buontalenti, Gartenarchitekt Niccolò Tribolo.

Das Landgut wurde 1536 von Alessandro Medici aus dem Besitz der Familie Strozzi konfisziert. Cosimo I. ließ es von seinem Lieblingsarchitekten, dem vielseitigen Buontalenti, zur herrschaftlichen Villa umbauen.

Die schlichte, quadratische Villa hat den alten Wehrturm des 15. Jh. bewahrt, der von Buontalenti zum Belvedere umgebaut wurde. Sonst

▲ *Castello: Villa Medicea La Petraia.*

weist der Bau die typischen Elemente einer Renaissanceanlage auf: Die Ecken der hellen und klaren Fassade sind mit Bossenquadern eingefasst, sonst bleibt diese ungegliedert. Die rundbogigen Portale sind mit flachen Quadern gerahmt, die an einem Keilstein zusammenlaufen, über dem das Medici-Wappen angebracht ist. Charakteristisch sind auch die Fenstereinfassungen, deren Verdachungen im Erdgeschoss auf Volutenkonsolen gestützt sind. Der quadratische Innenhof wurde unter der Herrschaft König Vittorio Emmanueles II. in Florenz (1865 – 1870) mit einem Glasdach geschlossen und in einen Ballsaal verwandelt. Er ist an zwei Seiten von zweigeschossigen Loggien umgeben und wurde 1636 – 1648 von Volterrano mit Fresken, die die Geschichte des Hauses Medici wiedergeben, ausgemalt. Im Inneren der Villa steht das Original der Fiorenza von Giambologna, die im Garten durch eine Kopie ersetzt wurde.

Der Garten ist in drei Höhenstufen angelegt, die Beete werden je nach Jahreszeit bepflanzt. Auf den oberen Terrassengarten, genannt *piano della figurina* nach Giambolognas Fiorenza, wurde im 18. Jh. ein dreischaliger Brunnen Tribolos und Pierino da Vincis aus der Villa von Castello versetzt. Er ist bekrönt mit einer Kopie von Giambolognas Bronzefigur der Fiorenza von 1572, die wie eine schaumgeborene Venus dem Wasser entsteigt und sich die Haare auswringt. Die gewundenen Haare wiederholen den Schwung des sinnlichen, kurvigen Körpers zur *Figura serpentinata*. Nach Vasari repräsentiert die Statue das an Flusswasser reiche Florenz, ein ideales Thema für eine Brunnenfigur in der Toskana.

Die *Figura serpentinata* (ital. geschlängelte Figur) ist eine Einzelgestalt oder Gruppe mit starker Drehung des Torsos zur Demonstration der Allansichtigkeit, erfunden von Michelangelo. Die Drehung ist nicht handlungsmotiviert, sondern Ausdruck künstlerischer Qualität und soll ein

Höchstmaß an Eleganz wie Grazie zeigen. Nach Benvenuto Cellinis Traktat über die Skulptur von 1568 hat eine Figur acht Hauptansichten und über 40 weitere Aspekte (in Wahrheit natürlich unendlich viele) und ist von allen Seiten gleich schön, die Malerei aber habe nur eine Ansicht. Von der Hauptansicht gehe auch der Bildhauer aus, fange dann aber an, die Figur zu drehen. Im Künstlerwettstreit von Bildhauern und Malern, dem vor allem im 16. Jh. ausgetragenen *Paragone*, sollte der Aspekt der Allansichtigkeit der Bildhauerei den Vorrang einräumen. Die Maler setzten ihren Ehrgeiz vielfach daran, eine Figur von mehreren Gesichtspunkten aus darzustellen, um mit der Kunst des Bildhauers gleichzuziehen und sie mit Farbe und Perspektive zu übertreffen.

◄ *Castello: Villa Medicea La Petraia, Giambologna, Fiorenza.*

Cortona (AR)
Dom Santa Maria Assunta

• Piazza del Duomo. • Gegründet als Pieve im 11. Jh., Neubau Ende des 15. Jh., Campanile 1566, Umbauten im Innenraum im 18. Jh. • Architekten Giuliano da Sangallo (?), Alessandro Galilei (18. Jh.).

Der Neubau wurde vielfach Giuliano da Sangallo zugeschrieben, stammt aber wahrscheinlich von einem Nachfolger. Die schlichte Hausteinfassade lässt in einem Bogenansatz und einem schmalen Fensterchen noch Reste des romanischen Vorgängerbaus erkennen. Der Innenraum ist eine dreischiffige Halle, strukturiert von korinthischen und kompositen Säulen mit hohen, vom Sieneser Dom abgeleiteten Kämpferzonen. Sie tragen die Arkaden, über denen ein Tonnengewölbe das Mittelschiff abschließt. Den Triumphbogen tragen kannellierte Säulen mit korinthischen Kapitellen, zusammen mit dem laufenden Hund an der Stirnseite des Bogens akzentuieren sie den Chorbereich. Im flach geschlossenen Chor befinden sich Gemälde aus der Schule des heimischen Renaissancemalers Luca Signorelli sowie von Alessandro Allori und Ludovico Cigoli (16. Jh.). Die Dekoration des Gewölbes stammt aus dem 19. Jh.

Museo diocesano (ehemalige Chiesa del Gesù)

• Piazza del Duomo. • Bedeutende Sammlung von Renaissancemalerei

Das in der ehemaligen Jesuitenkirche eingerichtete Museum birgt bedeutende Werke des heimischen Malers Luca Signorelli, so die Beweinung Christi für den Dom von 1502, die Apostelkommunion von 1512 und die Himmelfahrt Christi. Eine Anbetung der Hirten geht auf den Entwurf Signorellis zurück. Die bedeutende Verkündigung des Fra Angelico, um 1433, gilt als seine schönste Darstellung des Themas. Interessanterweise ist der in goldenen Lettern geschriebene Dialog zwischen Engel und Jungfrau in der jeweiligen Sprechrichtung gezeigt, Marias Antwort auf den Gruß Gabriels steht daher auf dem Kopf. Die Einwilligung Mariens in die Botschaft des Engels setzt den göttlichen Heilsplan ins Werk, der der Menschheit das Paradies wieder öffnet, aus dem Adam und Eva vertrieben wurden, wie die Szene im Hintergrund zeigt. Von Angelico stammt noch eine Madonna mit Heiligen.

Santa Maria delle Grazie del Calcinaio

• 2 km südlich von Cortona. • Wallfahrtskirche. • Errichtet 1485 – 1513, Kuppel 1509 – 1514, 1543 Fertigstellung des Hauptportals. • Entwurf Francesco di Giorgio Martini, Pietro di Norbo.

Die außerhalb Cortonas an einem Flusslauf gelegene Wallfahrtskirche birgt ein als wundertätig verehrtes Madonnenbild, das in der Kalkgrube (*calcinaio*) eines Gerbers gefunden wurde. Die Anlage wurde von dem Sieneser Architekten Francesco di Giorgio Martini aus einem Zentralbau entwickelt, der sich mit einem Saal in der Form eines lateinischen Kreuzes verbindet und von der achteckigen Vierungskuppel von Pietro di

▲ *Cortona: Santa Maria delle Grazie del Calcinaio.*

▲ *Cortona: Santa Maria delle Grazie del Calcinaio.*

Norbo dominiert wird. Die Fassade ist von horizontalen Gesimsen in Geschosshöhe gegliedert und von einem Dreiecksgiebel bekrönt. Die Gliederung wird an den Flanken und Kreuzarmen beibehalten und trennt das geschlossene Untergeschoss von der Fensterzone, flache Lisenen teilen die Achsen der von Dreiecksgiebeln verdachten Fenster. Das Portal im Stil der Hochrenaissance vollendete Bernardino Corvatti 1543. Das geschlossene Obergeschoss verdeckt die Tonnengewölbe. Auch der weite Innenraum wirkt durch die klare kreuzförmige Struktur der auf die überkuppelte Vierung zulaufenden Tonnen. Im Langhaus werden die Joche durch Gurtbögen unter dem Gewölbe abgeteilt. Wie am Außenbau sind Geschosseinteilung sowie die Proportionen akzentuiert. Die

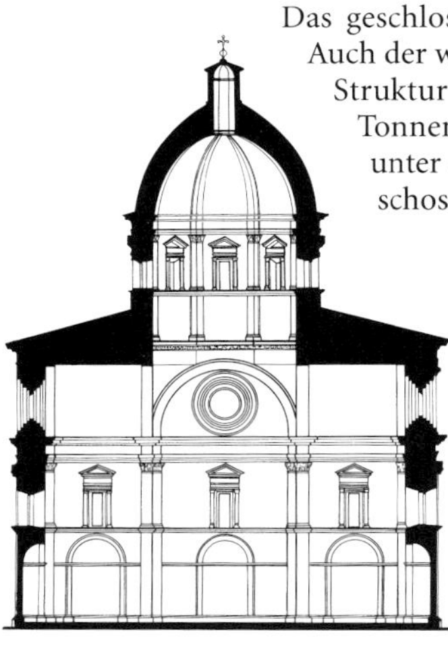

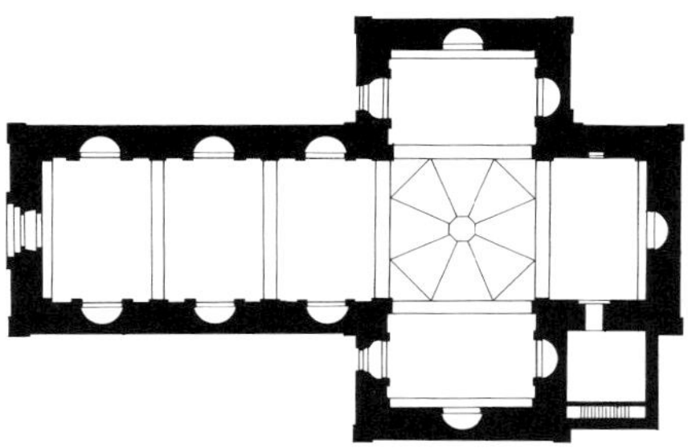

▲ *Cortona: Santa Maria delle Grazie del Calcinaio, Schnitt und Grundriss.*

durch den Wechsel von grauer *Pietra serena* und weißem Putz betonte Gliederung mit architektonischen Elementen ist von Brunelleschis Florentiner Bauten abgeleitet, auch die halbkreisrunden Konchenkapellen im Lang- und Querhaus sind durch *Pietra serena* eingefasst und erinnern an Santo Spirito in Florenz. Der Altar birgt das verehrte Madonnenbild in einer Ädikula von Bernardino Corvatti.

Santa Maria Nuova

• Nördlich der Porta Colonia. • Errichtet 1550–1554. • Architekten Cristofanello Infregliati, Giorgio Vasari.

Der Zentralbau ist auf quadratischem Grundriss errichtet, das Mittelschiff, die Querhausarme und der Chor sind erhöht und schreiben in das Quadrat ein griechisches Kreuz ein. Die Kirche ist an drei Seiten von nahezu identischen dreiachsigen Fassaden mit kleinen Tür- und Fensteröffnungen versehen, darüber wird der erhöhte Mitteltrakt von einem Dreiecksgiebel bekrönt und durch Voluten mit den Seitenschiffen verbunden. Die Vierungskuppel über dem hohen Tambour stammt aus dem 17. Jh. und betont die Zentrierung. Im Innenraum laufen die tonnengewölbten Kreuzarme auf die vier Pfeiler zu, die die Kreuzform bestimmen und die zentrierende Kuppel tragen.

Lucca (LU)

Palazzo Pretorio

• Piazza San Michele in Foro. • Ehemaliger Justizpalast, Sitz des Podestà, heute Präfektur. • Begonnen 1492, erweitert 1588. • Architekt Matteo Civitali.

Der zweigeschossige Palast des Podestà wurde von dem Luccheser Architekten und Bildhauer Matteo Civitali entworfen und nach seinem Tod von seinem Sohn Nicolao vollendet. Im Untergeschoss öffnen vier flache Arkaden die gewölbte Gerichtsloggia, in der ein Denkmal von Arnoldo Fazzi aus dem 19. Jh. an Matteo Civitali, den bedeutendsten Renaissancekünstler der Stadt, erinnert. Den Arkaden entsprechen die Biforienfenster mit Okulus im Obergeschoss und die querrechteckigen Fenster des Mezzanin unter dem abschlie-

▶ *Lucca: Palazzo Pretorio.*

ßenden Kranzgesims. Die ausgewogenen Proportionen von Breite und Höhe der Palastfassade, die Axialität der Öffnungen und die antike Ornamentik sind charakteristisch für die Architektur der Frührenaissance. Mit den in die Biforien eingestellten Marmorsäulchen griff Matteo Civitali ein typisch toskanisches Schmuckmotiv auf, man vergleiche dazu auch den Palazzo dei Ghivanizzi aus dem 14. Jh. an der gegenüber liegenden Seite der Piazza. Die rückwärtigen Erweiterungen des 16. Jh., die die Tiefe der Loggia verdoppelten, nahm Vincenzo Civitali vor. Die von einer Kartusche gerahmte Uhr ist barock.

Palazzo della Provincia, ehemals della Signoria

• Piazza Napoleone. • Nach mehreren zerstörten Regierungsbauten Neubau 1578 begonnen. • Architekt Bartolommeo Ammannati.

Ammannati errichtete den Kernbau für den Palast der Stadtregierung an der Stelle, an der sich bereits die Fortezza Augusta des Castruccio Castracane und ab 1400 der Palast Paolo Guinigis befunden hatten. Über dem Sockelgeschoss wurde ein Mezzanin eingezogen, darüber errichtete man zwei Obergeschosse. Die Fassade ist von einer Eckrustika eingefasst und auf die Mittelachse zentriert. Auf Ammannati gehen das rustizierte Portal und die Bossenfenster im Untergeschoss zurück. Unvollendet blieb hingegen der Innenhof. Original ist die so genannte Loggia dell'Ammannati, gebildet aus fünf Serlianen über rustizierten Arkaden. Der rechte Flügel wurde 1728 von Francesco Pini, einem Schüler des bedeutenden Barockarchitekten Filippo Juvarra aus Turin, ergänzt. Er überführte das Projekt Ammannatis in barocke Grandiosität.

Auch der Palazzo Bernardi-Micheletti an der Piazza San Martino wurde 1556 von Bartolommeo Ammannati begonnen. Der hübsche Garten ist von einer Mauer umgeben, die durch große vergitterte Öffnungen Einblicke gestattet, ein Motiv, das öfter in Lucca zu sehen ist.

Montepulciano (SI)

Die kleine Stadt konnte nur mit der Duldung der mächtigen Nachbarn leben. Sie schloss 1208 einen Friedensvertrag mit Florenz, wurde aber von 1260 – 1294 von Siena beherrscht. 1391 unterwarf sich Montepulciano freiwillig Florenz, dem es treu verbunden blieb, bis auf die Zeit des Exils der Medici von 1455 – 1511, während der die Stadt erneut unter Sieneser Herrschaft stand. 1591 wurde Montepulciano zum Bischofssitz erhoben. Im Unterschied zu anderen Kleinstädten der Toskana konnte sich hier keine freie Kommune bilden und so hielt sich die mittelalterliche Feudalordnung bis ins 18. Jh. Die herrschenden Adelsfamilien ließen in der Stadt ihre Paläste von bedeutenden Architekten vor allem im 16. Jh., dem *gran secolo* von Montepulciano, errichten. So entstand ein geschlossenes, von der Renaissance geprägtes Stadtbild.

Madonna di San Biagio

• Wallfahrtskirche. • Hauptwerk der Renaissancearchitektur. • Errichtet 1518 – 1545. • Architekt Antonio da Sangallo d. Ä.

▲ *Montepulciano: Madonna di San Biagio.*

Die von der Stadt abgelegene in der Landschaft errichtete Wallfahrtskirche ist das Hauptwerk Antonio da Sangallos d. Ä. Sie wurde zum exemplarischen Bau für die Architektur der Hochrenaissance und wegweisend für die Entwicklung des Zentralbaus.

Antonio da Sangallo d. Ä., geboren 1485 in Florenz, gestorben 1546 in Terni, war der Bruder des bahnbrechenden Giuliano da Sangallo, der ihn zum Architekten ausbildete. In Rom wurde Antonio Schüler Bramantes und entwickelte sich zum meistbeschäftigten und berühmtesten Architekten seiner Zeit. 1520 übernahm er die Bauhütte von Sankt Peter in Rom. Seine Architektur ist von der Monumentalität der römischen Antike geprägt, die auch San Biagio, sein unbestrittenes Hauptwerk, auszeichnet.

Der Bau folgt Giuliano da Sangallos Santa Maria delle Carceri in Prato, wurde wie diese über dem Grundriss eines griechischen Kreuzes errichtet und mit einer zentralen, von einem hohen Tambour getragenen Kuppel über der Vierung versehen. Die Monumentalität von San Biagio aber ist an Bramantes Plan für den Neubau von Sankt Peter in Rom orientiert. Eine Richtung wird durch zwei frei stehende Türme an der Nordfassade, von denen nur einer ausgeführt wurde, und die mit einer Balustrade bekrönte Apsis des Chorarms erzielt. Dieser Verzicht auf die konsequente Realisierung des Zentralbaus weicht von Giulianos und Bramantes Vorbildern ab und lässt sich durch die Ausrichtung der Wallfahrtskirche auf einen Prozessionsweg erklären. Der ganz mit Travertin verkleidete Außenbau wird durch die raumbildenden architektonischen Formen geprägt, die von den gliedernden Elementen betont werden. Die strenge toskanische Ordnung mit dorischem Fries akzentuiert die Ecken und klärt die Geschosseinteilung, doch werden schmückende Ornamente zurückhaltend eingesetzt und sollen nicht die Strenge und Dominanz der schweren Mauermassen beeinträchtigen.

Der bis 1564 von Giuliano di Baccio, dessen Vater Baccio d'Angelo die Kuppel vollendet hatte, errichtete Campanile ist sehr viel plastischer gegliedert und zeigt die klassische Säulenordnung in der Abfolge der toskanischen, ionischen, korinthischen und kompositen Ordnung. Im Innenraum führen die tonnengewölbten Kreuzarme auf das überkuppelte Vierungsquadrat zu. Es wiederholt sich der strenge Aufbau des Außenbaus, der in kräftigeren, plastischen Architekturgliedern aus hellem Travertin hervortritt. Halbsäulen rahmen die Ädikulen der Altäre, Pilaster akzentuieren die Ecken, über ihnen verkröpft sich das schwere dorische Gebälk. Die breiten Gurte unter den Tonnengewölben sind durch Kassetten betont. Diese Architektur löst die Eleganz der Florentiner Frührenaissance, die Giuliano in Prato fortgesetzt hatte, durch die Monumentalität der römischen Hochrenaissance ab. Der nahe liegende Konvent der Kanoniker wurde mit dem davor stehenden Brunnen nach dem Tod Sangallos nach dessen Plänen errichtet.

Die Piazza Vittorio Emanuele ist flankiert von Dom, Palazzo Comunale und Palazzo Tarugi. Neben dem Palazzo Tarugi befindet sich der Greifen-Brunnen, der *pozzo dei grifi*, Antonio da Sangallo d. Ä. zugeschrieben. Er

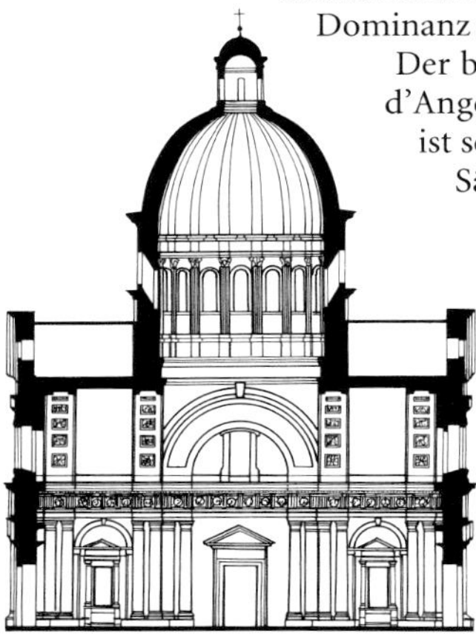

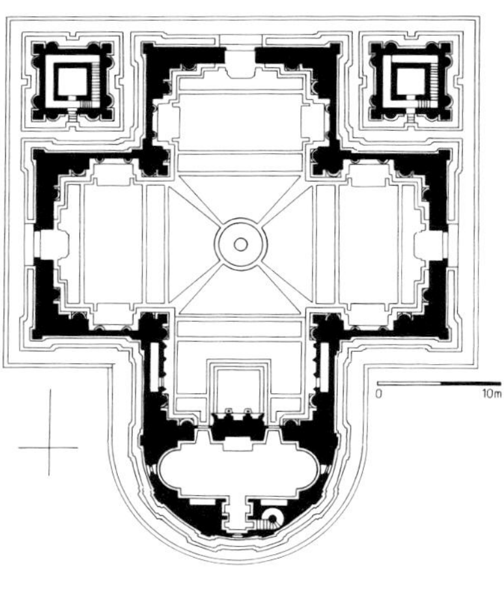

◀ *Montepulciano: Madonna di San Biagio, Schnitt und Grundriss.*

ist nach den Greifen benannt, den Wappentieren Montepulcianos, zu denen sich die obligaten Florentiner Löwen gesellen. Die Löwen stützen das Medici-Wappen, wodurch in knappster Form die politischen Verhältnisse in der Stadt klargestellt werden. Brunnen sind seit der Antike Gegenstand städtischer Kunstschöpfungen, die Wasserspende in der Stadt ist ein Akt großmütiger Herrschaft, der Magnifizenz. Brunnen befanden sich auf historischen Plätzen vielfach am Rande, da die Plätze urbanistische Verkehrs- und Versammlungsräume waren, wo der Brunnen in einem funktionalen Zusammenhang stand. Erst im 19. Jh. wurden aus dekorativen Gründen die Becken eher ins Zentrum der Plätze gerückt. Diese öffentlichen Brunnen sind vielfach mit Motiven der Stadtgeschichte bzw. ihrer Symbole wie in Montepulciano besetzt.

Palazzo Avignonesi

• Via Roma. • Begonnen 1520, teilweise Vignola zugeschrieben. I

Die Fassade mit zwei Fensterordnungen über hohen Solbänken weist mit dem Wechsel von Dreiecks- und Segmentgiebeln die Struktur der Hochrenaissance auf. Sie steht der des Palazzo Cervini nahe, ist aber deutlich steiler und von geringerer Plastizität. Der Reichtum an sorgfältigem Detail lässt an einen Eingriff Vignolas denken. Vor dem Palast steht die Marzocco-Säule von 1511. Der Florentiner Wappen-Löwe Marzocco demonstriert die Rückeroberung der Stadt durch die Florentiner und ersetzt die Sieneser Wölfin, die während der 16-jährigen Herrschaft Sienas an dieser Stelle gestanden hatte.

Palazzo Cervini

• Via Cavour. • Errichtet 1518–1534. • Entwurf Antonio da Sangallo d. J. (?). I

Der Palast wurde für den Kardinal Cervini errichtet, der 1555 als Marcello II. zum Papst gewählt wurde. Er blieb unvollendet. Für den engen Raum entwarf vielleicht Sangallo d. J. eine monumentale dreiflügelige Anlage mit in Italien seltenem äußerem Hof. Das Untergeschoss ist mit Rustikaquadern verkleidet, das Portal darin risalitartig vorgezogen. Qualität zeigt die Einbindung der radial das Portal überfangenden Quader in den Mauerverband mit wechselnden Lagen. Die durch hohe Gesimse abgeteilten Obergeschosse sind mit Spiegelquadern bzw. gefugter, glatter Mauerfläche zunehmend weniger plastisch, wodurch der Bau nach oben hin leichter wirkt. Die Fenster im Wechsel mit von Voluten getragenen Segment- und Dreiecksgiebeln entsprechen sich in den beiden unteren Geschossen und verleihen der Fassade Plastizität. Der Wechsel von Segment- und Dreiecksgiebeln der Fensterbekrönungen stammt aus der römischen Architektur. Die betonte Axialität, die strenge Geschosseinteilung und die Qualität des Quadermauerwerks zeichnen diese Fassade aus.

Palazzo Comunale

• Piazza Vittorio Emanuele. • Errichtet im 14. Jh., Fassade und Innenausbau ca. 1440. • Architekt Michelozzo.

Der Palazzo Comunale stammt im Kern noch aus dem 14. Jh., die Fassade aber wurde von dem Florentiner Michelozzo, dem bevorzugten Architekten Cosimo de' Medicis, entworfen, der ab 1440 auch den Umbau der Innenräume durchführte. Der dreigeschossige Bau mit dem schlanken Turm über dem vorkragenden, zinnenbekrönten Wehrgang greift auf den Palazzo Vecchio von Florenz zurück. Im Untergeschoss spricht die Rustika-Quaderung mit unregelmäßiger Lagendichte und kleinen Fensteröffnungen für eine frühe Datierung, also das 14. Jh. Das gotisch spitzbogige Portal ist zentriert, links davon steht das Wappentier der Stadt, der Greif, auf einer Konsole. In den Obergeschossen wird die Überführung des mittelalterlichen Palasttypus in den Stil der Frührenaissance durch die Regelmäßigkeit der Fensterachsen und die Ausrichtung auf die Mitte deutlich. Zinnen und Turm wirken dennoch altertümlich. Im Innenhof mit den doppelten, von Säulen getragenen Loggiengeschossen sind ebenfalls die Formen des Trecento neben den Umbauten durch Michelozzo erhalten.

▲ *Montepulciano: Palazzo Comunale.*

Palazzo Contucci

• Piazza Vittorio Emanuele. • Errichtet 1519. • Architekt Antonio da Sangallo der Ältere.

▲ *Montepulciano: Piazza Vittorio Emanuele mit Palazzo Contucci und Palazzo Nobili-Tarugi.*

1519 wurden die Bauarbeiten von Antonio da Sangallo d. Ä. für den Kardinal Giovanni Maria del Monte begonnen. Im Untergeschoss zeigt sich Sangallos monumentaler Stil am Rustikaportal sowie den Rustikaeinfassungen an den Ecken und Konsolenfenstern, die aus der glatten Mauerfläche hervortreten und der Fassade eine hohe Plastizität, aber auch robuste Wehrhaftigkeit verleihen. Das Obergeschoss, der *Piano nobile*, ist in Travertinquadern in wechselnden Lagen errichtet. Die plastische Gestaltung des Sockelgeschosses wird in den von ionischen Säulen gerahmten und von Dreiecksgiebeln verdachten Fenstern aufgegriffen, die auf einem kräftigen, von Konsolen getragenen und verkröpften Gesims ansetzen. Das sehr hohe Gebälk über den Fenstern ist charakteristisch für Sangallo. Die Axialität, Symmetrie und klare Geschossgliederung zeigen eine einheitliche Formensprache der Renaissance, die herben und massigen Strukturen gehen auf die zeitgenössische römische Architektur zurück. Ab 1536 kamen die Arbeiten zum Erliegen. Das abschließende Mezzanin mit den Kartuschen-Fenstern in gestauchten Voluten weist die Formen des 17. Jh. auf, als der Palast in den Besitz der Familie Contucci übergegangen war, die 1702 den Festsaal von Andrea Pozzo ausmalen ließ.

Palazzo Nobili-Tarugi

• Piazza Vittorio Emanuele. • Errichtet Mitte des 16. Jh.

Die Zuschreibung dieses und anderer Bauten an Antonio da Sangallo d. Ä. wird nicht durch Dokumente bestätigt. Ein Einfluss lässt sich aus der klaren Gliederung des Baus durch eine Mittelachse und eine Balustrade, vor allem aber den monumentalen Formen und den plastischen Akzenten ableiten, die aus der römischen Architektur stammen. Zur Piazza hin öffnet sich im Untergeschoss eine Loggia, deren akzentuiertes, mehrfach profiliertes Mittelportal an die Fensterzone des *Piano nobile* stößt. Dieses störende Element spricht gegen den Entwurf Sangallos. Die Fenster ruhen auf hohen Brüstungen und sind mit ausladenden Segmentgiebeln, beide auf Konsolen gestützt, verdacht. Diese plastischen Elemente stellen die Fenster als einzelne, klar von der Mauerfläche abgesetzte Elemente heraus. Die beiden unteren Geschosse werden durch eine ionische Kolossalordnung auf mannshohen Sockeln zusammengefasst. Die Fensterverteilung des Obergeschosses zwischen den kräftigen Pilastern ist hingegen asymmetrisch, doch die umlaufende Balustrade gleicht diese Unregelmäßigkeiten aus.

Sant'Agostino

• Via Roma. • Begonnen 1427, Fassade ca. 1450. Obergeschoss und Giebel ca. 1508. Innenumbau 1781–1791. • Architekt Michelozzo.

▲ *Montepulciano: Sant'Agostino.*

Die Fassade verbindet in den beiden Untergeschossen Elemente der Renaissance und der Spätgotik. Spitzbogennischen, der Vorhangbogen mit Krabben und die Fialen gehören der Gotik an, kannelierte Pilaster mit antikisierenden Kapitellen und die Ornamentik am Portal entsprechen dem neuen Stil. Diese Parallelität von Spätgotik und Frührenaissance ist charakteristisch für Michelozzo und besteht in allen Gattungen der Kunst bis ca. 1480. Im Tympanon über dem Portal befinden sich Terrakottabüsten der Madonna mit dem Täufer und dem heiligen Augustinus, ebenfalls von Michelozzo. Das Obergeschoss mit der flachen Pilastergliederung und der Giebel sind ganz im Stil der Florentiner Renaissance gestaltet. Der Innenraum wurde im 18. Jh. komplett überarbeitet, dabei wurden die Querarme abgebrochen und die Apsis gekürzt. In dem neoklassizistischen Ambiente befinden sich sehenswerte Gemälde von Lorenzo di Credi, Pomarancio, Federico Barrocci und Alessandro Allori.

Monterchi (AR)
Museo dell'affresco di Piero della Francesca

• Via della Reglia 1. • Eigens für das Fresko eingerichtetes Museum. I

Das 1992 aus der Friedhofskapelle von Monterchi abgelöste Fresko der Madonna del Parto (Madonna der Geburt) von Piero della Francesca wurde in eine zum Museum umgebaute Schule transferiert. Selbstbewusst und feierlich erscheint Maria vor dem Betrachter, Engel öffnen den kostbaren, mit Pelz ausgeschlagenen Brokatvorhang ihres Zeltbaldachins. Die Himmelskönigin tritt wahrhaft majestätisch auf, stemmt lässig die Hand in die Hüfte und verweist mit der Rechten auf ihren von der Schwangerschaft gerundeten Bauch. Das himmelblaue Kleid muss die *Regina Coeli* (Himmelskönigin) an den Nähten offen lassen, da es zu eng geworden ist. Der feierliche Charakter wird durch die strenge Symmetrie der Engel, deren Flügel und Gewänder in Komplementärfarben ausgeführt sind, sowie die überaus vornehme Gestalt Mariens mit modisch ausrasierter Stirn und aufgebundenem blondem Haar erzielt. Die Spiegelungen der Pelze in den metallisch polierten Nimben lassen diese überirdische Erscheinung ganz real wirken wie auch der üppige Bauch Mariens auf die körperliche Präsenz des Fleisch gewordenen Gottessohnes verweist. Darüber hinaus deutet die vordere Öffnung des Gewandes auf die Geburt hin, die seitliche aber erinnert an die Seitenwunde und damit an den Tod Christi, sein Opfer und den Sinn seiner Menschwerdung. Das Fresko verbindet also irdische Realität mit christlicher Symbolik. Die in der florentinisch-toskanischen Malerei nicht so seltene Gestalt der schwangeren Madonna erzielte in Pieros Fresko eine solche Präsenz und Selbstverständlichkeit, dass sie von schwangeren Frauen verehrt wurde, was an ihrem heutigen Standort im Museum nicht mehr möglich ist. Die Bestrebungen, die Madonna del Parto als Kultbild wieder an ihren alten Standort in der Grabkapelle, wo sie erst 1888 unter Tünche entdeckt wurde, zurückzubringen, sind bisher gescheitert. Nicht halten lässt sich die Legende, Piero habe das Fresko anlässlich der Beerdigung seiner Mutter gemalt, da diese im Dom von Sansepolcro begraben wurde.

Pienza (SI)

Im Jahre 1405 kam in dem toskanischen Dorf Corsignano Enea Silvio Piccolomini zur Welt, der 1458 zum Papst gewählt wurde und den Namen Pius II. annahm. Seinen Geburtsort taufte er um in Pienza (Stadt des Pius) und drängte eine Reihe von wohlhabenden Kardinälen, darunter den Vizekanzler Rodrigo Borgia, den späteren Papst Alexander VI., zum Bau repräsentativer Paläste. Zum leitenden Architekten wurde der Sienese Pietro Paolo Porrina bestimmt, der nach Entwürfen des Florentiners Bernardo Rossellino das ländliche Bergnest in eine Idealstadt der Renaissance umbauen sollte. Idealstädte sind erdachte Orte, die die ästhetischen und funktionalen Forderungen ihrer Epoche optimal erfüllen. Ihre Symmetrie und Regelmäßigkeit unterscheidet sie von historisch gewachsenen Städten. In der römischen Antike entwarf Vitruv eine Idealstadt um ein Forum im Zentrum, das Traktat wurde 1415 wieder entdeckt und regte die Architekten und Theoretiker der Renaissance zu ähnlichen Überlegungen an. Pius II. wurde durch das Traktat „De re aedificatoria" (Über die Baukunst) des Florentiners Leon Battista Alberti zur Planung von Pienza inspiriert. Der Papst wollte damit ein „dauerhaftes Zeichen seiner Herkunft" setzen, wie er in den „Commentarii", seinen Kommentaren zum Zeitgeschehen, schrieb. Da die Stadt aber bewohnt und räumlich begrenzt war, ließ sich das ehrgeizige Projekt nur teilweise realisieren. Der Tod des Papstes und des Architekten im Jahre 1464 brachte die Arbeiten zum Erliegen.

Dom Santa Maria Assunta

• Piazza Pio II. • Errichtet 1459 – 1462. • Architekt Pietro Paolo Porrina nach Entwurf Bernardo Rossellinos.

Die Ausdehnung der Kirche, die einen romanischen Vorgängerbau ersetzt, wurde durch gewaltige Substruktionen, die den Chor tragen, ermöglicht. Pius II., der während seiner diplomatischen Laufbahn die nordeuropäische Architektur kennen gelernt hatte, wünschte eine Hallenkirche, doch Bernardino Rossellino, der entwerfende Architekt, hatte noch nie ein Bauwerk dieses Typs gesehen. So entstand ein höchst eigenartiges Gebilde, das moderne italienische Architektur mit italienisch überformten nordeuropäischen Elementen und in der Toskana völlig fremd wirkenden gotischen Formen vereint. Rein italienisch ist die Fassade, die dem Vorbild von Albertis Tempio Malatestiano, der unter Sigismondo Malatesta errichteten Kirche San Francesco, in Rimini folgt. Dreiachsig mit breiterer Mittelarkade greift die Kirchenfassade auf den antiken Triumphbogen zurück und schließt mit einem Dreiecksgiebel aus der Tempelarchitektur ab. Im Giebelfeld erscheinen die päpstlichen Insignien über dem Piccolomini-Wappen mit den Halbmonden.

▲ *Pienza: Dom Santa Maria Assunta, Schnitt.*

Im Innenraum tragen kantonierte Pfeiler die Kreuzrippengewölbe. Diese gotischen Formen sind mit den von der Renaissance aufgegriffenen antiken Ornamenten wie dem Eierstab unter der hohen Kämpferzone, der auf den Sieneser Dom zurückgeht, verziert. Der Chorumgang und die Maßwerkfenster sind der nordeuropäischen Architektur entlehnt und erzielen den Eindruck eines „Hauses nicht aus Stein, sondern aus Glas", das Pius II. wünschte. Der nach Süden ausgerichtete Chor fängt

▲ *Pienza: Dom Santa Maria Assunta, Innenraum nach Süden.*

▲ *Pienza: Dom Santa Maria Assunta, Fassade.*

das volle Sonnenlicht ein und die unerwartete Helligkeit entspricht einem Raum der Renaissance eher als einer gotischen Kathedrale. Pius' Vorliebe für die Gotik sind die altertümlichen Altarretabel der sienesischen Maler Matteo di Giovanni, Sassetta und Vecchietta verpflichtet, die den Raum mit einer einheitlichen Ausstattung versahen.

Palazzo Piccolomini

• Piazza Pio II. • Errichtet 1459 – 1462. • Architekt Pietro Paolo Porrina nach Entwurf Bernardo Rossellinos.

Nach dem Wunsch Pius' II. sollte der für seinen Neffen Francesco Todeschini-Piccolomini errichtete Palast „eines Königs würdig" sein. Bernardo Rossellino richtete sich bei dem frei stehenden, quadratischen Gebäude nach dem viel beachteten Palazzo Rucellai in Florenz, den er 1451 nach Entwurf Albertis vollendet hatte. Die dreigeschossige Fassade über einem Mauersockel ist in Quadermauerwerk mit wechselnden Schichthöhen errichtet. Sie ist von Pilasterordnungen gegliedert, die mit den profilierten horizontalen Gesimsen die Mauerfläche des Baublockes zu allen Seiten und über alle Geschosse in gleichmäßige Felder einteilen und so ein harmonisches Gefüge bilden. Im Untergeschoss passen sich die rustizierten Pilaster als Ausdruck der Geschlossenheit der Wandfläche an,

▲ *Pienza: Palazzo Piccolomini.*

in den Obergeschossen sind sie als Gliederungselement geglättet und ordnen sich den plastisch hervortretenden Gesimsen unter. Die gestelzten Biforienfenster der Obergeschosse sind von Travertinsäulchen geteilt und von dreifach durchbrochenen Bogenfeldern bekrönt. Diese so genannten Guelfenfenster entwickelten sich im 15. Jh. aus den gotischen Maßwerkfenstern. Die überfangenden Strahlenrustiken stehen nicht im Mauerverband und bilden ein eigenständiges Schmuckmotiv, das als zurückhaltender und daher kostbar wirkender Dekor vom Palazzo Rucellai übernommen wurde. Der quadratische Innenhof ist mit einem Portikus umgeben, dessen Arkaden schlanke Säulen mit korinthischen Kapitellen tragen. Eine zweigeschossige Loggia ist auf die Aussicht über das Tal zum Monte Amiata ausgerichtet, wie auch der Garten an der Südseite, für den das Terrain zu einem *giardino pensile* (hängender Garten) aufgeschüttet wurde. Die Ausrichtung des Palastes mit der Loggia auf den Landschaftsausblick ist in der Renaissancearchitektur völlig neu. Loggien in Städten waren vormals der Straße oder dem Platz zugewandt, nicht aber dem Garten, wie es hier geschehen ist. Somit ließ sich der Palazzo Piccolomini als Residenz in der entstehenden Idealstadt wie auch als der Erbauung an der Natur dienende Villa nutzen.

Piazza Pio II.

• Angelegt 1459. • Architekt Bernardo Rossellino. • Bedeutende Platzanlage in stilistischer Einheitlichkeit.

Die trapezförmige Piazza bildet den Kern des Ortes und verbindet die Neubauten. Die Pflasterung ist nach den Vorschlägen Albertis in rechteckige Felder unterteilt, um den Eindruck größerer Weite zu erzielen. Pius II. erklärte in seinen Lebenserinnerungen, den „Commentarii", das Programm der Anlage. Der Dom sollte eine nordeuropäisch inspirierte, gotische Hallenkirche sein mit polygonalem Chor, Glasmalereien und drei gleich hohen Schiffen. Die Fassade ist mit Travertin verkleidet und setzt sich durch die Helligkeit des Steins von den übrigen Bauten ab. Rechts erhebt sich der Palast des Papstes, links der des Bischofs. Sie stehen schrägwinklig zueinander, um die kulissenhafte Wirkung der Anlage zu steigern. Gegenüber grenzt der Palazzo Comunale den Platz gegen den Ort ab.

Der Palazzo Vescovile ist der ehemalige Palast des Vizekanzlers Kardinal Rodrigo Borgia, des späteren Papstes Alexander VI. Er bringt mit dem reich ornamentierten Portal und den marmornen Kreuzstockfenstern Formen der römischen Renaissancearchitektur in die Toskana. Der Palazzo Comunale öffnet sich mit einer repräsentativen Loggia zum Platz und grenzt ihn gegen den Ort ab. Die Arkaden sind von ionischen Säulen getragen. Die Fenster des großen Ratssaales im Obergeschoss greifen die Formen des Palazzo Piccolomini auf, sind aber als echtes Maßwerk altertümlicher. Sgraffiti imitieren die Rustizierung und die Flächengliederung. Der Backsteinturm geht hingegen auf den des Palazzo Vecchio in Florenz zurück. Mit Loggia und Turm wurden Elemente der gotischen Stadtpaläste aufgenommen, die Fenster und die fingierte Rustizierung des *Piano nobile* aber ordnen den Palazzo Comunale durch die Schlichtheit dem wesentlich dominanteren Palazzo Piccolomini unter. Ein Brunnen nach Entwurf Rossellinos von 1462 ist in elaborierten Renaissanceformen ausgeführt und komplettiert die städtebaulichen Ansprüche eines idealen Platzes.

Die Gebäude der Piazza Pio II. stehen in einer eindeutigen Hierarchie zueinander. Dem Dom im Zentrum ist der Palazzo Piccolomini nur durch die Randlage, nicht durch Qualität und Größe des Baus untergeordnet. Der Bischofspalast ist kleiner und schmuckloser, der Palazzo Comunale liegt schließlich asymmetrisch zur Piazza und ist der kleinste der Bauten. Unter der Leitung

▲ *Pienza: Piazza Pio II.*

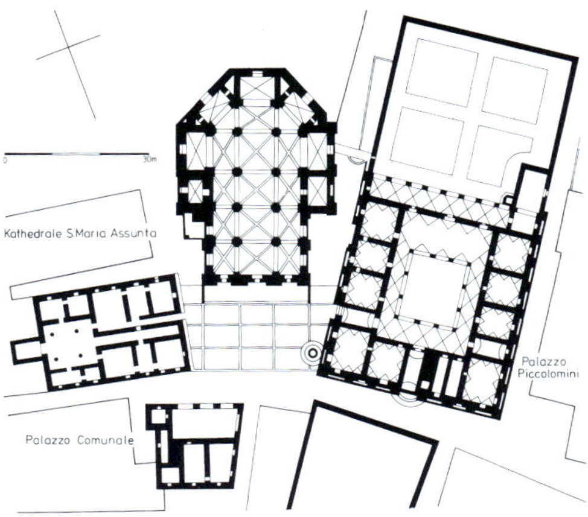

▲ *Pienza: Piazza Pio II., Grundriss.*

des Papstes wurde der Dom noch einmal zum Zentrum der Idealstadt, nicht jedoch um die Kirche in den Mittelpunkt zu rücken, sondern die päpstliche Herrscherfamilie, wie das Familienwappen am Giebel der Kathedrale und der hierarchisch nahe stehende Palast deutlich machen. Mit dieser geschlossenen Anlage wurde die erste große urbanistische Umgestaltung seit der Antike realisiert.

Pietrasanta (LU)

Das Städtchen wurde 1255 von Guiscardo Pietrasanta, dem Podestà von Lucca, als Zentrum der Marmorverarbeitung nahe den Apuanischen Alpen gegründet. Die planmäßig angelegte Stadt hatte von Anfang an einen regelmäßigen Grundriss mit geraden, sich rechtwinklig kreuzenden Straßen und ist daher von hohem urbanistischem Interesse. Unter der Herrschaft von Castruccio Castracane (1316 – 1328) begann Pietrasanta zu prosperieren, fiel unter die Herrschaft diverser Signorien und gelangte schließlich 1513 unter Papst Leo X. in den Besitz der Medici. Malariaepidemien bewirkten vom 16. Jh. an einen Niedergang, der 1820 durch die Trockenlegung der Sümpfe zum Stillstand kam. Heute ist Pietrasanta eine Künstlerkolonie.
Die weite, großzügig angelegte Piazza del Duomo bildet das Zentrum der Stadt und verbindet alle bedeutenden Bauwerke. Der Brunnen des obligaten Marzocco, des Löwen von Florenz, wurde im 16. Jh. von Leo X. gestiftet und demonstriert die Florentiner Herrschaft. Die Statue des Habsburger Großherzogs Leopold II. schuf der einheimische Bildhauer Vincenzo Santini im Jahre 1843.
Die imposante Rocca di Sala ist eine langobardische Gründung, die in die Stadtmauern von Pietrasanta eingegliedert und im 14. – 15. Jh. ausgebaut wurde.

Dom San Martino

• Piazza del Duomo. • Errichtet 1256 – 1258, 1330 vergrößert, Fassade 16. Jh., 1630 und 1821 restauriert. Campanile 15. – 16. Jh., unvollendet.

Die dreiachsige Marmorfassade wird von einer großen Fensterrose des Lorenzo Riccomani aus Pietrasanta († 1522) beherrscht. Drei Portale, über denen in den Lünetten Reliefs der Pisaner Schule der Frühgotik angebracht sind, öffnen sich zu den Kirchenschiffen, im Zentrum die Kreuzigung, rechts die Grablegung und links die Auferstehung. Rechts des Mittelportals erscheint das Wappen Papst Leos X. Medici über einem Relief, das Johannes den Täufer, den Schutzpatron von Florenz, darstellt. Das ursprünglich vergoldete Relief stammt von dem einheimischen Künstler Stagio Stagi (1513).

Der Innenraum ist durch Säulen in drei Schiffe unterteilt. 1825 wurde er mit Graffiti im Stil des 16. Jh. ausgemalt. Die Ausstattung mit Marmorwerken stammt überwiegend aus dem frühen 16. Jh. Bemerkenswert sind die Weihwasserbecken, die Kandelaber und die unvollendete Statue Johannes' des Täufers im linken Seitenschiff von Stagio Stagi, der auch das Chorgestühl begann, welches von anderen Künstlern fertiggestellt wurde. Die elegante Kanzel schuf sein Sohn Lorenzo Stagi. Sie zeigt u. a. den Kirchenpatron Martin und Johannes den Evangelisten, dem der Adler das Tintenfass hält. Zwei Bronzeengel und das Kruzifix über dem Hauptaltar gestaltete Pietro Tacca. Sie stammen aus dem Jahre 1649 und sind somit Spätwerke des bedeutenden Bronzegießers aus Carrara. Das Baptisterium wurde 1777 restauriert. Es enthält ein Taufbecken von Donato Benti aus dem Jahre 1509.

Sant'Agostino

• Piazza del Duomo. • Errichtet im 14. Jh. Campanile 1780.

Die mit Marmor verkleidete Fassade ist mit drei großen Blendbögen verziert, über denen sich elegante gotische Bögen, von Säulchen gestützt, erheben. Der Innenraum ist ein schlichter Saal mit offenem Dachstuhl über Schwibbögen. Der Renaissancealtar der Annunziata wird der Schule des Stagio Stagi zugeschrieben.

Pisa (PI)

Palazzo della Carovana oder dei Cavalieri

• Piazza dei Cavalieri. • Ehemaliger Kommunalpalast aus dem 13. Jh. 1562 umgebaut. • Architekt Giorgio Vasari.

Sitz des neu gegründeten Ordens der Stefansritter, der offiziell die toskanische Küste gegen Einfälle afrikanischer Piraten, der so genannten Barbaresche, verteidigen sollte, war der ehemalige Palazzo degli Anziani, in dem sich der Ältestenrat der freien Kommune versammelt hatte. Reste der ursprünglichen Substanz sind noch an der Südseite zu erkennen. Cosimo I. wählte diesen Standort, da er der Beherrschung und Kontrolle Pisas diente, denn der Großmeister des Ordens war der regierende Großherzog der Toskana. Der Name Carovana leitet sich vom jährlichen Umzug der Ordensritter ab. Die symmetrisch von der Mittelachse aus stumpfwinklig dem Platzumriss folgende dreigeschossige Fassade ist mit Grafitti dekoriert. Diese Ritzzeichnungen in Putz waren im 16. Jh. in ganz Italien sehr beliebt, aufgrund der Wetterbeständigkeit vor allem im Norden. Eine modische Neuerung sind auch die Grotesken, aus der antiken Wandmalerei übernommene Ornamentmotive, die im 15. und 16. Jh. weit verbreitet waren. Im Zentrum der Fassade ist das Wappen der Medici in ihrer Eigenschaft als Großmeister des Ordens angebracht, in den seitlichen Nischen befinden sich die Büsten der Großherzöge von Cosimo I. bis zu Cosimo III.

Die Freitreppe stammt aus dem frühen 19. Jh., als Napoleon den Palast restaurieren und erweitern ließ, um dort die renommierte Hoch-

▲ *Pisa: Palazzo dei Cavalieri.*

schule mit dem harmlos klingenden Namen *Scuola normale superiore* anzusiedeln. Vor der Treppe steht die Statue Cosimos I., ein Werk von Pietro Francavilla aus dem Jahre 1596, das den Medici in der Rüstung der Stefansritter wiedergibt. Als Herrscher der Meere setzt er triumphierend den Fuß auf den Kopf eines Delphins. Anstelle der mittelalterlichen Streiter für die Kommune wurde nun dem absolutistischen Herrscher ein Denkmal gesetzt. Die Statuen der Medici-Herzöge markieren das Ende der bürgerlichen Freiheiten in der Toskana.

Palazzo dell'Orologio

• Piazza dei Cavalieri. • 1607 nach Plänen Giorgio Vasaris umgebaut.

Der für die Cavalieri di Santo Stefano realisierte Palast löst auf geschickte Weise das urbanistische Problem, zwei ältere Turmbauten zu einem repräsentativen Gebäude zusammenzufassen und dennoch die Straße zwischen ihnen zu erhalten. Der Torbogen hielt den Verkehrsweg funktionsfähig, der Uhrturm darüber aber einte die Bauten. Im linken Teil mit dem eleganten vierteiligen Fenster wurde die Torre delle Sette Vie integriert, in deren Verliesen sich das Gefängnis befand. Dies ist der Turm, in dem Ugolino della Gherardesca, angeklagt des Vaterlandsverrats nach der Schlacht von Meloria, laut Dante dem Hungertod ausgeliefert wurde. Daher wird der Palast auch nach ihm benannt. Im rechten Turm wurden einst Adler als Symbole der Republik Pisa gehalten. Auch diese Bauten wurden somit wirkungsvoll von dem Orden unter der Führung der Medici-Herzöge besetzt.

Piazza dei Cavalieri

• Ehemaliges Forum. • Ab 1561 angelegt. • Verbindet bedeutende Paläste und die Kirche.

Der in der Altstadt von Pisa gelegene Platz war in der Antike das Forum und im Mittelalter Zentrum der Republik. Als im 16. Jh. die Medici-Herzöge der Stadt wieder Mittel zukommen ließen und 1561 den neu gegründeten Orden der Cavalieri di Santo Stefano ansiedelten, dem der jeweilige Herzog der Toskana als Großmeister vorstand, wurde das einstige politische Zentrum neu belebt und es entstanden noch einmal repräsentative Gebäude.

Santo Stefano dei Cavalieri

• Piazza dei Cavalieri. • Errichtet 1565–1569, Campanile 1570–1572, Fassade 1594–1606, Seitenschiffe 1685. • Architekten Giorgio Vasari, Giovanni de' Medici, Pier Francesco Silvani (17. Jh.).

▲ *Pisa: Santo Stefano dei Cavalieri, Fassade.*

Der künstlerisch ambitionierte Don Giovanni de' Medici, natürlicher Sohn Cosimos I., gestaltete die frühbarocke Fassade, für die auch Buontalenti und Ammannati Entwürfe geliefert hatten. Die Kirchenfront ist zweigeschossig, wobei das hohe Obergeschoss schwer auf dem niedrigeren Untergeschoss lastet und es auf der hohen Sockelzone zu erdrücken scheint. Diese manieristischen Proportionen sind eine ungeschickte Adaption architektonischer Entwürfe Michelangelos. Die Vollsäulen im Untergeschoss stützen das unnötig schwere Gebälk, die seitlichen, frei

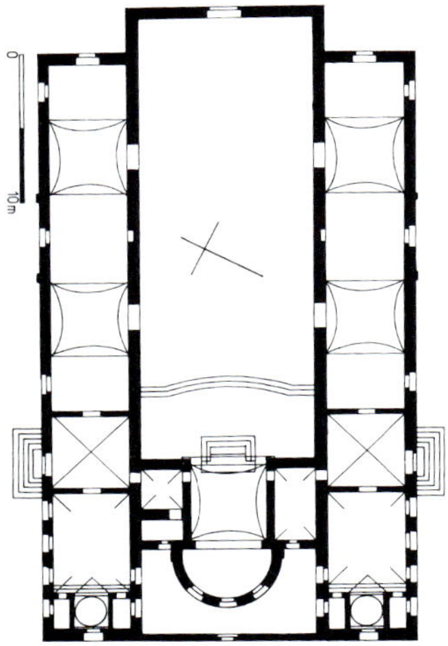

▲ *Pisa: Santo Stefano dei Cavalieri, Grundriss.*

stehenden Säulen sind ein Motiv von Innenräumen. Der Auszug im Zentrum der Fassade setzt die Betonung der Mittelachse über dem reich verzierten Portal mit dem Segmentgiebel darüber fort. Das herzogliche Wappen unter dem des Ordens zeigt den offiziellen Charakter des Bauwerks an. An den einschiffigen Innenraum wurden 1685 die ehemaligen Umkleideräume der Ritter als Seitenschiffe angegliedert. Der Innenraum ist von einer flachen Holzdecke geschlossen, in deren Fächern die Taten der Ordensritter von den Florentiner Manieristen Ludovico Cigoli, Cristofano Allori, Jacopo Empoli und Jacopo Ligozzi dargestellt sind. Die Weihwasserbecken entstanden nach Entwurf Vasaris, der Barockaltar nach dem Pietro da Cortonas. Für den Ritterorden bezeichnend sind die Beutestücke wie Banner, die nach der Schlacht von Lepanto gegen die Türken als Zeichen des Triumphes des Christentums in die Kirche gebracht wurden.

Pistoia (PT)
Ospedale del Ceppo

• Piazza dell'Ospedale. • Ehemaliges Hospital und Pilgerheim. • Gegründet 1277, Portikus von 1514.

Das Hospital ist nach dem Baumstumpf (*ceppo*) benannt, in den Almosen für den Erhalt der sozialen Institution gespendet wurden. Anfang des 16. Jh. geriet die Einrichtung in die Abhängigkeit des Florentiner Spitals von Santa Maria Nuova. Der Portikus wurde unter dem Florentiner Verwalter Leonardo Bonafede nach dem Vorbild von Filippo Brunelleschis Findelhaus angebaut. 1522 gab Bonafede die Terrakotta-Dekoration bei Giovanni della Robbia in Auftrag, an der dieser neben Santi Buglioni und Filippo Paladini arbeitete. Die älteste Arbeit ist die Marienkrönung über dem Portal links des Portikus. Der Fries stellt programmatisch für die Wohltätigkeitsinstitution die sieben Werke der Barmherzigkeit dar: Nackte bekleiden, Pilger beherbergen, Kranke pflegen, Gefangene besuchen, Sterbende begraben, Hungernde speisen, Durstige tränken. Zwischen den Szenen sind die Personifikationen der Tugenden zu erkennen, darunter in den Tondi Szenen des Marienlebens und Wappen. Die lebendigen Schilderungen der sozialen Bürgerpflichten sind teilweise anekdotisch und reflektieren die Zustände städtischen Lebens in der Renaissance. Sie verherrlichen als Wohltäter den Stifter Leonardo Bonafede, der in seiner schwarz-weißen Ordenstracht der Kartäuser-Mönche im Mittelpunkt aller Szenen zu erkennen ist.

▲ *Pistoia: Ospedale del Ceppo, Portikus.*

Hospitäler

Die anwachsenden Städte des Mittelalters brachten in ganz Europa karitative Einrichtungen wie Findelheime und Krankenhäuser hervor. Die Konzentration von Menschen auf engem Raum brauchte Schutz vor Elend und Epidemien. Daher spendeten die Bürger nicht nur aus Altruismus, sondern auch zur Sicherung der eigenen Lebensqualität für die Spitäler und Waisenhäuser. Die toskanischen Bank- und Kaufleute hofften zudem, sich mit wohltätigen Zuwendungen von den Höllenqualen, die für Wucher und Betrügerei drohten, freikaufen zu können. Mit den gestifteten Mitteln wurden Weinberge oder Immobilien zur Grundfinanzierung der Spitäler angekauft. Weitere Spenden wurden jedoch ständig gesammelt. Meist kümmerten sich Bruderschaften um die Bedürftigen, die strengen Gehorsamsregeln unterworfen waren.

Poggio a Caiano (PR)
Villa Medicea

• Gründungsbau der Renaissance-Villa. • Errichtet 1485 – 1495. Umbauten und Ausstattung im 16. und 19. Jh. • Architekt Giuliano da Sangallo.

Giuliano da Sangallos für Lorenzo il Magnifico gebaute Anlage ist das erste Beispiel einer *Villa extraurbana*, eines Landsitzes nach dem Vorbild der Antike. Der Architekt wurde 1445 in Florenz geboren und starb 1516. Sangallo führte die Ideen Filippo Brunelleschis weiter und verfolgte die Eleganz der Florentiner Frührenaissance, die er mit den an römischen

▲ *Poggio a Caiano: Villa Medicea, Gartenfassade.*

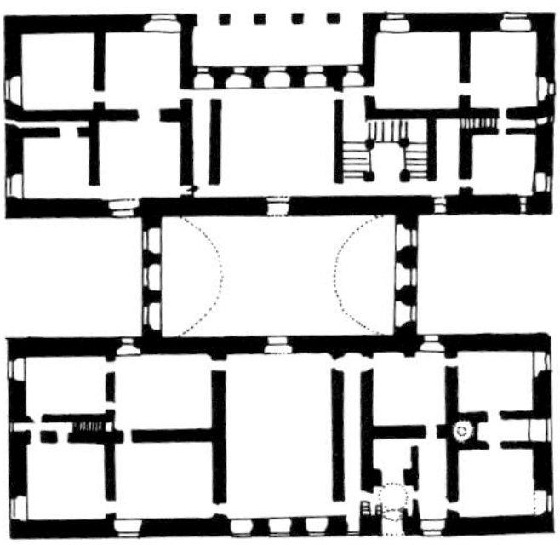

▲ *Poggio a Caiano: Villa Medicea, Grundriss des Hauptgeschosses.*

Monumenten studierten antiken Formen verband. Angeregt von der römischen Architektur errichtete er repräsentative, symmetrisch gestaltete profane wie sakrale Bauten. Mit den bahnbrechenden Neuerungen von Santa Maria delle Carceri in Prato und der Medici-Villa von Poggio a Caiano wurde er zum führenden Architekten Italiens. Nach dem Tod seines Förderers Lorenzo il Magnifico ging er erneut nach Rom, wo jedoch Bramante und nicht er den Neubau von Sankt Peter übertragen bekam. Er blieb dennoch in Rom und arbeitete später als Festungsbaumeister für Papst Julius II.

Die kaum erhaltenen Wirtschaftsgebäude sind vom nach allen Seiten frei liegenden Herrenhaus abgetrennt. Mächtige Pfeilerarkaden kaschieren die Wirtschaftsräume im Erdgeschoss und tragen die Terrasse des *Piano nobile.* Damit griff Giuliano das antike Element des Kryptoportikus auf. Die *basis villae* erhöht das Haus, verbindet es mit der Landschaft und erlaubt einen besseren Ausblick.

Die H-förmige zweigeschossige Anlage folgt in Symmetrie und Proportion den Anweisungen des Florentiner Architekten und Theoretikers Leon Battista Alberti. Die Fassade ist schlicht wie die eines Landhauses, nur mit Quadern an den Ecken eingefasst, ansonsten ungegliedert. Bahnbrechend ist Giulianos Portikus. Diese erste an antike Tempel anknüpfende Anlage eines Dreiecksgiebels über einem Fries, der von ionischen Säulen gestützt

▲ *Poggio a Caiano: Villa Medicea, Pontormo: Vertumnus und Pomona.*

ist, wurde wegweisend für die Architektur der nächsten Jahrhunderte. Auch die rechteckigen Fenster des Untergeschosses mit Solbänken über Konsolen und geraden Verdachungen sind innovativ im Vergleich zu den üblichen Rundbogenfenstern. Mit diesen schlichten, aber bedeutungsvollen Mitteln repräsentierte Giuliano den Zeitgeist des Hausherrn. Dieser zeigt sich auch im Figurenfries des Portikus, der Bertoldo di Giovanni zugeschrieben ist, der 1491 in der Villa starb. Die Szenen um den doppelgesichtigen Janus im Zentrum (Ca'Iano = Haus des Janus) thematisieren den Kreislauf der Zeiten gemäß dem Motto Lorenzos „Le temps revient" (die Zeit kehrt wieder). Am Anfang (= Janus) stand das Goldene Zeitalter, das Lorenzo nach Unruhen und Kriegen zurückbringt, wofür er nach seinem Tode belohnt wird. Auch das beschädigte Fresko Filippino Lippis mit dem Stieropfer des Laokoon im Portikus geht auf die Zeit Lorenzos zurück. Aus dem frühen 19. Jh. stammt hingegen die Freitreppe, die eine ältere ersetzt.

Im Inneren bildet nach den Anweisungen Albertis der *Salone* das Zentrum, das die Flügel, in denen sich die Appartements befinden, verbindet. Im 19. Jh. mussten die Gemächer für die Funktion der Villa als Königsresidenz erheblich umgebaut werden. Die Innenräume sind mit Fresken von Andrea del Sarto, Francabigio, Pontormo und Alessandro Allori geschmückt. Berühmt wurden Pontormos Darstellungen der italienischen Vegetationsgottheiten Vertumnus und Pomona (1520 – 1522). Im Vordergrund erscheinen Landarbeiter und Mägde, denen die Götter auf der Mauer überraschend ähnlich sehen. Ein braungebrannter, nackter Vertumnus räkelt sich ungeniert, während Pomona als barfüßige, junge Bäuerin auftritt. Die Thematik des fröhlichen Landlebens eignete sich vorzüglich für die Villendekoration.

Prato (FI)
Santa Maria delle Carceri

• Piazza Santa Maria delle Carceri. • Wallfahrtskirche. • Errichtet 1484–1495. • Architekt Giuliano da Sangallo.

Die Kirche entstand zu Ehren eines angeblich wundertätigen Madonnenbildes, das auf die Mauer eines ehemaligen Kerkers gemalt war. Sie ist die erste Renaissancekirche, die als Zentralbau auf dem Grundriss eines griechischen Kreuzes entstand, und damit ein Hauptwerk der Frührenaissance. Ausgehend von Brunelleschis Alter Sakristei von San Lorenzo in Florenz entwarf Giuliano da Sangallo die Idealform der Renaissance mit vier gleichförmigen Kreuzarmen und einer zentralen Kuppel. Die Giebelfronten mit Doppelpilastern an den Ecken und Dreiecksgiebeln über den Portalen sind mit Marmor in toskanischer Tradition polychrom inkrustiert. Die Verkleidung war ursprünglich nur an der Fassade zur Piazza realisiert und wurde 1885 allseitig ergänzt. Die Farbigkeit akzentuiert die architektonische Gliederung und die Proportionen, z.B. an den Portal-

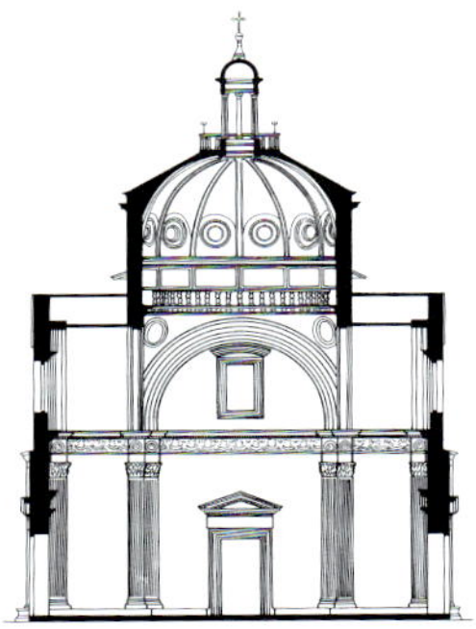

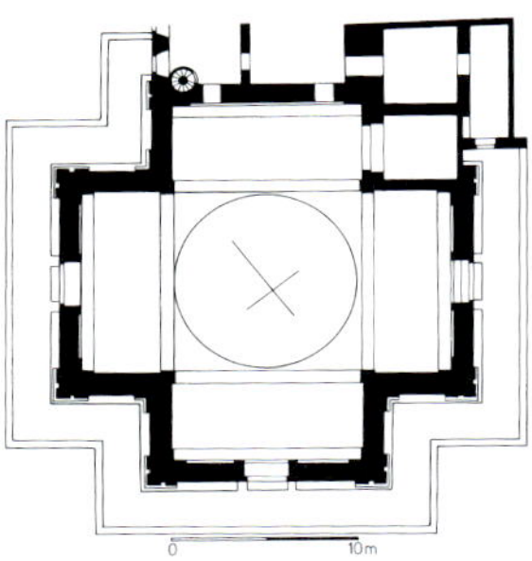

▲ *Prato: Santa Maria delle Carceri, Schnitt.*

▲ *Prato: Santa Maria delle Carceri, Innenraum nach Osten.*

giebeln, und konkurriert nicht mit ihnen oder dominiert sie gar wie z. B. am Dom. Die toskanische Ordnung im Untergeschoss und die ionische darüber entsprechen dem Prinzip der klassischen Säulenordnung. Diese schlichte Strenge bei Betonung der einzelnen Bauglieder und der zurückhaltenden Gliederungselemente stammt aus der Frührenaissance.

Vor allem im Innenraum lässt sich die Orientierung Sangallos am Stil Filippo Brunelleschis erkennen. Die Pilaster aus grauem Sandstein, der *Pietra serena*, die Einfassung der Bögen, die Fensterrahmungen und der Kuppelansatz basieren auf Brunelleschis Alter Sakristerei von San Lorenzo in Florenz. Pendentifs überführen das Vierungsquadrat in den ringförmigen Kuppelansatz, über dem der Tambour die durchfensterte und von einer Laterne bekrönte Kuppel in die Höhe führt. Die glasierten Terrakottareliefs in den Pendentifs stammen von Andrea della Robbia aus dem Jahr 1492. Sie zeigen die vier Evangelisten mit ihren Symbolen, die an dieser Stelle auch im übertragenen Sinne die Kuppel der Kirche stützen.

Der Zentralbau

Der Zentralbau ist im Unterschied zum richtungsbezogenen Langhausbau auf einen Mittelpunkt ausgerichtet. Er steht auf dem Grundriss eines Kreises, eines Quadrates, eines gleichmäßigen Vielecks oder eines griechischen Kreuzes und ist meist mit einer Kuppel überwölbt. Die Grundidee des Zentralbaus ist die des Rundtempels und des Grabmals in der Antike, die frühchristliche Architektur griff mit Tauf- und Grabeskirchen auf diese Form zurück. Erste Zentralbauten der Renaissance sind die Alte Sakristei von San Lorenzo und die Pazzi-Kapelle, beide von Filippo Brunelleschi in Florenz errichtet. Als monumentaler Zentralbau wurde vor allem Bramantes Plan zum Neubau von Sankt Peter in Rom als Grabeskirche Petri maßgeblich. In seiner Ausgewogenheit und Regelmäßigkeit wie in seiner antiken Tradition erfüllt der Zentralbau die Ideale der Renaissance, eignet sich aber nicht für die liturgische Prozession.

Pratolino (FI)
Villa Demidoff

• Errichtet 1569 – 1581. 1822 abgerissen. • Architekt Bernardo Buontalenti. • Kolossalplastiken Giambolognas.

Die Medici-Villa war einst als Residenz Bianca Capellos, der Geliebten und späteren Ehefrau des Großherzogs Francesco I. Medici, hergerichtet worden. Das Gebäude wurde nach dem Aussterben der Familie von den habsburgisch-lothringischen Herrschern nicht mehr instand gehalten. Schließlich zerfiel es und Großherzog Ferdinand ließ die Reste abreißen. Fürst Demidoff erwarb 1872 das Terrain und baute ein verbliebenes Kavaliershaus in ein Landhaus um. Vom ursprünglichen Bestand ist nur noch die Buontalenti-Kapelle von 1580 erhalten, ein überkuppelter Zentralbau mit Umgang. Auch von der hoch bedeutenden Parkdekoration des Manierismus blieb nur ein Teil bestehen, der Rest ist englischer Landschaftsgarten. Pratolino war im 16. und 17. Jh. als Meisterwerk der Gartenkunst und der Technik berühmt. Bernardo Buontalenti hatte für den Park Wasserspiele, die Vogelstimmen imitierten, Orgelspiel erzeugten und künstliche Regenschauer rieseln ließen und ähnliche Divertimenti erfunden, die Besucher aus ganz Europa anzogen.

Erhalten sind noch die ebenso berühmten Großplastiken Giambolognas. Der ca. 1579 entstandene Apennin ist ein Hauptwerk der Landschaftskunst. Der Berggott ist Beschreibungen der antiken Autoren Plinius und Lukrez nachempfunden, nach denen ein Koloss so groß sei, dass er wie ein Berg wirke. Die ca. 10 m hohe Personifikation des Gebirges in Gestalt eines kauernden Riesen lässt unter dem Druck seiner Hand eine Echse Wasser in einen Brunnen spucken, ursprünglich tropfte das Wasser auch ganz über seinen zottigen Körper. Nach Francesco I. sollte er auf die Herkunft der Familie aus dem Apennin verweisen und mit der Wasserspende ihr wohltätiges und lebenserhaltendes Wirken verherrlichen. Die Figur ist teilweise aus dem Felsen gearbeitet und mit verputztem Mauerwerk ergänzt, Haare und Bart sind aus künstlichen Flechten, die auch den Rücken bedecken. Die Verschmelzung von Natur- und Kunstformen ist charakteristisch für den Manierismus, die gestaltete Natur wurde in den Gärten der kultivierten Toskaner zum Kunstwerk. Daher wurde Giambolognas Gigant auch als Leistung des kreativen menschlichen Genies gelobt. Nicht ganz so spektakulär wirkt Giambolognas Figur des Flussgottes Mugnone von 1577, der zwar antiken Flussgöttern nachempfunden ist, jedoch aktiver und gespannter erscheint als diese.

San Gimignano (SI)
Sant'Agostino

• Piazza Sant'Agostino. • Errichtet 1280–1298. • Fresken von Benozzo Gozzoli.

Die schlichte Hallenkirche mit schmuckloser Fassade ist an der Flanke von vier gotischen Fenstern durchbrochen. Einziger äußerer Schmuck ist ein Spitzbogenfries unterhalb des Dachansatzes. Mit dem offenen Dachstuhl und den flach geschlossenen Kapellen bewahrt sie auch im Innenraum die Einfachheit einer Ordenskirche. Bedeutend ist die malerische Ausstattung, vor allem im Chor die Fresken von Benozzo Gozzoli aus den Jahren 1464/65, die die Vita des Titelheiligen Augustinus zeigen. Sie sind teilweise stark restauriert, die Farbigkeit aufgefrischt. Der spätere Ordensgründer und wortreiche Kirchenvater wurde 354 im nordafrikanischen Tagaste geboren. Das erste, in seiner lebhaften Erzählung reizvolle Fresko zeigt, wie der Knabe von seinen Eltern dem Schulmeister in Tagaste übergeben wird. Das spätantike Geschehen ist, wie auch weitere

▲ *San Gimignano: Sant'Agostino, Benozzo Gozzoli, Der Knabe Augustinus in der Schule von Tagaste.*

Szenen, in die Gegenwart des 15. Jh. in Italien übersetzt, Architekturen und Gewänder sind nach der zeitgenössischen Realität wiedergegeben. Es schließen an das Studium des Heiligen in Karthago, die Reisen nach Rom und Mailand (mit der Vedute Roms im Hintergrund), seine Lehre der Rhetorik, die Begegnung mit Ambrosius, die Ordensgründung, ferner der Tod der heiligen Monika, seiner Mutter, die Erhebung des Augustinus zum Bischof von Hippo und sein Tod. Die Szenen sind reich an Details und Figuren, darunter auch Zeitgenossen, die sich „zweitrangig" vom Personal der Szene absetzen. Benozzo Gozzoli zeigt in diesem Zyklus die Errungenschaften der Frührenaissancemalerei als einer lebhaften Erzählung in perspektivisch erschlossenen Räumen voller realistischer Details. Große, vielfigurige und szenenreiche Freskenprogramme sind charakteristisch für das Tre- und Quattrocento und Benozzo Gozzoli ist ein Meister dieser Ausmalungen, wenn er auch mit den etwas steif konstruierten Kompositionen und einem trockenen Figurenstil nicht zu den erstrangigen Künstlern zählt.

Den Hochaltar, eine Marienkrönung mit Heiligen, signierte Piero Pollaiuolo. Nach diesem Werk wird der eigenhändige Stil Pieros gemessen, der zwar im Schatten des älteren Bruders, des berühmten Antonio aus Florenz, steht, jedoch durchaus eine eigene Künstlerpersönlichkeit darstellt. Weitere Fresken stammen von Bartolo di Fredi (Marienleben) und Lippo Memmi aus Siena (Maria mit Kind, 1330).

Sansepolcro (AR)
Palazzo Comunale – Museo Civico

• Errichtet im 14. Jh., im 16. Jh. umgebaut. Restauriert. • Museum lokaler Kunst, u. a. Werke von Piero della Francesca.

Piero della Francesca malte in den Jahren 1463 – 1465 im Ratssaal seiner Heimatstadt die Auferstehung Christi. Das Fresko wurde von der Wand abgelöst und versetzt, wobei die Oberfläche beschädigt und Teile der architektonischen Rahmung zerstört wurden. Als Sieger über den Tod entsteigt Christus dem Sarkophag. Dabei ist er noch nicht der körperlich entrückte Gottessohn der Himmelfahrt, sondern im Gegenteil physisch präsent und mächtiger als die bewaffneten Wächter im Vordergrund. Die links kahlen, rechts belaubten Bäume verweisen auf den Zustand Christi zwischen Leben und Tod. Das Thema eignet sich als Allusion auf die Stadt mit dem Namen Sansepolcro (Heiliges Grab), wo der Auferstandene als zukünftiger Weltenrichter den Richtern der Stadt entgegentritt. Die herausragende Qualität des Freskos zeigt sich in der formalen wie thematischen Klarheit bei großer Variationsbreite in den Positionen der Figuren.

San Vivaldo (FI)
Franziskanerkloster

• 1320 gegründet, 1416 Weihe der heutigen Kirche Santa Maria in Camporena, ab 1515 Bau der Kapellen.

Der Franziskanerkonvent wurde an der Stelle gegründet, an der der Tertiarier und Einsiedler Vivaldo Stricchi aus San Gimignano im Jahre 1320 tot aufgefunden worden war. Die Kirche Santa Maria in Camporena wurde 1416 erweitert. Sie ist mit einem romanischen Kruzifix und einem Altarbild von Raffaellino del Garbo von 1515, das die Madonna mit den Heiligen Hieronymus, Franziskus und Vivaldo darstellt, ausgestattet. Florentiner Patrizier ließen ab 1515 30 kleine Kapellen anlegen, in denen Terrakotta-Figuren das Leben Jesu nachstellen, 20 dieser Kapellen sind noch erhalten.

Siena (SI)
Fonte Gaia

• Piazza del Campo. • Städtischer Hauptbrunnen. • Errichtet 1414 – 1419, Reliefs 1868 durch Kopien ersetzt, Originale im Palazzo Pubblico. • Architekt und Bildhauer Jacopo della Quercia.

Zur Wasserversorgung der Bevölkerung wurden in mittelalterlichen Kommunen öffentliche Brunnen auf Plätzen errichtet und zur Verherrlichung der Stadtgeschichte dekoriert. Die erste große Anlage dieser Art ist die Fontana Maggiore in Perugia, die Nicola und Giovanni Pisano in den Jahren 1276 – 1278 schufen. Seit 1343 ist ein Becken auf der Piazza del Campo überliefert, das nach den Feiern aus Anlass der Eröffnung *Fonte gaia*, der fröhliche Brunnen, genannt wurde. Der Brunnen wird von einer Wasserleitung gespeist und garantiert die Versorgung in der hoch gelegenen Stadt. Das Prestigeprojekt des 25 km langen, komplizierten Aquäduktes wurde 1408 in Auftrag gegeben und diente der städtischen Repräsentation. Die Fontäne war ursprünglich mit einer Venusstatue geschmückt, die nach der Pest von 1348 durch ein Madonnenbild ersetzt wurde. Als diese älteste Brunnenmadonna der Geschichte verwittert war, erhielt Jacopo della Quercia den Auftrag zur Neugestaltung.

Der Künstler, ca. 1374 in Siena geboren und 1438 dort gestorben, war der bedeutendste sienesische Bildhauer der Frührenaissance. Er arbeitete in Stein und Bronze, schuf Reliefs sowie Grab- und Architekturplastik. 1401 bewarb er sich um den Auftrag der Florentiner Baptisteriumstür und trat mit Ghiberti in Konkurrenz. Wichtige Aufträge erhielt er auch in Lucca, in San Gimignano und Bologna. Seine linearen Gewandfiguren stehen der Gotik nahe, die voluminösen Körper binden ihn an die Renaissance und sollten noch Michelangelo beeindrucken. Quercia rezipierte nur in geringem Maße die Antike. Er orientierte sich vielmehr an der Naturerfahrung und setzte sich mit den Bildhauerkollegen aus Florenz, vor allem Donatello, auseinander, was auch an seinen Brunnenfiguren deutlich wird.

Die Brunnenreliefs haben die Stadtgeschichte zum Thema. Das Bildprogramm begann ursprünglich mit den Statuen der Rhea Silvia und der Acca Larentia auf den Stirnwänden, die nicht durch Kopien ersetzt wurden und sich heute im Palazzo Pubblico befinden. Rhea Silvia war die Mutter von Romulus und Remus, des Vaters des Stadtgründers Senius. Acca Larentia nahm die von der Wölfin genährten Zwillinge an. Auf die römische Vergangenheit verweisen daher auch die Wölfinnen, die als Wasserspeier am Becken liegen. Im Zentrum der Brunnenreliefs ist die Gottesmutter mit dem Kind dargestellt, die die Erlösung nach dem Sündenfall und der Vertreibung aus dem Paradies ermöglicht. Die Tugenden sind die Voraussetzung für die Erlösung durch Maria, die Patronin der Stadt. Die Reliefs gehören zur Architekturplastik, lösen sich aber von ihr durch die Freiheit der Bewegung und raumgreifende Körperlichkeit. Die Fülle der Gewänder und der üppigen Falten ist vom so genannten weichen Stil der internationalen Gotik um 1400 geprägt. Ferner wird die Rezeption von Donatello bei Prudentia (Klugheit) mit der Schlange deutlich, die auf die Sitzstatue des Johannes der Florentiner Domfassade reagiert. Verstärkte Drehmomente bringen die Figuren in den Blöcken unter. Gotische Elemente in der Verbindung mit der Frührenaissance zeigen sich auch in der Rahmenarchitektur, wo breite Rundbogennischen die Sitzfiguren rahmen und spitzbogige Tabernakel die Madonnennische flankieren. Diese Stilmischung ist besonders in der Toskana, wo die Neuerungen entwickelt wurden, in allen Kunstgattungen zu beobachten.

Loggia della Mercanzia

• Via di Città. • Handelsloggia. • Errichtet 1417–1444. Obergeschoss 17. Jh. • Architekten Sano di Matteo, Pietro da Minella.

Die Loggia besteht aus drei hohen Pfeilerarkaden mit gotischen Knospenkapitellen. Das Obergeschoss wurde im 17. Jh. aufgesetzt, hält sich aber an die Formen der Hochrenaissance. Der ursprüngliche Bau orientierte sich an der Loggia dei Lanzi in Florenz. Im 15. Jh. schufen die Sieneser Bildhauer Vecchietta und Antonio Federighi die Statuen der Apostelfürsten Petrus und Paulus sowie der Stadtpatrone Ansanus und Viktor, die den öffentlichen, städtischen Charakter des Gebäudes betonen. Loggien bieten in südlichen Ländern der Versammlung im Freien einen repräsentativen Rahmen, zudem ermöglichen sie einen Aufenthalt außer Hause, ohne der Sonne ausgesetzt zu sein. Sie gehören vielfach zu öffentlichen oder privaten Palästen, können aber auch selbstständige Bauten sein, wie diese Laube der Handelszünfte.

Die 1462/63 von Antonio Federighi errichtete dreiachsige, von Säulen gestützte Loggia del Papa in der Via di Pantaneto zeigt die schlanken Proportionen der Frührenaissance. Sie wurde von Papst Pius II. zu Ehren seiner Familie Piccolomini gestiftet. 1470 entwarf Giuliano da Maiano den Palazzo Spannocchi (Piazza Salimbeni) für Ambrogio Spannocchi, den Bankier des Papstes. 1880 wurde der Palast umfassend restauriert.

Oratorio e Chiesa di Santa Caterina in Fontebranda

• Vicolo degli Tiratoi. • Heiligtum der Katharina von Siena. • Oratorien 1464 in ehemaligen Wohnräumen eingerichtet. • Kirche 1464–1474 errichtet.

Die heilige Katharina von Siena wurde 1347 in der Stadt geboren. Sie hatte schon als Kind Visionen und trat zunächst in eine Laienkongregation, später in den Dominikanerinnenorden ein. Mit geistlichen und weltlichen Fürsten korrespondierte sie, urteilte in Glaubensdingen und griff in die Politik ein. Schließlich setzte sie sich vehement für die Reform der Kirche ein. Ihr Engagement bewegte Papst Gregor XI. 1377 dazu, aus Frankreich nach Rom zurückzukehren und damit das Exil von Avignon zu beenden. In einer ihrer Visionen empfing sie wie Franziskus von Assisi die Stigmata Christi. Mit nur 33 Jahren starb die charismatische Mystikerin in Rom. 1461 wurde sie von dem Sieneser Papst Pius II. kanonisiert. 1939 rief Pius XII. sie neben Franz von Assisi zur Schutzpatronin Italiens aus und seit 1970 hat sie den Rang eines Kirchenlehrers inne.

Nach der Heiligsprechung wurde das Elternhaus der Dominikanerin zum Katharinenheiligtum ausgebaut. Die Kapellen sind durch den Baldassare Peruzzi zugeschriebenen Innenhof miteinander verbunden, die Ausstattung und Ausmalungen stammen aus dem 16. und 17. Jh. Das *Oratorio superiore* in der ehemaligen Küche wurde mit einem Renaissance-Gestühl ausgestattet und im barock ausgestalteten *Oratorio del Croce-*

▲ *Siena: Oratorio di Santa Caterina in Fontebranda, Oratorio del Crocefisso.*

fisso das Pisaner Tafelkreuz aus dem 13. Jh. aufgehängt, vor dem die Heilige der Überlieferung nach die Stigmata empfangen haben soll. Das *Oratorio della Camera* liegt neben dem Zimmer, das Katharina sich als Zelle eingerichtet hatte. Die einfache Saalkirche mit den spätgotischen Gewölben hatte ihr Vater Jacopo, der der Sieneser Contrada dell'Oca (Stadtteil der Gans) angehörte, als Kirche der Contrada gegründet. Auf dem Altar befindet sich eine farbig gefasste Statue Katharinas von Neroccio (ca. 1474).

Palazzo Piccolomini

• Via Rinaldini. • 1469 begonnen. • Architekt Pietro Paolo Porrina nach Entwurf von Bernardo Rossellino.

Die in Pienza tätigen Architekten errichteten den Palast für Nanni Todeschini und seine Frau Caterina Piccolomini, die Schwester Papst Pius' II. Die horizontale Gliederung durch Gesimse unter den Fenstern wie auch die guelfischen Fenster unter der Strahlenrustika wiederholen die Architektur des Palazzo Piccolomini von Pienza wie auch die des vorbildhaften Palazzo Rucellai in Florenz. Die vertikale Gliederung durch Pilaster entfällt, da die Flächengliederung der Fassade bei der Enge der Straße nicht zur Geltung käme. Die antiken Formen zeigen dafür ein reich ornamentiertes vorkragendes Kranzgesims.

Ospedale di Santa Maria della Scala

• Piazza del Duomo. • Errichtet im 13. Jh. Fresken 15. Jh.

Das Spital geht der Legende nach auf eine Pilgerherberge aus dem 9. Jh. zurück, in der die Gläubigen auch medizinisch verpflegt wurden. Zahlreiche Schenkungen machten die Stiftung zu einer wohlhabenden Einrichtung, die sich als Pilgerherberge und Spital, Armen- und Waisenhaus den dringenden karitativen Aufgaben in der Stadt widmete und zu einer der berühmtesten Wohlfahrtsinstitutionen in Italien wurde. Die Macht des Spitals führte zur Rivalität zwischen der leitenden Bruderschaft, den Kanonikern des Domes und der städtischen Verwaltung, die 1404 die Verwaltung übernahm. Der heutige Bau stammt aus dem 14. Jh. Sein Name leitet sich von der gegenüber liegenden, zum Dom führenden Treppe ab. Der schlichte Ziegelbau ist von Biforien und großen Rundbogenfenstern durchbrochen. An das Spital schließen sich die Gebäude des Rektorenpalastes mit einer Travertinverkleidung und das ganz aus Ziegel errichtete Ammenhaus an.

Im Inneren des Spitals befindet sich der *Pellegrinaio* genannte Raum, der wahrscheinlich als Schlafsaal der Männer diente. Zwischen 1440 und 1444 entstanden die Fresken von Vecchietta, Domenico di Bartolo und Priamo di Pietro della Quercia, Ergänzungen stammen aus dem 16. Jh.

Vier Szenen an der Ostwand zeigen die Geschichte des Spitals, die der Westwand Werke der Barmherzigkeit und Krankenpflege. Im Rückgriff auf die Motive der christlichen Ikonographie entstand eine idealisierende Selbstdarstellung des Spitals und damit auch seiner Träger. Die Fresken sind thematisch interessant, stilistisch jedoch in ihrem harten Linienstil etwas spröde und weniger fortschrittlich als die Florentiner Malerei der Jahrhundertmitte.

IV. Der Barock – Stagnation und Prachtentfaltung im Großherzogtum Toskana

Die Herrschaft der Medici ließ das Großherzogtum Toskana während des Barock (ca. 1580 bis ca. 1800) zu einer der führenden Mächte Europas aufsteigen, der Reichtum und die politische Stabilität machten den Staat zum begehrten Alliierten. Florentiner Bankiers verwalteten das Vermögen der Kurie und das Haus Medici heiratete in das Kaiserhaus Habsburg sowie das französische Königshaus ein. Francesco I. und Cosimo II. heirateten österreichische Prinzessinnen; durch Eheschließungen wurden Caterina de' Medici, die Großnichte Cosimos I., und Maria, die Tochter Francescos I., Königinnen von Frankreich. Cosimo II. schloss zu guter Letzt die Medici-Bank und der Prunk des Herrscherhauses musste nun allein aus Steuergeldern bezahlt werden. Kaufleute und Handwerker, die traditionellen Träger der toskanischen Wirtschaft, hatten in der Folge das gesamte Steueraufkommen zu tragen. Die Pestjahre 1630 – 1633 sowie der absolutistische Feudalismus schwächten das Großherzogtum, die Wirtschaft litt erheblichen Schaden und auch politisch büßte die Toskana unter zunehmend untalentierten Herrschern an Einfluss ein. In Italien war jetzt Rom die bedeutendste Stadt und der Kirchenstaat die zentrale Macht, in Europa wurde Paris politisch wie kulturell vorrangig. Anfang des 18. Jh. war die Toskana schließlich bedeutungslos geworden und 1737 starb die Familie der Medici mit Gian Gastone, der keine männlichen Erben hatte, aus. Den Streit um die Thronfolge in der Toskana entschieden die europäischen Großmächte zugunsten von Maria Theresia, der Tochter des österreichischen Kaisers, und ihres Gemahls Franz Stephan von Lothringen. Die Empörung der Toskaner konnte die Fremdherrschaft nicht verhindern, das einst so einflussreiche Großherzogtum Etrurien wurde unter den Großmächten verschoben. Nach dem Tod Franz Stephans, der inzwischen Kaiser geworden war, wurde das Herzogtum von einer habsburgischen Nebenlinie verwaltet und wichtige Reformen wurden durchgesetzt. 1799 vertrieb Napoleon Ferdinand III., gründete das Königreich Etrurien und übergab schließlich seiner Schwester Elisa Bonaparte Baciocchi, die sich in Lucca niederließ, die Regierung. In diese napoleonische Zeit fällt die Säkularisation der Klöster.

Stärker noch als während der Renaissance blieb die künstlerische Entwicklung auf Florenz und das Mäzenatentum des Herrscherhauses Medici beschränkt. Nur in der Residenz der Hauptstadt, dem Palazzo Pitti, entfaltete sich die Barockkultur, während der Rest der Region auf provinzielles Niveau sank. In der Architektur stellen die prachtvollen Villen bei Lucca, wo auch der Turiner Architekt Filippo Juvarra wirkte, eine Ausnahme dar, während in Florenz so wenig gebaut wurde wie in kaum einer anderen Stadt Italiens. Die Skulptur wurde von der herausragenden Gestalt des Hofbildhauers Ferdinando Tacca aus Carrara beherrscht, der eine prägende Größe darstellte, ebenso wie Pietro da Cortona auf dem Gebiet der Malerei. Beide waren in Florenz tätig. Tacca schuf mit der Reiterstatue Philipps IV. jedoch in Madrid sein bedeutendstes Werk, Pietro da Cortona wurde als Maler und Architekt einer der Gestalter des römischen Barock. Mit der Herrschaft des Hauses Habsburg-Lothringen begann schließlich der beispiellose Ausverkauf des kulturellen Erbes der Toskana. Die Villen wurden an Ausländer verkauft, das Mobiliar versteigert, die Renaissance- und Barockgärten abgeholzt, an ihrer Stelle englische Landschaftsparks angelegt. Hätte nicht die letzte Medici, Anna Maria Luisa, Kurfürstin von der Pfalz, die neuen Regenten bei ihrem Tod 1743 ausdrücklich verpflichtet, ihre Erbschaft an Kunstschätzen „zum öffentlichen Wohle und zur Attraktion für Fremde“ zu bewahren und nicht aus dem Territorium des Großherzogtums Toskana zu entfernen, stünden selbst die Uffizien heute leer. Die in den Jahrhunderten der Prosperität und politischen Stabilität durch ein Mäzenatentum, das die europäischen Fürstenhöfe schulen sollte, in der Toskana angesammelten Kunstwerke aber riefen im 18. Jh. den Tourismus ins Leben. Florenz und die Städte der Toskana wurden neben Venedig, Rom und Neapel Bestandteil der Grand Tour, zu der viele englische, aber auch deutsche Kavaliere aufbrachen, um die Politik und Wirtschaft, Sprache und Sitten, Kunst und Kultur des Landes kennen zu lernen.

Calci (PI)
Certosa di Pisa

•Kartäuserkloster. • 1366 gegründet, kleine Kreuzgänge um 1470, großer Kreuzgang 1636 – 1651, Umbauten 1764 – 1794. • Architekten Lorenzo di Salvatore da Settignano (15. Jh.), Giovanni Battista Cartoni (17. Jh.), Nicola Stassi (18. Jh.).

▲ *Calci: Certosa di Pisa.*

Die Kartause von Pisa geht wie die meisten Kartäuser-Klöster auf das 14. Jh. zurück und besteht aus einem großartigen Komplex von Kirche, Kreuzgängen, Wohngebäuden und dem herzoglichen Gästehaus.

Den Torbau und den Klosterhof gestaltete Nicola Stassi, der die Umbauten im 18. Jh. leitete. Das Torhaus mit der Serliana wurde bereits um 1670 angelegt und von Stassi mit der Balusterattika, einem typischen Motiv des 18. Jh. versehen. Unter der Statue des Ordensgründers Bruno ist eine für die die Einsamkeit suchenden Kartäuser charakteristische Inschrift O BEATA SOLITUDINE O SOLA BEATITUDO (Oh selige Einsamkeit, oh einzige Seligkeit) angebracht. Im Zentrum der Anlage befindet sich die im Kern gotische, jedoch völlig barockisierte Kirche, die Fassade und die zweiläufige Freitreppe davor stammen wiederum von Stassi aus dem späten 18. Jh. Der einschiffige Innenraum wurde von Giuseppe und Pietro Rolli mit Fresken aus der Ordensgeschichte ausgestattet. Der Altar stammt von Francesco und Alessandro Bergamini, den Barockbildhauern aus Carrara. Mit dem großen Kreuzgang hinter der Kirche, dem von dem Kartäuser Feliciano Bianchi entworfenen *Chiostro dei Patri*, setzte 1636 – 1651 die barocke Umgestaltung des Klosters ein. Die schließlich von Giovanni Battista Cartoni errichtete, von Marmorsäulen getragene Arkatur mit dahinter liegenden Zellen der Mönche ist das suggestivste Gebäude des Klosters. Hinter den Zellen liegen die einzelnen Gärten der Patres. Im Zentrum des Hofes befindet sich ein barocker Brunnen (1636 – 1651). Von den älteren Bauten blieben zwei Kreuzgänge von Lorenzo di Salvatore da Settignano aus dem späten 15. Jh. erhalten, der *Chiostro del Capitolo* mit den Zellen des Ordenskapitels und der *Chiostro del Priore*, in dem auch das Gästehaus der Medici-Herzöge eingerichtet war. Mit der Säkularisierung im Jahre 1808 wurden die Umbauten eingestellt.

Die Kartause

Der Begründer des Ordens, der heilige Bruno aus Köln (ca. 1032 – 1101), verband in seiner Klosterreform die Möglichkeit des Einsiedlerlebens mit der Klostergemeinschaft. Bruno zog mit sechs Mönchen in die Chartreuse, eine Bergwildnis bei Grenoble, wo er eine Niederlassung gründete. Anstelle des gemeinsamen Schlafsaals, des Dormitoriums, wurden um den Kreuzgang einzelne Zellen angelegt. Damit wurde dem Verlangen der Mönche nach Meditation in völliger Abgeschiedenheit Rechnung getragen und die Anlage einzelner Zellen wurde charakteristisch für Kartausen. Jeder Mönch lebte in seiner Zelle, die er nur zu den Messen, Lesungen und Mahlzeiten verließ. Zum Eremitenleben gehörte auch das Schweigegebot, das nur während weniger Stunden in der Woche gebrochen werden durfte. Grundsätzlich galt für die Kartäuser die Benediktinerregel und damit die Verpflichtung zur Arbeit neben der Kontemplation. Daher gehören kleine, bewirtschaftete Gärten zu den Zellen.

Camigliano (LU)
Villa Santini Torrigiani

• Errichtet im 16. Jh., Umbau und Fassade ca. 1710, Gärten 19. Jh. • Architekt Alfonso Torrigiani.

Marchese Antonio Santini kaufte die im Stil des Manierismus gebaute Villa aus der zweiten Hälfte des 16. Jh., die er 1710 durch den Bologneser Architekten Alfonso Torrigiani erweitern und mit einer neuen, reich mit Statuen dekorierten Fassade versehen ließ. Die Villa hat zwei Hauptgeschosse, darüber ein Mezzanin und ein Belvedere. Der massive Dekor wurde dem schlichten Bau regelrecht vorgehängt. Die Mittelachse wird von einer doppelten Serliana betont. Das Untergeschoss ist mit Rustika-Quadern verkleidet, die Serliana aber ausgespart. Im Obergeschoss ist hingegen nur die Serliana rustiziert. Der Wechsel der verschiedenfarbigen Gesteinsarten mit dem gelben Putz der Mauerflächen erzeugt einen reizvollen, changierenden Eindruck des Naturhaften. Die Statuen der Jahreszeiten seitlich der Serliana im Untergeschoss symbolisieren diesen Wandel und charakterisieren das Leben auf dem Lande. Balustraden auf den einzelnen Geschossabsätzen tragen weitere kleine Statuen, die den monumentalen Gesamteindruck der Fassade im Geschmack des 18. Jh. mindern. Auf der Gartenseite öffnet sich eine fünfachsige Loggia, die noch aus dem 16. Jh. stammt. Die symmetrisch angeordneten großzügigen Innenräume sind ebenfalls auf das 16. Jh. zurückzuführen, wurden aber von dem Florentiner Vincenzo Datini im 17. Jh. freskiert.

Der Garten musste im 19. Jh. fast vollständig einem englischen Landschaftspark weichen, verschont blieben nur ein Teil des barocken Parterres und die Treppenanlage, die den Garten abschließt und zu einem Fischteich führt. Das vertiefte Parterre, der Garten der Flora, wurde von

▲ *Camigliano: Villa Torrigiani.*

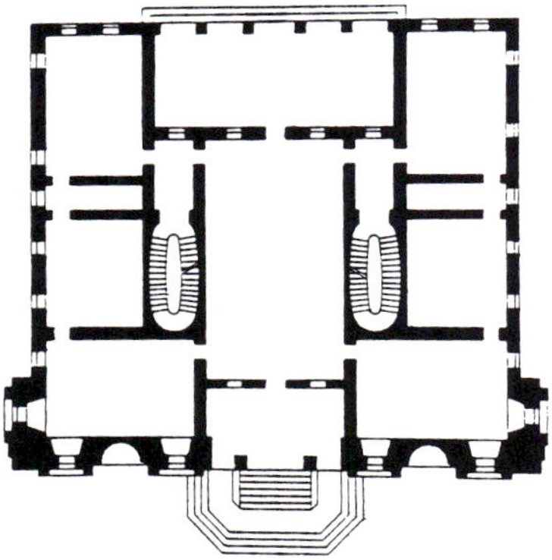

▲ *Camigliano: Villa Torrigiani, Grundriss.*

Domenico Martinelli angelegt und verrät französischen Einfluss, der auf den damaligen Besitzer, den Marchese Santini, zurückgeht. Santini war Gesandter des Großherzogtums Toskana am Hof Ludwigs XIV. Über dem *Giardino secreto* mit dem von Kübeln mit Zitrusbäumchen umstandenen Brunnen und den beschnittenen Buchsbaumhecken erheben sich kunstvoll verschränkte Treppenläufe mit Balustraden, die zu einer mit Statuen der Jahreszeiten geschmückten Terrasse führen. In einem Grottenpavillon sind künstliche Höhlen angelegt, in einer erscheint Herkules im Kampf mit der Hydra, in einer weiteren Statuen der Winde, auf der Kuppel darüber die Vegetationsgöttin Flora, die einen Korb voller Blumen auf dem Kopf trägt.

Capannori (LU)
Villa Mansi

• Errichtet 1634–1635, um 1750 überarbeitet. Gärten 1732, um 1800 umgestaltet. • Architekten Muzio Oddi, Francesco Giusti, Garten: Filippo Juvarra (18. Jh.).

Mitte des 18. Jh. modernisierte Giovanni Francesco Giusti die Villa Muzio Oddis. Die Grundform ist ein rechteckiger Bau mit Loggia zwischen Eckrisaliten. Giusti errichtete eine neue Front vor dem Gebäude Oddis. Die doppelläufige Freitreppe führt zu einer Loggia, die von einer dreifachen Serliana geöffnet wird. Darüber befindet sich ein repräsentatives Obergeschoss, über dessen mittlerem Auszug das Wappen der Mansi angebracht ist. Marmorne Balustraden und Statuen betonen die Geschosshöhen und setzen chromatische Akzente. Filippo Juvarra entwarf für die Villa 1732 einen französischen Garten, der um 1800 zu einem englischen Landschaftspark umgestaltete wurde. Von dem Intervento Juvarras blieb ein von einer Balustrade eingefasster Fischteich erhalten.

▲ *Capannori: Villa Mansi.*

Carrara (MC)
Beata Vergine del Suffraggio

• Piazza dell'Accademia. • Errichtet im frühen 18. Jh. • Entwurf Innocenzo Bergamini.

Die Saalkirche mit Querschiff trägt eine szenisch wirkungsvolle Kuppel, die von den Ecktürmen an der Fassade flankiert wird. Über dem reichen Säulenportal zeigt ein Relief die Seelen im Fegefeuer (*suffraggio*). Die Position der Kuppelkirche in der Flucht des Platzes bildet eine der seltenen, typisch barocken Blickachsen in der Toskana.

Madonna delle Grazie

| • Via Appuana. • Errichtet 1624 – 1667.

Die moderne Fassade verkleidet eine barocke Saalkirche. Der Innenraum ist mit opulentem Dekor und reichen Marmoraltären ausgestattet. Der Hauptaltar stammt von Alessandro Bergamini aus der Bildhauer- und Architektenfamilie aus Carrara, der in der zweiten Hälfte des 17. Jh. tätig war.

San Francesco

| • Piazza XXVII. Aprile. • Errichtet 1623 – 1662.

Die Barockkirche wurde unter Carlo I. Cybo Malaspina errichtet. Sie erhebt sich über einer großen Freitreppe, ein der Fassade vorgelagerter Portikus erhöht die repräsentative Wirkung. Der Innenraum ist ein Saal, ausgestattet mit einer Barockdekoration und Marmorwerken. Die Statue der Immaculata, der Unbefleckten Jungfrau, ist charakteristisch für den Marienkult des 17. Jh. Wie das Relief der Madonna mit Kind und heiligem Antonius stammt sie von dem einheimischen Bildhauer Giovanni Lazzoni.

Die Piazza Alberica ist von ansehnlichen Gebäuden der Barockzeit umgeben. Der Palazzo delle Logge stammt aus dem frühen 17. Jh. und ist eine der frühesten Anlagen des Barock in der Toskana, der Palazzo dei Conti del Medico zeigt eine Fassadendekoration aus dem 18. Jh. Schlichter ist das Geburtshaus des Bronzegießers Pietro Tacca aus dem 17. Jh.

Collodi (PT)

Villa Garzoni

| • Errichtet 1633 – 1652. • Architekt Filippo Juvarra. • Bedeutendster Barockgarten der Toskana.

Romano Garzoni ließ den hochbarocken, viergeschossigen Bau an der Stelle einer mittelalterlichen Burg errichten. Er ist mit einem Belvedereturm versehen und von Statuen bekrönt, die Ausmaße und Wucht der Villa sind einem Schloss vergleichbar. Zwei Gemälde mit Darstellungen der Judith in der *Sala grande* sollen aus dem Umkreis der Carracci stammen, die übrige Ausstattung stammt aus dem 19. und 20. Jh. Ein Sommerhaus, die *Palazzina d'estate* von Filippo Juvarra aus dem Jahre 1714, dominiert den Garten hinter der Villa. Über einer Grotte erhebt sich die konkav ausschwingende Fassade mit konvex gegenschwingender Exedra im Zentrum. Die barock ausschwingende Fassade dominiert zu Beginn des 18. Jh. die Debatte der römischen Klassizisten und der Anhänger Francesco Borrominis, zu denen Juvarra sich bekannte. Fensterrahmen, Eckrustika und die Dekorationen der Attika sind aus Muschelkalk und greifen das Material der Grotte auf.

▲ *Collodi: Villa Garzoni, Treppenanlage.*

Berühmt wurde die Villa Garzoni wegen der Gärten, die ab der Mitte des 16. Jh. im Stil des Manierismus und Barock angelegt wurden. Die in sich geschlossene Anlage ist nicht mehr auf die Villa ausgerichtet, sondern von ihr getrennt und als zusammenhängendes Bild allein auf prachtvolle Wirkung hin konstruiert. Im *Giardino secreto*, dem Parterre hinter dem Seerosenteich, ist das Wappen der Collodi in Kieselsteinen gelegt. Darüber steigt die berühmte zweiläufige Treppe mit den von Balustraden eingefassten, rautenförmig ansteigenden Treppenläufen und Terrassen an. Dieses Treppensystem wurde Anfang des 16. Jh. von Donato Bramante für den Belvederehof des Vatikan entworfen. 1786 bereicherte Ottaviano Diodati die Anlage mit Statuen und neuen Wasserspielen, den so genannten Wassertreppen, die das barocke Treppensystem ergänzen. Über den Kaskaden erscheint die Fama, die Personifikation des Ruhmes, die die Glorie der Familie in die Welt posaunt. Die Grafen Collodi ließen in ihren Gärten hinter der Fama das erste Heckentheater anlegen. Die auf einen Brunnen zulaufenden Hecken bilden die Kulissen vor einem amphitheatralischen Zuschauerraum. Auch ein Heckenlabyrinth kam der Unterhaltung des bewundernden Publikums zugute und diente wie die gesamte Anlage dem Zweck der Repräsentation.

Lucca (LU)
Mariensäule

| • Via del Fosso. • Errichtet 1687. • Bildhauer Giovanni Lazzoni.

Die Madonna dello Stellario (Madonna des Sternenkranzes) ist ein Spätwerk des Bildhauers aus Carrara, benannt nach dem metallenen Sternenkranz, der ihr Haupt umgibt. Die stark gebauschten Gewänder vermitteln, dem hohen Standort entsprechend, den Eindruck, im Wind zu wehen. Diese optische Illusion geht auf Gian Lorenzi Bernini zurück und ist typisch für den barocken Schein. Die auf einer Säule in einer Mondsichel stehende, segnende Jungfrau ohne Kind entspricht der im Barock besonders verehrten Maria Immaculata, der Maria der Unbefleckten Empfängnis, d.h. des von Erbsünde freien Mädchens.

Palazzo Mansi, Pinacoteca nazionale

| • Via Galli Tassi. • Errichtet im 17. Jh., Umbauten im 18. Jh. • Gemäldesammlung und bedeutende Innenausstattung.

Der schlichte Palast ist Sitz der *Pinacoteca nazionale*. Er wurde Ende des 16. Jh. errichtet, im 17. Jh. unter Raffaello Mansi umgebaut und mit Fresken von Gian Gioseffo dal Sole und Marco Antonio Chiarini ausgestattet. Weitere Umbauten erfolgten im 18. Jh. 1993 wurde der Bau restauriert und als Museum eröffnet.

Die Gemäldesammlung ist nicht überwältigend, weist aber einige sehenswerte Stücke aus dem 16. Jh. auf. Sie wurden der Stadt von Großherzog Leopold II. anlässlich ihres Anschlusses an das Großherzogtum Toskana geschenkt. Zu erwähnen sind Pontormos Porträt eines jungen Mannes, Bronzinos Bildnisse Cosimos I. Medici, Ferdinandos I. Medici und Don Garcias de' Medici als Kind, schließlich Tintorettos Porträt eines Mannes. Interessant ist der Besuch des Palastes zudem wegen des Baus und der Ausstattung einer Luccheser Kaufmannsfamilie.

Palazzo Pfanner

| • Via Cesare Battisti. • 1667 begonnen, Umbau Ende des 17. Jh.

Der Palast wurde von der Familie Moriconi erbaut und im späten 17. Jh. erweitert. 1860 erwarb ihn Felice Pfanner, der in den Gärten eine Bierbrauerei einrichtete. Sie blieb bis 1929 erhalten. Der Palast befindet sich noch heute im Besitz der Familie.

Der von der Orangerie auf die Gartenfront des Palastes zulaufende Kiesweg, von dem aus man auf die Apsis von San Frediano blickt, ist von Statuen der Jahreszeiten und der vier Elemente Erde, Wasser, Feuer, Luft gesäumt, die mit Kübeln mit dekorativen Blumen und Südfrüchten alternieren. In der Mitte der Strecke befindet sich ein Brunnen. Der Eingang zur Orangerie ist flankiert von Statuen des Herkules, der den Garten der Hesperiden, in dem Orangen wuchsen, bewachte, und der Cybele, welche die Erde verkörpert.

Marlia (LU)
Villa Reale

• 1651 begonnen, 1806 erweitert. Gärten um 1650, Anfang des 19. Jh. z. T. umgestaltet.

Die Anlage aus dem Besitz der Familie Orsetti wurde unfreiwillig 1806 an Elisa Baciocchi, die Schwester Napoleons, verkauft, die die barocken Gärten weitgehend zum englischen Landschaftspark umgestalten ließ und erweiterte. Seitdem heißt die Anlage „Villa Reale", die Königliche Villa.

Der schlichte Bau wurde unter Elisa Baciocchi um ein Stockwerk erhöht und mit einem ausladenden Kranzgesims versehen. Die Villa befindet sich in Privatbesitz und ist daher nicht zu besichtigen, dem Besucher sind aber die Parkanlagen geöffnet. Bedeutend ist das 1652 errichtete Freilichttheater, dessen Bühne und Zuschauerraum von Buchsbaumhecken eingefasst sind. Terrakottastatuen der Figuren der Commedia dell'arte stehen im Hintergrund der Bühne. Aus dem 17. Jh. stammt auch die *Pescheria*, das von einer Balustrade gesäumte Fischbecken, an dem die Flussgötter Arno und Serchio lagern. Im Park befindet sich noch die schwer beschädigte Villa del Vescovo, die Sommerresidenz der Luccheser Bischöfe aus dem 16. Jh., zu der die Grotte des Pan im Stile Buontalentis gehört.

Massa (MA)
Dom Santi Francesco e Pietro

• Begonnen 1389, 1447 erweitert unter Giacomo Malaspina. 1616 barockisiert. Restauriert. • Fassade von 1936.

Die moderne Fassade im Renaissance-Stil ist mit Carrara-Marmor verkleidet. Zur Zeit des Faschismus sollte das kostbare Material die Größe Italiens und seiner architektonischen Tradition betonen. Der Innenraum ist ganz von der barocken Dekoration überzogen. Herzog Carlo II. Cybo Malaspina ließ im Dom eine unterirdische Grabkapelle zur Beisetzung der Mitglieder der Regentenfamilie und der Bischöfe errichten. Darüber erhebt sich die von Giovanni Francesco Bergamini aus Carrara 1675–1694 gestaltete Cappella del Santissimo Sacramento. Der Altar integriert ein abgelöstes Fresko des umbrischen Renaissancemalers Bernardino Pinturicchio aus der Cappella Cybo von Santa Maria del Popolo in Rom, das die Madonna mit Kind und Engeln Pinturicchios zeigt. Das in einem Barockaltar fremdartige Fragment erinnert an den Pontifikat Papst Innozenz' VIII. aus der Familie Cybo. Ferner gehören zur Ausstattung der

Kapelle die Fragmente einer glasierten Terrakotta-Krippe von Benedetto Buglione aus dem Jahre 1508. Den Hochaltar flankieren sechs kostbare barocke Bronzekandelaber von Ferdinando Tacca.

Palazzo Ducale

• Piazza Aranci. • Errichtet 1665 – 1701. • Ehemalige Residenz. • Architekten Gian Francesco und Alessandro Bergamini.

Der ehemalige Palazzo des Regenten Cybo Malaspina ist heute Sitz der Präfektur. Alberico I. Cybo Malaspina ließ die ursprüngliche Villa im 16. Jh. in eine Residenz umbauen. Alberico, genannt der Große, seit 1568 Fürst von Massa, demonstrierte mit dem Bau höfischen Glanz und die Unabhängigkeit zur Zeit des Aufstiegs der Medici. Seine Nachfolger erweiterten den Palast in barocken Dimensionen. Der zweigeschossige Innenhof stammt von Gian Francesco Bergamini aus einer Architektenfamilie aus Carrara, die spätbarocke Fassade gestaltete sein Sohn Alessandro. Klassisch blieb die Achse des von Säulen flankierten Portals mit dem von einem Segmentgiebel verdachten Fenster darüber. Die Balustraden und die Büsten in den gesprengten Giebeln beleben die lang gestreckte, von Quadern eingefasste Fassade. In ihrer ornamentalen Kleinteiligkeit sind sie charakteristisch für den Spätbarock, der sich in dem Gebiet wegen des allgemeinen Niedergangs der Toskana und der nachlassenden Bautätigkeit sonst kaum entwickelt hat.

Montepulciano (SI)

Dom Santa Maria

• Piazza Vittorio Emanuele. • Errichtet 1593 – 1630. Campanile 15. Jh. • Architekt Ippolito Scalza.

Die gewaltige Domanlage des Orvietaner Architekten entstand an der Stelle der alten Pieve, nachdem im Jahre 1561 Montepulciano zum Bistum erhoben worden war. Der Campanile aus dem 15. Jh. gehört, wie auch Teile der Ausstattung, noch zum Vorgängerbau. Die Fassade über der breiten Treppenanlage hätte mit Marmor verkleidet werden sollen, blieb aber unvollendet. Drei Portale öffnen sich zu der dreischiffigen Basilika mit Querhaus, das Mittelschiff ist tonnengewölbt mit untergezogenen Gurtbögen.

Ein Triptychon auf dem Hochaltar von Taddeo di Bartolo, einem führenden Sieneser Vertreter der internationalen Gotik um 1400, zeigt eine Himmelfahrt Mariens von 1403. Die Jungfrau schwebt, im Bedeutungsmaßstab vergrößert, über dem leeren Sarkophag, der von den bestürzten Aposteln umgeben ist. Die Heiligen auf den Seitentafeln bringen ihr kniend und betend Verehrung entgegen. Mit der im Gesprenge gezeigten Marienkrönung erreicht das Marienleben den triumphalen Höhepunkt,

▲ *Montepulciano: Dom Santa Maria, Michelozzo, Grabmal Araguzzi, Detail.*

sie vervollständigen das Grabmalsprogramm. Während die Statuen zu den Hauptwerken Michelozzos zu rechnen sind und in ihrer Beweglichkeit und Herbheit den Einfluss seines Freundes und Kollegen Donatello erkennen lassen, wirken die Reliefs deutlich schwächer, die Gesichter erscheinen z. T. derb und gleichförmig, weshalb an eine Werkstattarbeit zu denken ist. Sie sind jedoch ikonographisch und kulturgeschichtlich hoch bedeutend und charakteristisch für das Menschenbild der Renaissance, denn die selbstbewusste Annäherung eines Bürgerlichen an die Madonna war vor der Epoche des Humanismus undenkbar.

Santa Lucia

• Via Aurelio Saffi. • 1653 vollendet. • Architekt Flaminio Turco. |

Die Travertinfassade folgt dem Vorbild von Giacomo della Portas Front der römischen Jesuitenkirche Il Gesù. Diese römischen Formen wurden durch den Jesuitengeneral Roberto Bellarmino vermittelt, der aus Montepulciano stammte. Barock ist die schwungvollere, voluminösere Gliederung des Untergeschosses der Fassade durch Halbsäulen, die im Obergeschoss durch Lisenen aufgegriffen wird, ein Segmentgiebel bildet die Überleitung, ein verkröpfter Dreiecksgiebel bildet den oberen Abschluss. Der Innenraum wurde 1822 überarbeitet. In der Cappella Ceppari befindet sich die Madonna della Misericordia des Renaissancemalers Luca Signorelli.

Santa Maria dei Servi

| • Vola del Poliziano. • Errichtet im 14. Jh. 1702 barockisiert.

Die schlichte Travertinfassade der Saalkirche ist von einem Gewändeportal unter einem großen Okulus durchbrochen. Ein Spitzbogenfries als oberer Abschluss ist der einzige Bauschmuck der Ordenskirche. Dieser Schlichtheit steht die barocke Stuckdekoration entgegen, mit der 1702 nach Entwürfen Andrea Pozzos der ganze Innenraum überzogen wurde.

Pisa (PI)
Logge dei Banchi

| • Ehemalige Handelsloggia. • 1603 – 1605. • Architekt Cosimo Pugliani.

Der Florentiner Architekt Cosimo Pugliani errichtete die zweijochige, von Pfeilern getragene Loggia wahrscheinlich nach Entwürfen Bernardo Buontalentis. Die Arkaden der Fassade sind von rustizierten Doppelpilastern in Formen des Manierismus eingefasst. Das Obergeschoss und der Dreiecksgiebel wurden im 18. Jh. aufgestockt. Die Loggia war ursprünglich Umschlagplatz für Seiden- und Wollstoffe. Das Obergeschoss wurde für das Staatsarchiv eingerichtet, daher ist das Pisaner Wappen in einer Rokokokartusche am Giebel angebracht.

Siena (SI)
Palazzo Arcivescovile

| • Piazza del Duomo. • Errichtet 1718 – 1723.

Der Bischofspalast ist als kuriose Konstruktion im Zuge der historistischen Restaurierung des Sieneser Stadtbildes während des 18. Jh. entstanden. Seine lang gestreckte Fassade ist im Untergeschoss zweifarbig verblendet, Portal und Fenster sind mit dem doppelten *Arco senese* überfangen. Das Obergeschoss aus Backstein wird von großen gotischen Biforien mit eingestellten Marmorsäulchen durchbrochen. Damit imitiert der Palast die Sieneser Architektur des 14. Jh. und schließt formal an das nahe gelegene Spedale di Santa Maria della Scala an.

▲ *Pisa: Logge dei Banchi.*

Vallombrosa (FI)
Benediktinerabtei

• Errichtet 1450 – 1470, Bibliothek Ende des 16. Jh., Fassade 1635 – 1640, Kirche 1640 – 1644. • Architekten Alfonso Parigi (Bibliothek), Gherardo Silvani (Fassade). • Mutterkloster der selbstständigen Kongregation der Vallombrosaner.

▲ *Vallombrosa: Benediktinerabtei.*

Anfang des 11. Jh. zog sich der Florentiner Giovanni Gualberto mit einigen Benediktinermönchen in den Wald von Vallombrosa zurück. Ähnlich den Camaldulensern und Kartäusern suchten die Vallombrosaner die Kontemplation in der Abgeschiedenheit. 1055 wurde die Kongregation anerkannt. Die Bedeutung und der Ruhm des Klosters wuchsen bald, Schenkungen erweiterten den Besitz und die Äbte führten Grafentitel. Bei der Säkularisation von 1808 wurde das Kloster aufgelöst, seit 1963 gehört es wieder der Kongregation.

1450 – 1470 errichtete Abt Francesco Aldoviti neue Klostergebäude, die durch die plündernden Truppen Karls V. 1529 beschädigt wurden. Danach wurde das Kloster mehrfach überarbeitet, das Gros der barocken Neubauten stammt aus dem 17. Jh. Die lang gestreckte Front zwischen den leicht erhöhten Eckpavillons ist schlicht, nur das von Rustikaquadern eingefasste Portal und die großen Fenster der Pavillons sind repräsentativer gestaltet. Die kreuzförmige, im Kern spätromanische Kirche liegt hinter dem von Arkaden gesäumten Innenhof. Im heutigen Zustand wurde der Bau 1644 fertiggestellt und Mitte des 18. Jh. von Giuseppe An-

▲ *Vallombrosa: Klosterkirche, Deckenfresko, Giuseppe Antonio Fabbrini, Esther vor Ahasver.*

tonio Fabrini ausgemalt. Die Deckenfresken zeigen einen noch typisch barocken Illusionismus, der malerisch die Architektur des Kirchenraums erweitert und öffnet. Besonders eindrucksvoll ist die in konsequenter Untersicht gezeigte alttestamentliche Szene von Esther vor Ahasver. Die Jüdin verwendet sich vor dem babylonischen Herrscher für ihr Volk, so wie die in der Kuppel bei ihrer Himmelfahrt gezeigte Maria die Menschheit retten wird.

V. Die Moderne – Zeit neuer Impulse

1808 wurde auch die Toskana von Napoleon annektiert und Lucca als Fürstentum dem Reich einverleibt. Im Jahr darauf übertrug der Kaiser die Herrschaft Elisa Baciocchi, seiner Schwester, die den Titel der Großherzogin annahm, *de facto* aber die Pariser Politik verfolgen musste. Nach dem Wiener Kongress von 1815 ermöglichte die Restauration des Fürsten von Metternich die Rückkehr Ferdinands III. von Habsburg-Lothringen. Dem Großherzogtum wurden Piombino und der toskanische Archipel mit der Insel Elba zuerkannt, so dass die Region ihre jetzige Gestalt erhielt. Im neu gegründeten Herzogtum Lucca regierte Maria Luisa von Bourbon-Parma, Massa und Carrara wurden mit dem Herzogtum Modena vereint. 1848/49 kam es zu Unruhen und Aufständen. In Florenz proklamierte sich eine provisorische Regierung, die den Großherzog Leopold II. zurückrief. 1859 verließ Leopold unter dem Schutz österreichischer Truppen das Land, wohl mit der Absicht zurückzukehren, wenn die neuerlichen Unruhen sich gelegt hätten. 1860 aber wurde im Anschluss an ein Plebiszit die Annexion der Toskana durch das Königreich Sardinien-Piemont unter Vittorio Emanuele II. proklamiert. Von 1865 – 1871 war Florenz die Hauptstadt des vereinten Königreiches Italien. 1870 wurde auch Rom schließlich von den Piemontesen eingenommen und im folgenden Jahr zur Hauptstadt des Königreiches erklärt. Florenz wurde Hauptstadt der Region Toskana. Die Industrialisierung verdrängte die traditionelle Agrarwirtschaft nur in geringem Maße, vor allem Livorno und das Arnotal entwickelten sich zu Zentren der Schwerindustrie. Bis heute prägend ist hingegen der ab dem 18. Jh. einsetzende Tourismus, der den größten wirtschaftlichen Faktor der Region darstellt.

Die Euphorie über die Einheit Italiens ließ vor allem die Erinnerung an die bedeutenden Epochen der Vergangenheit aufleben, in der Toskana also vor allem an das Mittelalter, in Florenz überwiegend an die Renaissance. Während in der Hauptstadt ganze Quartiere im Stil der Neorenaissance errichtet wurden, pflegten die übrigen Städte die Bürgerbauten der Gotik. Historistische Restaurierungen, moderne Zinnenbekrönungen und Denkmäler sind charakteristisch für diese Zeit. Auch ganze Verwaltungsgebäude wurden im Stil mittelalterlicher Stadtpaläste errichtet. Neue kulturelle Impulse aber gingen jetzt von Rom, Mailand und Neapel aus. Erst im späten 20. Jh. wurde in der Toskana eine Reihe von Skulpturenparks gegründet, die die Tradition der vergangenen Epochen aufgreifen. Im Unterschied zu den historischen Gärten aber überhöht und zähmt die Kunst nicht die Natur, vielmehr tritt das künstlerische Objekt in den Landschaftsraum ein. Die *site-specific works* (ortsbezogene Arbeiten) nehmen Bezug auf den Charakter einer bestimmten Landschaft, betonen oder kommentieren ihn. Da die herbe, heterogene Natur sehr viele

Anregungen für *site-specific works* gibt, entstanden in der Toskana mehr Skulpturenparks als im restlichen Italien. So prägen Minimal-Art und Land-Art, Arte Povera und Transavantguardia die jüngsten Impulse der Kunst in der Toskana.

Collodi (LU)
Parco di Pinocchio

| • Skulpturenpark aus den 1950er Jahren.

Carlo Lorenzini, der Schriftsteller und Erfinder des Pinocchio, nannte sich nach dem Geburtsort seiner Mutter Carlo Collodi. Italienische Künstler setzten ihm mit ihren Plastiken dort ein Denkmal. Emilio Greco schuf 1956 die 5 m hohe Eingangsgruppe, die die Geschichte der Puppe mit der langen Nase einleitet. 21 weitere Plastiken Pietro Gonzagas aus den 1970er und 1980er Jahren schildern Episoden und Figuren des Romans und eine winkende Pinocchio-Statue Gonzagas verabschiedet den Besucher. Die italienischen Bildhauer Emilio Greco (1913 – 1995) und Pietro Gonzaga (*1920) blieben stets figürlichen Motiven verbunden. Ihre Großplastiken im Pinocchio-Park schließen an die Tradition des Manierismus an.

Follonica (GR)
Fonderia di Ghisa

| • Eisengießerei. • Errichtet 1834 – 1840. • Architekt Carlo Reishammer.

Das Bogentor hat die Grundform der im 16. Jh. entwickelten Serliana. Kannelierte korinthische Säulen tragen das Gebälk, über dem sich der zentrale Bogen erhebt. Die Dekorationselemente Füllhörner, Delphine und Voluten gehen ebenfalls auf die Renaissance zurück. Diese in der Tradition in Marmor ausgeführten Formen sind hier in Eisen gegossen. Das Material des industriellen Zeitalters wird in diesem Fall durch die eleganten Formen der Hochrenaissance nobilitiert. Die Serliana, im 16. und 17. Jh. ein Motiv von Kirchen- und Palastfassaden, wird hier an einem Fabriktor eingesetzt. Das Motto der Gießerei „al ferro, padre di tutte le industrie" („dem Eisen, Vater aller Industrien") rechtfertigt im 19. Jh. die Aufhebung der Trennung von Form und Material.

Das nahe den Minen von Piombino gelegene Städtchen Follonica wurde bereits im 16. Jh. ein Zentrum der Eisenverhüttung, die im 19. Jh. unter dem Habsburger-Großherzog Leopold II. wieder gefördert wurde.

San Leopoldo

| • Via Roma. • Errichtet 1836 – 1838. • Architekt Carlo Reishammer.

Der austroitalienische Architekt Leopolds II. errichtete die Vorhalle des klassizistischen Baus auf Eisenträgern. Drei gestaffelte Serlianen mit antikisierendem Figurenfries tragen ein Tonnengewölbe. Die untergezogenen Gitterträger des Gewölbes wie der seitlichen Flachdächer wurden von Kommerz- und Industriebauten auf den Sakralbau übertragen. Das mo-

▲ *Follonica: San Leopoldo.*

derne Material des Industriezeitalters findet somit Eingang in die klassischen Bauaufgaben, die materiellen Unterschiede zwischen Bahnhof, Markthalle und Kirchenfront sind aufgehoben.

Grosseto (GR)
Palazzo della Provincia

| • Piazza Dante. • Verwaltungsgebäude. • Errichtet 1900.

Der neogotische Palast der Provinzialverwaltung greift auf die Gestalt des Palazzo Pubblico von Siena zurück und verweist damit auf die wirtschaftlich wie kulturell bedeutende Epoche der Gotik in der Toskana. Zu schwer für diese Sieneser Gotik sind jedoch die auf vorkragende Brüstungen aufgesetzten Zinnen, die einer romantischen Vision von mittelalterlichem Bürgerstolz und Bürgerfreiheit entsprungen sind.

Der Palazzo Comunale an der Piazza del Duomo entstand 1870 und weist eine klassizistische Fassade mit bekrönendem Dreiecksgiebel auf.

▲ *Grosseto: Palazzo della Provincia.*

Livorno (LI)
Mercato Nuovo

| • Scali Saffi. • Errichtet 1889 – 1893. • Architekt Angelo Badaloni.

Die Markthalle ist eine bedeutende Eisen-Glas-Konstruktion in der Folge der Florentiner Markthalle bei San Lorenzo. Im Erdgeschoss akzentuieren Mittel- und Eckrisaliten die lang gestreckte Fassade zum Wasserweg des *Fosso reale*. Die zwei Säulenpaare am Portal öffnen die Markthalle wie eine Palastfront, das verkröpfte Gebälk darüber ist allerdings sinnlos geworden, da es nichts mehr trägt. Das Obergeschoss ist zurückgenommen

▲ *Livorno: Mercato Nuovo.*

und wie das Untergeschoss von rundbogigen Glasfenstern zwischen Pilastern und Säulen geschlossen. Diese großen Glasflächen kontrastieren mit den Elementen der traditionellen Architektur, verbinden den Zweck der Beleuchtung der Verkaufshalle mit dem Anspruch, an die historischen Repräsentationsbauten der Toskana anzuknüpfen. Im Innern vergrößert eine umlaufende Galerie die Fläche, ein Stufendach erhöht die Lichtzufuhr.

Seit 1421 fungierte Livorno als Hafen von Florenz. Vor allem im 17. Jh. entwickelte sich die Stadt zu einem der bedeutendsten Mittelmeerhäfen. Im Hafen von Livorno erinnert das Monument der vier Mohren für Ferdinand I. von Pietro Tacca von 1609 an den Aufschwung. Der Hafen wurde englischer Flottenstützpunkt im Mittelmeer, nach seiner Erklärung zum Freihafen zog er vor allem englische Geschäftsleute an.

Prato (FI)
Centro per l'arte contemporanea Luigi Pecci

• Zentrum für zeitgenössische Kunst. • Errichtet 1988. • Architekt Italo Gamberini.

Der Textilfabrikant Enrico Pecci gründete die Stiftung zur Erinnerung an seinen Sohn Luigi. Das Zentrum für zeitgenössische Kunst umfasst neben Räumen für Wechselausstellungen eine Bibliothek, eine Dokumentation und eine Datenbank. Vor dem Gebäude befindet sich die Installation *Exegi monumentum aere perennius.* Anne und Patrick Poirier schufen 1988 diese Installation einer umgestürzten Säule aus Stahl. Mit der Form der antiken Säule will das französische Künstlerpaar durch den Blick auf die Ruinen der Vergangenheit das Bewusstsein für die Geschichte und die Vergänglichkeit schärfen. Ein Neubau von Bacchi und Sarteanesi birgt seit 1998 eine Dauerausstellung eigener Bestände, darunter „Klassiker" wie Michelangelo Pistoletto, Mauro Staccioli, Mario Merz und Jannis Kounellis.

Santomato (PT)
Villa Gori – Il parco di Celle

• Villa im 17. Jh. errichtet. Skulpturen der 1980er und 1990er Jahre. • Besichtigung nach Voranmeldung.

Die hochbarocke Villa wurde Mitte des 17. Jh. gebaut. Sie war eine Gründung der bedeutenden Pistoieser Familie Fabroni, die zunächst einen barocken, dann einen romantischen Landschaftsgarten und darin ein Nymphäum, ein Teehaus und einen Tempietto anlegen, schließlich auch Skulpturen nach Plänen Ottaviano Deodatis aufstellen ließ. Die Villa befindet sich seit 1969 im Besitz des Prateser Unternehmers und Sammlers Giuliano Gori. Im Juni 1982 lud der Industrielle neun Künstler ein, darunter Ulrich Rückriem, Dennis Oppenheim, Richard Serra und Dani Karavan, die hier *in situ* ihre *art spaces – spazi d'arte* – konzipierten und realisierten. Angeregt wurde das Projekt von der documenta VI 1977 in Kassel, wo Manfred Schneckenburger durch seine Arbeiten die Landschaftskunst bekannt machte. Die zeitgenössischen Künstler aktualisierten den historischen Garten durch ihre Arbeiten, die nun selbst bereits wieder historisch sind und an die Skulpturengärten von Partolino und Bomarzo anknüpfen. Als Freilichtmuseum für zeitgenössische Kunst ist der Park einzigartig in Italien und birgt die größte Sammlung des Landes. Vor der Villa stehen die stummen Diener von Roberto Barni. Die genannten Environment-Künstler schufen seit den 1980er Jahren Arbeiten, die sich auf die toskanische Landschaft bezogen. Zu sehen sind die *site-specific works* der Gründer und ihrer Nachfolger. Auch die Innenräume bergen zeitgenössische Kunstwerke, u. a. geometrische Zeichnungen von Sol LeWitt, Installationen von Michelangelo Pistoletti und die *Dischi*, die Scheiben von Emilio Vedova.

▲ *Santomato: Il parco di Celle, Roberto Barni, Stumme Diener.*

An weiteren Werken der *Arte Ambientale* in der Toskana ist der 1996 eröffnete Skulpturenpark Seggiano am Monte Amiata hervorzuheben. Daniel Spoerri und seine Künstlerfreunde installierten ihre Arbeiten am ehemaligen Wohnhaus Spoerris, u. a. „Einhörner – der Nabel der Welt" (1991). Wie die Skulpturen der alten Gärten der Toskana setzen sich die Arbeiten mit dem Verhältnis des Menschen zur Natur auseinander.

In Garavicchio bei Capalbio befindet sich der *Giardino dei Tarocchi*, den Niki de Saint Phalle 1979 begann. Die 22 zum Teil begehbaren Plastiken nehmen die Figuren der Spielkarten des Tarock auf, deren Ikonographie eine profane Weltdeutung bildet. Die kolossalen Plastiken in der Natur und die Brunnenfiguren sowie die profane Ikonographie zeigen eine Auseinandersetzung mit den Gärten des Manierismus. Niki de Saint

▲ *Seggiano: Daniel Spoerri, Einhörner – der Nabel der Welt.*

Phalles Gestalten sind von sehr weiblichen Motiven geprägt, heraus fällt ein Spiegelturm, der ein Werk ihres Mannes Jean Tinguely ist. Diese zeitgenössischen Beispiele der Konfrontation von Kunst und Landschaft nehmen deutlich Bezug auf die Tradition der Toskana. Die Hügellandschaft mit den stimmungsvollen Ausblicken bietet seit Jahrhunderten Anlass, Rahmen und Kulisse für Kunstwerke. Diese Tradition stellt für die heutigen Künstler weniger eine Belastung als eine Herausforderung dar und die *Arte Ambientale* der Skulpturenparks in der Toskana ist eine treffende Antwort auf die Gärten des Manierismus und Barock.

Glossar

Ädikula lat. Häuschen. Architektonische Rahmung einer Statue bzw. eines Altars etc.

Ajour-Arbeit Perforation im Relief.

Akanthus Ornament in Form eines stilisierten Blattes der mediterranen Akanthuspflanze.

Ambo in Chorschranken integriertes Lesepult.

Apsis halbkreisförmiger Abschluss des Mittelschiffs mit dem Hauptaltar. Nebenapsiden mit Seitenaltären.

Architrav horizontaler Steinbalken über Säulen.

Archivolte meist verzierter Bogenlauf über Gewändeportalen.

Arco Senese (= Sieneser Bogen) doppelter Bogen, bestehend aus einem flachen Segmentbogen unter einem Spitzbogen.

Arkade von Säulen oder Pfeilern getragener Bogen.

Aspis kleines dämonisches Ungeheuer in Form einer geflügelten Schlange.

Atlant männliche Stützfigur anstelle eines tektonischen Bauglieds.

Attika freistehende Wand über dem Kranzgesims zur Verdeckung des Dachansatzes.

Attribut spezielles Kennzeichen einer Person, so das Lamm bei Johannes dem Täufer.

Baldachin Traghimmel oder Dachaufbau zur Auszeichnung einer Person oder eines Ortes.

Baptisterium eigenständige Taufkirche bei Bischofskirchen.

Basilika Versammlungs- und Gerichtsbau in der Antike. In der christlichen Kunst mehrschiffiger Kirchenraum mit erhöhtem, durchfenstertem Mittelschiff.

Basis Fuß einer Säule oder eines Pfeilers.

Biforium Doppelfenster.

Blendbogen flacher, als Schmuck- und Gliederungselement vor eine Wand gespannter Bogen, meist ohne tragende Funktion.

Campanile ital. *campana* = Glocke. Meist frei stehender Glockenturm.

Capitano del Popolo Vertreter des nicht in Zünften organisierten Volkes.

Cassone Hochzeitstruhe.

Chiaroscuro Hell-Dunkel-Malerei.

Chor meist aus dem Chorjoch und der Apsis gebildeter Raum des Hochaltars, dem Klerus vorbehalten, oft erhöht und im Osten gelegen.

Chorgestühl Sitzreihen des Klerus im Chor.

Chorschranke niedrige Abtrennung eines dem Klerus vorbehaltenen Bereiches.

Chorumgang als Fortsetzung der Seitenschiffe um den Chor geführter Gang, mit diesem meist durch Arkaden verbunden.

Christliche Tugenden nach Paulus *Fides* (Glaube), *Spes* (Hoffnung) und *Caritas* (Liebe).

Chrysographie Auftrag einer Goldtinktur auf Bildern und Handschriften. Verbreitet in der byzantinischen Kunst und der *Maniera greca*.

Ciborium von Säulen getragener baldachinartiger Altarüberbau.
Cinquecento 16. Jahrhundert.
Collegiata Stifts- oder Kollegiatskirche eines Kollegiums der von einer Stiftung dotierten, kanonisch lebenden Kleriker. Hat Sonderrechte ähnlich den Domkirchen.
Condottiere Söldnerführer.
Cosmaten römische Künstlergruppe des 12. – 14. Jh., die Fußböden, Kanzeln, Kreuzgänge etc. mit Marmor- und Glasflussmosaiken ausstattete.

Deesis Darstellung des thronenden Christus zwischen Maria und Johannes dem Täufer als Beisitzer und Fürbitter beim Jüngsten Gericht.
Dienst Wand- und Pfeilervorlage in Form von Halb- und Viertelsäulen, die die Gurte und Rippen der gotischen Kreuzrippengewölbe trägt.
Dom lat. *domus* = Haus. Bischofskirche.
Dormitorium Schlafsaal der Mönche im Kloster.
Dreipass, Vierpass, Vielpass aus drei, vier bzw. mehreren Zirkelschlägen gebildete Figur des gotischen Maßwerks.

Eierstab Zierfries mit eierförmigem Ornament.
Empore offenes Obergeschoss im Innenraum.
Entasis Schwellung des Säulenschaftes.
Eroten kleine nackte Erosfiguren.
Evangelistensymbole geflügelte Wesen der Gottesvision des Hesekiel und des Johannes als Symbole der vier Evangelisten interpretiert, Matthäus – Mensch, Markus – Löwe, Lukas – Stier, Johannes – Adler.

Fassade Schauseite eines Bauwerks, meist Front.
Fiale Ziertürmchen in der gotischen Baukunst.
Fresko Technik der Wandmalerei, bei der die Pigmente auf den frischen (ital. *fresco*) Putz aufgetragen werden. Sehr haltbar.
Fries Schmuckstreifen zum Abschluss oder zur Gliederung einer Wand.

Galerie lang gestreckter Bau, Laufgang.
Gebälk Zusammenfassung mehrerer Balken in der Architektur.
Gesims horizontaler Wandstreifen zur Wandgliederung.
gestelzter Bogen über dem Kämpfer bzw. Türsturz vor der Krümmung senkrecht erhöhter Bogen.
Gewände schräger Einschnitt von Portalen und Fenstern, oft mehrfach abgestuft und verziert.
Gewölbe bogenförmig gemauerter, oberer Abschluss eines Bauwerks.
Graffito Ritzzeichnung.
Grisaille monochrome Grautonmalerei.
Gurtbogen gurtartiger Unterstützungsbogen des Gewölbes quer zur Längsausrichtung.

Hallenkirche Kirchenbau mit mehreren, gleich hohen Schiffen.
Hodegetia Typus des Marienbildes, bei dem Maria das Kind auf dem linken Arm trägt.

Inkrustation Verkleidung des Mauerwerks durch edlere Materialien, z. B. Marmor.
Intarsie Einlegearbeit.
Interkolumnium Abstand zwischen zwei Säulen.
Isokephalie Reihung von Figuren mit gleicher Kopfhöhe.

Joch axial aufeinander abfolgende Wand- und Gewölbeeinheiten.

Kalotte Halbkuppel über einer Apsis.
Kämpfer betonter Stein oder Sims vor dem Bogenansatz, „kämpft" gegen den Druck.
Kannelur lat. *canna* = Rohr. Vertikale Hohlkehle am Schaft einer Säule, eines Pfeilers oder Pilasters.
Kantoniert Pfeiler mit Halbsäulen an den Kanten sind kantoniert.
Kapitell lat. *capitulum* = Köpfchen. Verziertes Kopfstück einer Säule, eines Pfeilers oder Pilasters.
Kapitelsaal Versammlungsraum der Mönche im Kloster.
Kardinaltugenden Grundtugenden des Menschen: *Temperantia* (Mäßigung), *Prudentia* (Klugheit), *Fortitudo* (Stärke) und *Justitia* (Gerechtigkeit).
Kartusche Zierrahmen.
Kathedrale von lat. *cathedra* = Stuhl, Thron; Bischofskirche.
Kenotaph Ehrengrab, d. h. ein leeres Grab.
Klostergewölbe aus Kappen zusammengesetzte, kuppelartige Gewölbeform.
Kolossalordnung mehrgeschossige Wandgliederung durch Halbsäulen oder Pilaster.
Konsole aus der Wand vorkragender Stein als Auflager.
Kontrapost antikes Standmotiv einer Statue mit Stand- und Spielbein zur Darstellung aller Körperteile in Ruhe und Bewegung. In der Renaissance wieder aufgegriffen.
Krabbe gotisches Ornament in Gestalt eines gebogenen Blattes an Fialen, Wimpergen, Turmhelmen etc.
Kranzgesims Wandabschluss vor dem Dachansatz.
Kreuzgang überdachter Umgang im Kloster, der die Kirche mit den übrigen Gebäuden verbindet.
Kreuzgratgewölbe kreuzförmige Durchdringung zweier Tonnengewölbe.
Kreuznimbus Heiligenschein, in den ein Kreuz eingeschrieben ist. Christus und Gottvater vorbehalten.
Kreuzrippengewölbe auf kreuzförmig gemauerten Stützrippen aufliegendes Gewölbe aus leichtem Mauerwerk.
Kreuzstockfenster Fenster mit kreuzförmiger Innenstütze.
Krypta unterirdischer Raum, in Kirchen meist unter dem Chor gelegen mit Reliquienaltar und Grablege.
Kryptoportikus unterirdischer Gang.

Laibung Wandeinschnitt bei Portalen und Fenstern.
Langhaus Gemeinderaum im Kirchenraum, meist in west-östlicher Richtung verlaufend.
Lanzett lanzenförmiger/-s Bogen oder Fenster.

Laterne durchfensterter Kuppelaufsatz.

Laufender Hund wellenförmiges Ornamentband.

Lettner hohe Schranke zwischen Mittelschiff und Chor, die den Blick auf den Altar erlaubt.

Lisene leicht hervortretende, horizontale Wandvorlage ohne Basis und Kapitell.

Loggia offene Säulenhalle bzw. -gang.

Lünette halbkreisförmiges Bogenfeld.

Maestà ital. Majestät. Darstellung der thronenden Madonna, umgeben von einem „Hofstaat" von Engeln und Heiligen.

Mandorla mandelförmiger Heiligenschein, der den ganzen Körper umgibt.

maniera greca byzantinisch beeinflusster Stil in der italienischen Malerei des 13. und 14. Jh.

Maßwerk geometrisch konstruiertes Bauornament der gotischen Architektur. Dient der Unterteilung und Stabilisierung großer Fensterflächen, später auch an Wimpergen etc.

Mausoleum Grabbau.

Mezzanin Halbgeschoss.

Monolith ungeteilter, großer Steinblock.

Najade Wassernymphe.

Nimbus Heiligenschein.

Notname Name eines unbekannten Meisters, der sich durch ein Werk besonders ausgezeichnet hat und dem eine kunsthistorische Bedeutung zukommt, z. B. Maestro di San Martino.

Obergaden durchfensterte Hochschiffswand des Mittelschiffs der Basilika, über den Dächern der Seitenschiffe.

Oktogon Achteck.

Okulus Rundfenster.

Oratorium Kapelle für das Gebet.

Patrozinium Schutzherrschaft eines Heiligen über die ihm geweihte Kirche.

Pendentif Gewölbezwickel.

Perlstab Zierfries mit perlförmigem Ornament.

Pfeiler Stützglied auf rechteckigem oder polygonalem Grundriss mit Basis und Kapitell.

Piano nobile ital. vornehmes Geschoss. Wohngeschoss der Hausherren, in der Regel das erste Obergeschoss.

Pietà ital. Mitleid. Darstellung der trauernden Madonna mit ihrem toten Sohn auf dem Schoß.

Pietra serena ital. heiterer Stein. Graue Gesteinsart, wird in der toskanischen Renaissance-Architektur verwendet.

Pieve Pfarrkirche mit Taufrecht.

Podestà Stadtvogt, oberster Richter.

polychrom mehrfarbig.

Polygon Vieleck.

Polyptychon mehrteiliges Tafelbild.

Portikus von Säulen getragene Vorhalle.
Predella ital. Fußbank. Sockelartiger Unterbau von Altären, oft mit Bildern oder Reliefs versehen.
Presbyterium dem Klerus (Presbytern) vorbehaltener Raum hinter dem Altar in der Apsis.
Prior Zunftvorsteher.
Putten kleine nackte Engel. Christliche Entsprechung zu den antiken Eroten.

Quader rechteckig behauener Steinblock.
Quattrocento 15. Jahrhundert.
Querhaus quer zum Langhaus verlaufender Bauteil im Kirchenbau.

Radialkapelle am Radius des Chores anschließende Kapelle.
Refektorium Speisesaal der Mönche im Kloster.
Retabel Altartafel.
rilievo schiacciato ital. gequetschtes Relief. Extrem flaches, zeichnerisches Relief mit tiefenräumlicher Illusion.
Risalit vorspringender vertikaler Bauteil.
Risorgimento ital. Wiedererstehung. Italienische Einheitsbewegung seit Beginn des 19. Jh., endet mit der Vereinigung zum Königreich Italien.
Rose mit Maßwerk geschmücktes gotisches Rundfenster.
Rosso di Siena rötlicher Stein aus dem sienesischen Raum.
Rustika grob behauene Quader.

Saalkirche einschiffiger Kirchenraum.
Sarkophag griech. Fleischfresser. Meist reich skulptierter Sarg aus Stein, Ton oder Metall.
Säulenordnungen dorisch: stämmige, manchmal kannelierte Säule ohne Basis mit wulstartigem Kapitell, die toskanische Variante ist nicht kanneliert und hat eine Basis; ionisch: schlankere, vielfach kannelierte Säule mit Basis und Volutenkapitell; korinthisch: schlanke, meist kannelierte Säule mit Basis und Akanthuskapitell; komposit: Mischform aus ionischer und korinthischer Ordnung mit Volute über Akanthus am Kapitell; klassisch: horizontale Abfolge von dorischer, ionischer, korinthischer und kompositer Ordnung.
Scheidbogen Arkadenbogen, „scheidet" die Schiffe voneinander.
Schiff durch Säulen oder Pfeiler in Querrichtung abgetrennte Raumeinheit.
Schwibbogen „schwebender" Bogen unter offenem Dachstuhl, wirkt dem Seitenschub der Mittelschiffswände entgegen.
Secco-Malerei auf den trockenen (ital. *secco*) Putz aufgetragene Wandmalerei, im Unterschied zur Freskotechnik.
Segmentbogen flacher Bogen, gebildet aus dem Segment eines Kreises.
Serliana von Palladio entwickeltes Architekturmotiv (Palladio-Motiv), bei dem einem mittleren Bogen seitlich zwei Öffnungen mit geradem Abschluss in Kämpferhöhe zugeordnet werden. Von dem Architekten Sebastiano Serlio beschrieben.
Sieneser Bogen → Arco Senese.
Signoria Herrschaft eines Einzelnen oder eines Geschlechts in den italienischen Stadtstaaten.

Sinopie originalgroße Vorzeichnung eines Freskos im Rauputz (*ariccio*), gezeichnet vor dem Auftrag des Feinputzes (*intonaco*), auf den die Farbpigmente aufgetragen werden.
Spolien Elemente eines Kunstwerkes, die in einem anderen Zusammenhang wieder verwendet werden, z. B. antike Säulen als Stützen eines mittelalterlichen Bauwerks.
Staffelhalle Hallenkirche mit erhöhtem Mittelschiff ohne Obergaden.
Strebepfeiler Mauerzunge zur Verstärkung der Außenwand, vorwiegend in der gotischen Architektur.

Tabernakel lat. Hütte. Hostienschrein in Form eines Gehäuses oder einer verschließbaren Wandnische.
Tambour frz. Trommel. Trommelförmiger, senkrechter Unterbau der Kuppel.
Terrakotta gebrannter Ton. Als Material gebräuchlich für Reliefs und Kleinplastiken. Meist farbig glasiert.
Titel Namensbezeichnung einer Kirche oder eines Altars nach dem Heiligen, dem sie geweiht sind, z. B. Peterskirche oder Johannesaltar.
Titulus Inschrift.
Tondo Rundbild. Typisch für die toskanische Renaissance.
Tonnengewölbe Gewölbe mit halbkreisförmigem Durchmesser.
Travertin poröser Sandstein.
Trecento 14. Jahrhundert.
Triforium dreifach geteiltes Fenster bzw. Laufgang zwischen Arkaden und Obergaden im mittelalterlichen Kirchenbau.
Trinität Dreifaltigkeit – Gottvater, Sohn und Heiliger Geist.
Triptychon dreiteiliges Tafelbild.
Triumphbogen Bogen, der das Querhaus und den Chor gegen das Mittelschiff abgrenzt. Benannt nach Darstellungen des über den Tod triumphierenden Christus.
Trompe vorkragende Wölbung zwischen Mauerecken in der Kuppelkonstruktion. Überführt das Vierungsquadrat in ein Achteck.
Trumeau Mittelstütze eines Portals.
Tugenden Personifikationen der römischen Kardinaltugenden Klugheit, Stärke, Mäßigung und Gerechtigkeit sowie der christlichen Tugenden nach Paulus Glaube, Hoffnung, Liebe.
Türsturz horizontaler oberer Abschluss der Tür.
Tympanon Bogenfeld über dem Türsturz von Portalen, meist mit Reliefs oder Statuen geschmückt.

Vedute sachgetreue, topographisch korrekte Stadtansicht bzw. Landschaft.
Verde di Prato dunkelgrüner Stein aus dem Prateser Raum.
Vierung Kreuzung von Mittelschiff und Querhaus auf meist quadratischem Grundriss.
Volute schneckenförmiges Ornament.

Wimperg gotischer Ziergiebel.

Literatur

Acidini Luchinat, Cristina: Giardini Medici. Mailand 1996.
Acidini Luchinat, Cristina / Galetti, Giorgio: Le Ville e i Giardini di Castello e di Petraia a Firenze. Ospedaletto 1992.
Adreini Galli, Nori: Palazzi Pistoiesi. Lucca 1991.
Alberti, Leon Battista: Della architettura libri dieci, ed. Mailand 1833.
Alberti, Leon Battista: Il trattato della pittura, ed. Lanciano 1934.
Andreis, G. / Hanisak, J. M. / Turner, A. R.: The Art of Florence. New York 1988 (mit Bibliographie).
Anger, K.: Der Franziskus-Zyklus Domenico Ghirlandaios in der Kirche S. Trinità zu Florenz. In: Das Münster, 44, 1991, 322 f.
Antal, Frederik: Florentine Painting and its Social Background. Cambridge, London 1980.
Aronberg-Lavin, Marylin: Piero della Francesca. New York 1972.

Bange, E. F.: Die italienischen Bronzen der Renaissance und des Barock. Berlin und Leipzig 1922.
Barrucci, Emo: Montepulciano. Perla del Cinquecento. Florenz 1964.
Baxandall, M.: Die Wirklichkeit der Bilder. Malerei und Erfahrung im Italien des 15. Jahrhunderts. Frankfurt 1977.
Beck, James: Jacopo della Quercia. 2 Bde. New York 1991.
Bellucci, Gualtiero / Torriti, Piero: Il Santa Maria della Scala in Siena. L'ospedale dai Mille Anni. Genua 1991.
Belting, Hans: Bild und Kult. Eine Geschichte des Bildes vor dem Zeitalter der Kunst, München 1990.
Belting, Hans / Blume, Dieter: Malerei und Skulptur in der Dantezeit. Die Argumentation der Bilder. München 1989.
Bennett, A. A. / Wilkins, D. G.: Donatello. Stuttgart 1986.
Bergstein, M. E.: The sculpture of Nanni di Banco. New York 1987 (FL).
Bernieri, Antonio: Carrara. Genua 1985.
Bertozzi, Massimo: Massa (Città della Toscana). Genua 1985.
Blunt, Anthony: Kunsttheorie in Italien 1450–1600. München 1984.
Bober, Phyllis Pray / Rubinstein, Ruth: Renaissance Artists and Antique Sculpture. London 1986.
Bödefeld, Gerda / Hinz, Berthold: Die Villen der Toscana und ihre Gärten. Köln 1991.
Bonatti, Franco: Massa ducale. Pisa o. J.
Boscarino, Salvatore: Juvarra architetto. Rom 1973.
Bottari, Giovanni: Raccolta di lettere sulla pittura, scultura ed architettura. 1–8. Mailand 1825.
Braunfels, Wolfgang: Mittelalterliche Stadtbaukunst in der Toskana. Berlin 1983.
Braunfels, Wolfgang: Abendländische Klosterbaukunst. Köln 1985.
Brucker, Gene A.: Florenz. Stadtstaat, Kulturzentrum, Wirtschaftsmacht. München 1984.

Brucker, Gene A.: Florenz in der Renaissance. Stadt, Gesellschaft, Kultur. Reinbek bei Hamburg 1990.

Burresi, Mariagiulia: Santa Maria della Spina in Pisa. Mailand 1990.

Carini, Franco / Raveggi, Sergio: Palazzi pubblici di Toscana. I centri minori. Florenz 1983.

Carl, D.: Zur Goldschmiedefamilie Dei mit neuen Dokumenten zu Antonio del Pollaiuolo und Andrea Verrocchio. In: Mitteilungen des kunsthistorischen Institutes in Florenz, 22, 1982, 129–166.

Carli, Enzo: Musei senesi. Novara 1961.

Carli, Enzo: L'arte a Massa Marittima. Siena 1976.

Carli, Enzo: Il duomo di Pisa. Florenz 1989.

Castelfranchi Vegas, Liana: Italien und Flandern. Die Geburt der Renaissance. Stuttgart und Zürich 1984.

Cei, Marco: Il parco di Celle a Pistoia. Araba fenice del giardino. Florenz 1994.

Chastel, André: Die Kunst Italiens. München 1987.

Chastel, André: Leonardo da Vinci. Sämtliche Gemälde und die Schriften zur Malerei. München 1990.

Città e terre del Poliziano. Florenz 1992.

Cole, Diane E.: Fra Angelico. His role in quattrocento painting and problems in chronology. Charlottesville 1977.

De Angelis d'Ossat, Guglielmo: Il museo dell'opera del duomo di Pisa. Mailand 1982.

Degenhart, Bernhard / Schmitt, Annegret: Corpus der italienischen Zeichnungen 1300–1450. Berlin 1968, I,1 – II,4.

Draper, J. D.: Bertoldo di Giovanni. His life, his art, his influence. Ph. D. New York University 1984.

Draper, J. D.: Bertoldo di Giovanni. Sculptor of the Medici household. University of Missouri 1992.

Ettlinger, Leopold D.: Antonio and Piero Pollaiuolo. Oxford und New York 1978.

Forster, K. W.: Metaphors of Rule. In: Mitteilungen des kunsthistorischen Institutes in Florenz, 15, 1971, 65–104.

Fossi, G.: Filippo Lippi. Florenz 1989.

Franchetti Pardo, Vittorio: Arezzo (Le città nella storia d'Italia). Bari 1986.

Freemantle, R.: Florentine Gothic painters from Giotto to Masaccio. London 1975.

Freuler, Gaudenz: Lippo Memmi's New Testament cycle in the Collegiata in San Gimignano, in: Arte Cristiana, 713, 1986, 93–102.

Freuler, Gaudenz: Bartolo di Fredi Cini. Ein Beitrag zur sienesischen Malerei des 14. Jahrhunderts. Disentis 1994.

Fusco, L.: Antonio Pollaiuolo's use of the antique. In: Journal of the Warburg and Courtauld Institutes, 42, 1979, 257–263.

Ghiberti, Lorenzo: I Commentarii. Denkwürdigkeiten des florentinischen Bildhauers Lorenzo Ghiberti (hrsg. Julius von Schlosser). Berlin 1920 (KLS).

Gilbert, Creighton: The archbishop on the painters of Florence, 1450. In: Art Bulletin, 41, 1959, 75–87.

Gilbert, Creighton: L'arte del quattrocentro nelle testimonianze coeve. Florenz und Wien 1988.
Giorgieri, Pietro: Carrara (Le città nella storia d'Italia). Bari 1992.
Gombrich, Ernst: Die Medici als Kunstmäzene. In: ders.: Norm und Form. Zur Kunst der Renaissance I, 51–78.
Grossmann, Otto: Das Reiterbild in Plastik und Malerei. Berlin 1931.
Guida d'Italia del Touring Club italiano: Firenze e dintorni. Mailand 1974.
Guida d'Italia del Touring Club italiano: Toscana. Mailand 1974.
Guida d'Italia del Touring Club italiano: Toscana. Mailand 1997.
Gurrini, Francesco / Amendola, Aurelio: Il fregio robbiano dell'ospedale del ceppo a Pistoia. Pistoia 1982.

Hartt, Frederik: A history of Italian Renaissance Art. London 1984.
Hay, Dennis: The Age of the Renaissance. London 1986.
Herzner, Volker: Donatello und die Wiedergeburt der Kunst. In: Donatello 1386–1466. Celebrazione del VI. centinario della nascita. Meran 1988, 71–86.
Heydenreich, Ludwig: Italienische Renaissance. München 1975.
Hofmann, Franz: Der Freskenzyklus des Neuen Testaments in der Collegiata von San Gimignano. Ein herausragendes Beispiel italienischer Wandmalerei zur Mitte des Trecento. München 1996.
Hood, William: Fra Angelico at San Marco. Art and liturgy of cloistered life. In: Christianity and the Renaissance. Image and religious imagination in the Quattrocento. Syracuse und New York 1990, 108–131.

Il Codice Magliabechiano (1537–1542), hrsg. von C. Frey. Berlin 1892.

Jansen, Dieter: Toskana. München 1992.
Janson, Horst W.: The sculpture of Donatello. 2 Bde., Princeton 1957.

Kaftal, O.: Saints in Italian art. I: Iconography of the saints in Tuscan painting. Florenz 1952.
Kecks, Ronald: Domenico Ghirlandaio. Florenz 1998.
Kecks, Ronald: Domenico Ghirlandaio und die Malerei der Florentiner Renaissance. München 2000.
Kempers, Bram: Kunst, Macht und Mäzenatentum. Der Beruf des Malers in der italienischen Renaissance. München 1989.
Kent, F. W.: Bertoldo scultore e Lorenzo de Medici. In: The Burlington Magazine, 134, 1992, 248–249.
Kopp, Gabriele: Die Skulpturen der Fassade von San Martino in Lucca. Worms 1981.
Krautheimer, Richard: Lorenzo Ghiberti. Princeton 1982.
Kreytenberg, Gert: Masaccio und die Skulptur Donatellos und Nanni di Bancos. In: Studien zu Renaissance und Barock. Festschrift für Manfred Wundram. Frankfurt 1986, 11–19.
Krüger, Klaus: Der frühe Bildkult des Franziskus in Italien. Gestalt- und Funktionswandel des Tafelbildes im 13. und 14. Jahrhundert. Berlin 1992.

La pittura in Italia: Il Duecento e il Trecento. Bd. 1, Venedig 1986.
La sacra cintola nel duomo di Prato. Prato 1995.

Lavin, Marilyn Aronberg: Piero della Francesca. New York 1992.
Levey, Michael: Early Renaissance. Style and civilization. Norwich 1967.
Lightbown, Ronald W.: Donatello and Michelozzo. An Artistic Partnership in the Early Renaissance. 2 Bde. London 1980.
Lightbown, Ronald: Botticelli. Leben und Werk. München 1989.
Lorenzo Ghiberti e il suo tempo. Florenz 1980.

Machiavelli, Nicolò: Geschichte von Florenz (Istoria di Firenze, 1525). Wien 1934.
Maetzke, Anna Maria: Il volto santo di Sansepolcro. Un grande capolavoro medievale rivelato dal restauro. Cinisello Balsamo 1994.
Middeldorf-Kosegarten, Antje: Sienesische Bildhauer am Duomo Vecchio. München 1984.
Montepulciano. Il centro storico e il collegio dei gesuiti. Perugia 1992.
Moran, Gordon: Is the name Barna an incorrect transcription of the name Bartolo? In: Paragone, 311, 1976, 76–80.
Moretti, Italo / Stopani, Renato: Toscana (Italia romanica Bd. V). Mailand 1982.
Mueller von der Hagen, Anne / Strasser, Ruth: Toskana, Köln 2000.
Muentz, Eugène : Les collections des Médicis au XVe siècle. Paris 1888.

Norman, Diana (Hrsg.): Siena, Florence and Padua: Art, society and religion 1280–1400. 2 Bde. New Haven und London 1995.

Padoa Rizzo, Anna: Paolo Uccello. Catalogo completo dei dipinti. Florenz 1991.
Padoa Rizzo, Anna: La Cappella dell'Assunta nel Duomo di Prato. Prato 1997.
Panofsky, Erwin: Grabplastik. Köln 1964.
Panofsky, Erwin: Die Renaissancen der europäischen Kunst. Frankfurt 1990.
Paolieri, A.: Paolo Uccello, Domenico Veneziano, Andrea del Castagno. Faenza 1991.
Parronchi, Alessandro: Paolo Uccello. Florenz 1974.
Passavant, Günther: Verrocchio. Skulpturen, Gemälde und Zeichnungen. London und New York 1969.
Passavant, Günther: Überlegungen zur Rotationsmechanik von Verrocchios Delphinputto. In: Mitteilungen des Kunsthistorischen Institutes in Florenz, 33, 1989, 105–112.
Perrig, Alexander: Lorenzo Ghiberti. Die Paradiestür. Warum ein Künstler den Rahmen sprengt. Frankfurt/M. 1987.
Planiscig, Leo: Bernardo und Antonio Rossellino. Wien 1941.
Planiscig, Leo: Nanni di Banco. Florenz 1946.
Planiscig, Leo: Lorenzo Ghiberti. Florenz 1949.
Poeschke, Joachim: Die Skulptur der Renaissance in Italien. Donatello und seine Zeit. München 1990.
Poeschke, Joachim: Die Skulptur der Renaissance in Italien. Michelangelo und seine Zeit, München 1992.
Poeschke, Joachim: Die Skulptur des Mittelalters in Italien. I: Romanik. München 1998.
Poeschke, Joachim: Die Skulptur des Mittelalters in Italien. II: Gotik. München 2001.
Pope-Hennessy, J.: The portrait in the Renaissance. London und New York 1966.

Roettgen, Steffi: Wandmalerei der Frührenaissance in Italien, 1400–1470. München 1996.
Roettgen, Steffi: Wandmalerei der Frührenaissance in Italien, 1470–1510. München 1997.
Romanini, Maria Angiola: Arnolfo di Cambio. Florenz 1980.
Rubinstein, Nicolai: The government of Florence under the Medici. Oxford 1966.
Ruda, Jeffrey: Filippo Lippi Studies. Naturalism, style and iconography in early Renaissance Art. New York 1982.

Sandberg-Vavalà, Evelyn: La croce dipinta italiana e l'iconografia della passione. Verona 1929.
Satzinger, Georg: Antonio da Sangallo der Ältere und die Madonna di San Biagio bei Montepulciano. Tübingen 1991.
Scharf, A.: Filippino Lippi. Wien 1950.
Severo, Donato: Filippo Juvarra. Bologna 1991.
Seznec, Jean: The survival of the pagan gods. New York 1953.
Steinberg, Ronald: Fra Girolamo Savonarola. Florentine Art and Renaissance Historiography. Ohio University Press 1977.

Tolaini, Emilio: Pisa (Le città nella storia d'Italia). Pisa 1992.

Vasari, Giorgio: Le vite de' più eccellenti pittori schultori ed architettori. Florenz 1906.
Vespasiano da Bisticci: Vite di uomini illustri nel secolo XV, ed. d'Ancona / Aeschlimann. Mailand 1951.

Walter, Ingeborg: Piero della Francesca. Madonna del Parto. Ein Kunstwerk zwischen Politik und Devotion. Frankfurt/M. 1992.
Weinstein, Donald: Savonarola and Florence. Princeton University Press 1970.
Wundram, Manfred: Donatello und Nanni di Banco. Berlin 1961.
Wundram, Manfred: Frührenaissance. Baden-Baden 1970.

Zimmermanns, Klaus: Toscana. Das Hügelland und die historischen Stadtzentren. Köln 1985.

Register

Bildnachweis

Archäologisches Institut, Rom: S. 110

Aronberg Lavin, Marilyn: Piero della Francesca. New York: Harry N. Abrams Publishers 1992: S. 181

Bednorz, Achim, Köln: S. 55, 60, 116, 146, 163

Bibliotheca Hertziana, Rom: S. 190

Bildagentur Huber, Garmisch-Partenkirchen: S. 187

Bildarchiv Foto Marburg: S. 19, 21, 31, 34, 42, 49, 62, 77, 78, 79, 86, 94, 125, 130, 176, 242

Braunfels, Wolfgang: Mittelalterliche Stadtbaukunst in der Toskana. Berlin: Mann 1982: S. 59

Cole Ahl, Diane: Benozzo Gozzoli. New Haven und London: Yale University Press 1996: S. 215

Courtauld Institute, London: S. 68

Fossi, Gloria: Filippo Lippi. Antella (Florenz): Scala 1989: S. 125

Hinz, Bertold, Kassel: S. 185, 210

Hirmer Verlag: S. 21, 37, 65, 139, 149

Janke, Robert, Boslar: S. 29, 39, 47, 49, 52, 57, 71, 76, 85, 96, 99, 111, 112, 118, 136, 141, 166, 177, 189, 193, 196, 198, 206, 209

Jansen, Dieter, Frechen: S. 14, 24, 81, 90, 174, 197

Krüger, Klaus, Greifswald: S. 120

Kunsthistorisches Institut (KHI), Florenz: S. 66, 72 (KHI Artini), 95, 115 (KHI Laurati), 123, 125, 132 (KHI Artini), 132 (KHI Artini), 167, 184, 188, 212, 219 (KHI Artini)

Kunsthistorisches Institut der Universität Stuttgart: S. 159

Loseries, Wolfgang, Florenz: S. 138, 142, 165

Merian, Toskana: S. 245

Micheletti, Emma: Domenico Ghirlandaio. Antella (Florenz): Scala 1990: S. 133

Mueller von der Hagen, Anne/Ruth Strasser: Kunst & Architektur: Toskana. Köln: Könemann Verlagsgesellschaft 2000: S. 35, 106

NON SOLO EAT ART di Patrizia Cianchi, Seggiano: S. 246

Paolieri, Annarita: Paolo Uccello, Domenico Veneziano, Andrea del Castagno. Antella (Florenz): Scala 1991: S. 126

Rödel, Volker, Frankfurt am Main: S. 13, 15, 20, 22, 25, 32, 36, 38, 40, 45, 48, 54, 63, 75, 80, 82, 84, 91, 98, 103, 109, 113, 114, 122, 124, 128, 144, 145, 147, 150, 152, 155, 157, 161, 176, 183, 191, 201, 207, 210, 211, 224, 227, 229, 233, 235, 236, 237, 241, 243

Weiß, Gerhard, München: S. 201, 202, 203

Wissenschaftliche Buchgesellschaft, Darmstadt: S. 12, 19, 29, 44, 53, 61, 71, 90, 94, 97, 122, 123, 140, 143, 154, 166, 168, 172, 176, 182, 190, 194, 203, 208, 212

Zimmermanns, Klaus: Toscana. Das Hügelland und die historischen Stadtzentren. Köln: DuMont 1985: S. 200

Sämtliche Pläne und Risse: Juliane und Lars Schomann